QINGDAI JINGJINWENXUE DE FUXING

中华史学丛书

清代经今文学的复兴

庄存与和经今文

汤志钧 著

中国人民大学出版社
· 北京 ·

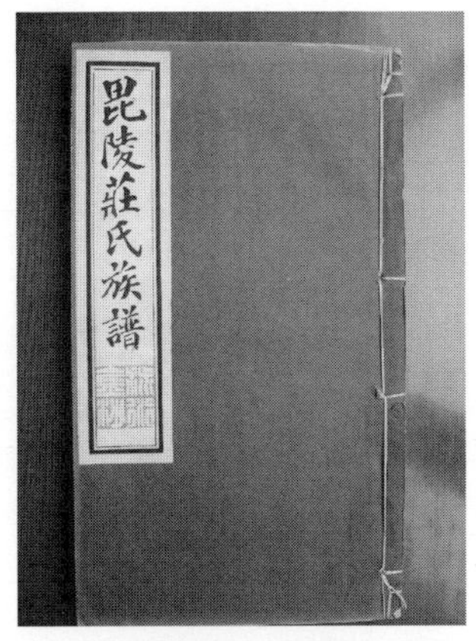

《毗陵庄氏族谱》

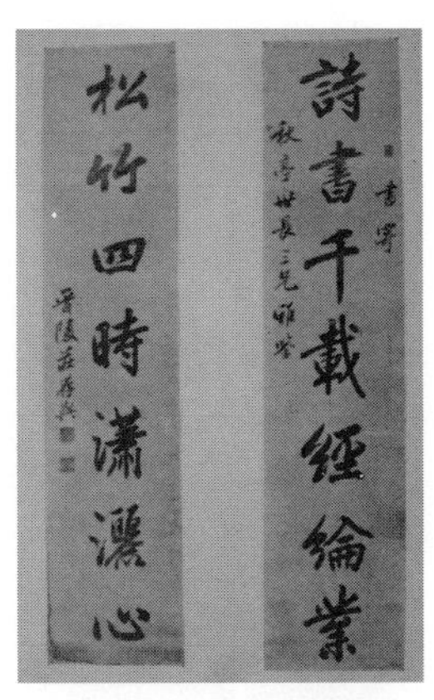

庄存与墨迹

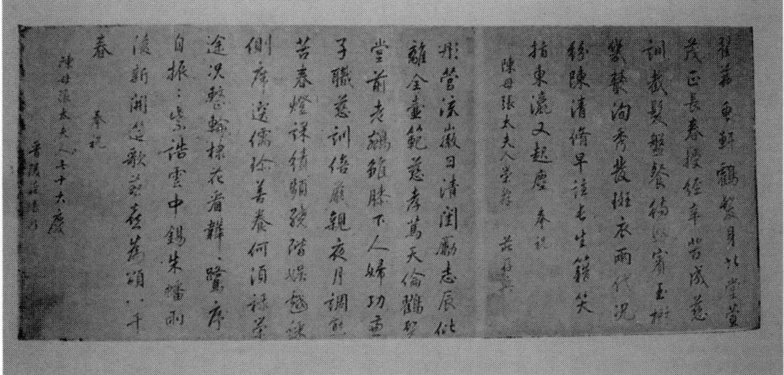

庄存与、庄培因墨迹

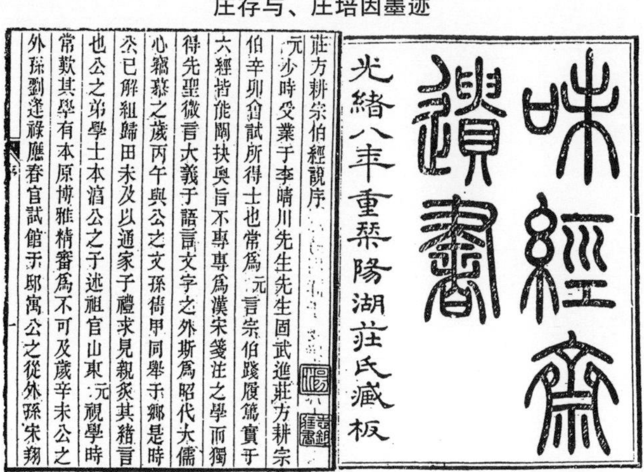

味經齋遺書

光緒八年重槧陽湖莊氏藏板

莊方耕宗伯經說序

元少時受業于李晴川先生先生固武進莊方耕宗伯辛卯會試所得士也常爲元言宗伯踐履篤實于六經皆能闡抉奥旨不專專爲漢宋箋注之學而獨得先聖微言大義于語言文字之外斯爲昭代大儒心竊慕之歲丙午與公之文孫傳甲同擧于鄉是時公已解組歸田未及以通家子禮求見親炙其緒言也公之弟學士本淳公之子述祖官山東元視學時常歎其學有本原博雅精審爲不可及歲辛未公之外孫劉逢祿應春官試館于邸寓公之從外孫宋翔

庄存与《味经斋遗书》，光绪八年常州庄氏重刊本述祖少失學長習進士業及舉於禮部還歸後乃求所以闚古人之學莫得其階不能自已始從事於漢人所謂小學家者先治許氏說文解字稍稍識所附古文以為此李斯未改三代之制以尚倉籀遺文留什一於千百者也欲究心焉偶讀夏小正納卵蒜卵字與古文民字相近蒜即說文祘數字之訛由以知納民祘即周官禮司民之獻民數是也周正建子故以孟冬夏正建寅故以季冬其事正合然亦敢質諸人也於是盡取夏小正中 經文重釐正之以為夏時明堂陰陽經又為之說義數易寒暑猶未

夏序　三

竟其學嗣以吏部選人為吏山左日從事於簿書然車中枕上固未嘗少置也亥時有所增益迄終養歸復為修改至嘉慶十四年之冬始以所錄夏時明堂陰陽經及夏小正諸本異同并所為說義先刻三卷他若夏小正音讀攷四卷夏小正等例一卷注補夏小正等例附一卷夏時雜議一卷皆未卒業以纂集古文甲乙篇中輟今遭大故艸土餘生僅留殘喘恐旦莫填溝壑乃取所未刻各種更加芟并益以近日所見與前所刻三卷往往多不合者然今之所見未必盡是昔之所見未必盡非即一人之管闚蠡測猶復歧出不倫如此況敢質諸人而自信以為必然者耶言之不文略舉前後之舛以不相顧者以示兒曹云

嘉慶十九年正月十二日棘人莊述祖謹識

庄述祖《夏小正考序》，光绪刊本

國史大臣列傳　正編卷一百五十八之卷一百五十八

董天弼　常祿保　曾順　馬虎　[illegible]嗒察

哈國興　王萬邦　劉輝祖　奉寬　靚保

莊存與　張泰開　王際華

莊存與列傳

莊存與江蘇武進人乾隆十年一甲二名進士授編修十三年五月散館考列二等

諭曰歷科進士殿試一甲第一名即授為修撰二名三名即授為編修至散館時向無所更易伊等恃己授職遂甘自怠忽學業轉荒即如今年散館修撰錢維城考列清書三等編修莊存與考列漢書二等之末其不留心學問已可概見但錢維城係

白[illegible]校　薩仁山繕　共六十九頁　計[illegible]四十五字

《国史大臣列传·庄存与传》

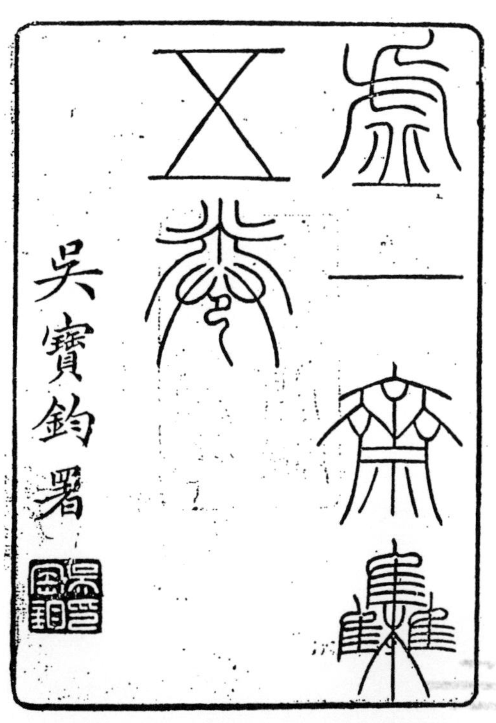

庄培因《虚一斋集》，光绪九年秋刊本

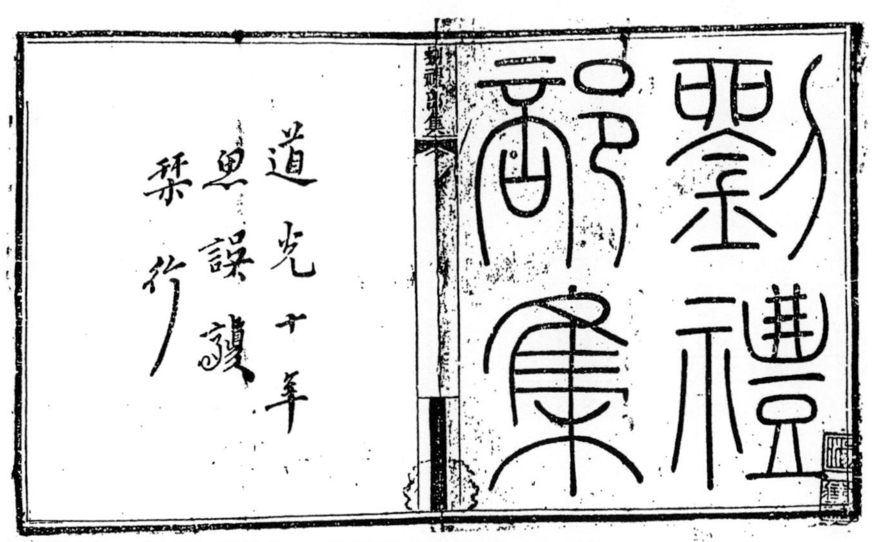

刘逢禄《刘礼部集》，道光十年思误斋刊本

米元章嘗作小楷千字樣如黄庭體自
跋云少學顏行至於小楷則不留意蓋宋
人書多以平原爲宗如山谷東坡是也惟蔡
君謨少變耳吾嘗謂米書爲宋第一畢
竟出東坡之上 董文敏跋語 [illegible]臨 莊存與

庄存与墨迹

前　言

清代经今文学是在江南古城常州“复兴”的。

清代经今文学的创始人是庄存与（1719—1788年），在清代中叶，以一甲第二授翰林院编修，历任湖北、湖南、浙江等省主考官、学政，内阁学士兼礼部侍郎，著有《春秋正辞》、《春秋要指》、《尚书既见》等，汇为《味经斋遗书》。

庄存与治学不拘汉、宋，讲求“微言大义”。他的外孙刘逢禄发挥外家“庄氏之学”，由《公羊》延伸到《诗》、《书》。龚自珍、魏源从其学，以为刘逢禄是“由董生《春秋》以窥六艺条贯，由六艺以求圣人统纪，旁搜远绍，温故知新，任重道远，死而后已，虽盛业未究，可不谓明允笃志君子哉?”①

随着外敌的入侵，清朝的衰落，甲午战争的失败，《马关条约》的签订，康有为发动“公车上书”，利用今文“微言”，推动变法维新，清代经今文学由“家学”而“显学”，地点也就不限于常州了。

本书除将《清代经今文学的复兴》专题论述和《庄存与年谱》编入外，并将历年有关笔记和论文作为附录，辑为是书。由于我是常州人，母亲又是庄氏后裔，故将《家世·治学·撰述》赘于书后。

① 魏源：《刘礼部遗书序》，见《魏源集》，242～243页，北京，中华书局，1976。

目　录

清代经今文学的复兴

清代乾隆、嘉庆年间，正当宋学余焰未尽、汉学（古文经学，下同）“如日中天”之际，今文经学异军突起，“翻腾一度”，庄存与揭橥于前，刘逢禄、宋翔凤接踵于后，形成“常州学派”，予清代政治思想以极大影响。

一般说来，今文经学议政言事，与讲究文字训诂的古文经学有别，和当时政治的关系比较密切，具有进步意义的戊戌维新，就援用了今文经学的基本理论。然而，它的“复兴”，却是旨在维护封建专制，只是到了鸦片战争前后，才渗入了新内容。因此，探讨庄存与、刘逢禄等“复兴”今文经学的社会背景及其理论实质，而后正确估计其作用，无疑是很有必要的。

一

中国封建社会，从周、秦以来延续了两千多年，到了明朝，已孕育着资本主义的萌芽。清朝开国百年间，经过破坏、恢复和发展，资本主义萌芽缓慢滋长，而自给自足的封建自然经济，仍然牢固地占据着重要地位。

清朝是以满洲贵族为首的各族统治阶级对各族人民实行奴役的封建政权，残酷的剥削和压迫迫使各族人民起来反抗。乾隆中叶以后，各族人民的起义，数其大者，即有：乾隆年间山东清水教王伦发动的寿张农民起义和苏四十三等领导的西北回族和撒拉族人民起义，林爽文领导的台湾人民起义和湘黔苗民大起义，嘉庆年间川楚陕白莲教起义和李文成、林清领导的八卦教起义。这种情况，正有“山雨欲来风满楼”之势，“乾嘉盛世”的背后，隐伏着新的危机。

清朝对思想统治特别重视，一方面屡兴文字狱，采取高压政策；另一方面编纂《四库全书》，笼络汉族士大夫，其目的是防范汉族的反抗和加强中央集权。然而乾隆后期，和珅“骎骎向用”，执政二十余年，“怙宠贪恣”，欺君枉法。乾隆一死，嘉庆虽令和珅自杀，但腐朽气息已重，衰败迹象已呈，吏治败坏，贿赂公行。纳官捐输“佩紫怀黄”，积学之士“举世无识”。土地兼并剧烈，阶级矛盾激化，国势开始下降了。今文经学在这样的历史条件下“复兴”起来。

清代今文经学的开创者是庄存与（1719—1788年，康熙五十八年—乾隆五十三年）。庄存与字方耕，晚号养恬，江苏武进（今常州市）人。“幼入塾，即以古人自期”，制艺“喜唐荆川”，“研经求实用”，“笃志深邃，穷源入微，独有会心”。“尝云：‘读书之法，指之必有其处，持之必有其故，力争乎毫厘之差，深明乎疑似之介，凡以养其良心，益其神智。’”① 以一甲第二授翰林院编修，“笃志好学，而疏于酬应”，“不甚当掌院意，散馆名次不前”。经汪由敦“亟言于上”，乃得留馆。乾隆以庄存与“所进经义，宏深雅健，穿穴理窟”，认为“学有根柢”，“可备顾问”，命入南书房行走。曾任湖北正、副主考官，湖南学政，詹事府少詹事，浙江正主试，顺天学政，内阁学士兼礼部侍郎。著有《彖传论》、《彖象论》、《系辞传论》、《八卦观象解》、《卦气解》、《尚书既见》、《尚书说》、《毛诗说》、《春秋正辞》、《春秋举例》、《春秋要指》等，汇为《味经斋遗书》。

庄存与的治经特点是：第一，不拘汉、宋门户之见，重在“剖析疑义”。这时，宋明理学高踞堂庙，士子科举应试，必须熟读朱熹《四书集注》，风靡一时的则是古文经学，以惠栋为代表的吴派以保守汉人经说为主，而旁及史学、文学；以戴震为代表的皖派以文字学为基点，从训诂、音韵、典章制度等方面阐明经典大义和哲理，以考据精断见长。庄存与与戴震同时，治学途径却与之不同，他“不专专为汉、宋笺注之学，而独得先圣微言大义于语言文字之外”②。“《易》则贯串群经，虽旁涉天官分野、气候，而非如汉、宋诸儒之专衍术数、比附史事也。《春秋》则主公羊、董子，虽略采左氏、穀梁氏及宋、元诸儒之说，而非如何邵公所讥倍经任意，反传违戾也。《尚书》则不分今古文文字同异，而剖析疑义，深得夫子序《书》、孟子论世之意。《诗》则详于变雅，发挥大义，多可陈之讲筵。《周官》则博考载籍，有道术之文为之补其亡阙，多可取法致用。‘乐’则谱其声，论其理，可补古‘乐经’之阙。《四书说》敷

① 庄勇成：《少宗伯养恬兄传》，见《毗陵庄氏族谱》。

② 阮元：《庄方耕宗伯经说序》，见《味经斋遗书》卷首，《揅经室集》未收。

畅本旨，可作考亭争友，而非如姚江王氏、萧山毛氏之自辟门户，轻肆诋诘也。”① 可知他不守门户，兼采汉、宋；而又不拘汉、宋，“剖析疑义”。既发挥今文《公羊》“微言”，又对古文经《周礼》、《毛诗》作“说”；既寻西汉之“坠绪”，又不偏废宋儒经说。② 第二，发挥“微言大义”，“取法致用”。庄存与最重要的著作是《春秋正辞》，是专门发挥《春秋》“微言大义”的，自称此书是“读赵先生汸《春秋属辞》而善之”③而作。查赵汸，明初休宁人，撰有《春秋集传》十五卷、《春秋属辞》十五卷、《春秋左氏传补注》十卷，认为“《春秋》，经世之书也”④，《春秋》和其他各经不同之处，是有所谓“属辞比事”。赵汸考列孔子“笔削之义”、“制作之原”凡八，即：一、“存策书之大体”；二、“假笔削以行权”；三、“变文以示义”；四、“辨名实之际”；五、“谨内外之辨”；六、“特笔以正名”；七、“因日月以明类”；八、“辞从主人”。将以此“使学者由《春秋》之教，以求制作之原；制作之原既得，而后圣人经世之义可言矣”⑤。庄存与“檃括其条，正列其义，更名曰《正辞》”，说是“《春秋》以辞成象，以象垂法，示天下后世以圣心之极。观其辞，必以圣人之心存之，史不能究，游、夏不能主，是故善说《春秋》者，止诸至圣之法而已矣”⑥。又说：“《春秋》非记事之史，不书，多于书，以所不书知所书，以所书知所不书。”“《春秋》治乱必表其微，所谓礼禁未然之前也，凡所书者有所表也，是故《春秋》无空文。”⑦ 这样，它和宋、元以来所讲的义理之学既不相同，与当时讲究训诂考据的吴、皖两派，也迥然有别。

既不拘守汉、宋，又要发挥“微言大义”，岂不矛盾？曰：否。庄存与重在“取法致用”，重在经世，从而对汉学、宋学之有资经世者曾予采缀，而对汉学、宋学之无助经世者则加扬弃。他探索过汉学、宋学的特

---

① 阮元：《庄方耕宗伯经说序》，见《味经斋遗书》卷首。

② 庄存与之父庄柱，即“邃于理学”，存与受其影响。参见刘逢禄：《先妣事略》，见《刘礼部集》卷十。

③ 庄存与：《春秋正辞·叙目》。

④⑤ 赵汸：《春秋属辞·自序》。书今存，《自序》辑入《经义考》卷一九八。

⑥⑦ 庄存与：《春秋正辞·春秋要指》。

点，一以经世为指归；为了经世的需要，特重经书的大义。这在汉武帝“定儒术于一尊”以降，经学思想在知识分子中浸渍甚深的情况下，搬用或推衍儒家经籍，围着经书转，非圣人之言不敢言，依托儒经，阐发议论，是可以理解的，而庄存与的“复兴”今文经学，却在“盛世”，就有着一定的社会条件。这一点，下面还将论列。而他这种“独得先圣微言大义于语言文字之外”，确又有其“开天下知古今之故”之处。

既讲“微言大义”，那就必然崇奉今文，因为今文经学是以“微言大义”见称的。今文经学盛于西汉，也是汉代之学，只不过东汉以后渐趋湮没而已。庄存与把它揭橥提倡，可以称为清代“复兴”今文经学的创始人。但他毕竟是“创始”，虽重“微言”，却尚未摒弃汉、宋，体例尚不严密，到了他的外孙刘逢禄，发挥外家“庄氏之学”，今文经学才卓然成家，称为“常州学派”。

二

刘逢禄（1776—1829 年，乾隆四十一年—道光九年），江苏武进（今常州市）人。祖刘纶，仕至文渊阁大学士、军机大臣、太子太傅。母庄氏，存与之女。十一岁时，“从母归省”，庄存与“叩以所业，应对如响，叹曰：此外孙必能传吾学”①，并谓“家学不可废也”②。十三岁，“求得《春秋繁露》，益知为七十子微言大义，遂发愤研《公羊传》何氏《解诂》，不数月尽通其条例”。不久，从舅庄述祖自济南归，逢禄从之问业，述祖称：“吾诸甥中，若刘甥可师，若宋甥（宋翔凤）可友也。”③ 1814 年（嘉庆十九年），中进士，改翰林院庶吉士，散馆授礼部主事。1824 年（道光四年），补仪制司主事。

刘逢禄著作很多，于各经都有撰述。《易》主虞翻，虞翻世传今文孟氏《易》，将八卦与天干、五行、方位相配合，推论象数。清代张惠言治

① 刘承宽：《申受公行述》，见《刘礼部集》卷十一附。
② 刘逢禄：《先妣事略》，见《刘礼部集》卷十。
③ 刘承宽：《申受公行述》，见《刘礼部集》卷十一附。

虞氏《易》，刘逢禄受其影响。张惠言“惧言虞氏者，执其象数失其指归”，撰《易言》，以“正魏晋以后儒者望文生义之失”，未成而卒，自“震”以下十四卦未成，刘为之“补完”。以为“虞氏之《易》，究以象变为宗，学《易》亦必从象变而入”①。有《易虞氏变动表》、《六爻发挥旁通表》、《卦象阴阳大义》、《虞氏易言补》等。

《书》主庄氏，受庄述祖影响很深，自称：“后从舅氏庄先生治经，始知两汉古文今文流别。”②《书序述闻》即述庄存与之说，以为“《书》三科，述二帝三王之业，而终于《秦誓》，志秦以狄道代周，以霸统继帝王，变之极也。《春秋》拨乱反正，始元终麟，由极变而之正也，其为致太平之正经，垂万世之法戒一也”③。撰《尚书今古文集解》，拟订条例凡五：一、正文字；二、征古义；三、祛门户；四、崇正义；五、述师说。师说，即庄存与、庄述祖之学。他对乾嘉“汉学”的《尚书》撰著，也有评议，以为孙星衍“好古”、王鸣盛“祖郑（玄）”，是“支离杂博，皆浅涉藩篱，未足窥先王之渊奥”④。

《诗》，初治毛《诗》，后好齐、鲁、韩三家，以为顾炎武、阎若璩、胡渭、戴震“皆致疑于毛学，而尚不知据三家古义以正其源流”，推崇魏源《诗古微》为能“表章《齐》、《鲁》、《韩》坠绪，以匡《传》、《笺》”，“申先师败绩失据之谤，箴后汉好异矫诬之疾”，使“绝学幽而复明”⑤。

《礼》则认为何休以《周礼》是战国之书，“其识固已卓矣”⑥；主张以“《公羊》议礼”。又以久官礼部，“博征诸史刑礼之不中者为《议礼决狱》四卷”。

刘逢禄致力最深、“自发神悟”的则为《春秋》。认为“《春秋》垂法

---

① 刘逢禄：《易虞氏五述序》，见《刘礼部集》卷九；又《易言篇》，见《武进西营刘氏家谱》卷二。

② 刘逢禄：《跋杜礼部所藏汉石经后》，见《刘礼部集》卷九。

③ 刘逢禄：《书序述闻》，见《刘礼部集》卷六。

④ 刘承宽：《申受公行述》，见《武进西营刘氏家谱》卷六。

⑤ 刘逢禄：《诗古微序》，见《刘礼部集》卷九。

⑥ 刘逢禄：《释九旨》中《褒例》，见《刘礼部集》卷四。

万世”，“为世立教”，“禁于未然”，是“礼义之大宗”，能“救万世之乱”①，“将以禁暴除乱，而维封建于不敝”②。在《春秋》三传中，“知类通达，微显阐幽”的是《公羊传》，“《春秋》之有《公羊》也，岂第异于《左氏》而已，亦且异于《穀梁》”，撰《公羊春秋何氏释例》。谓自“束发受经”，即善董仲舒、何休今文经说，感到“圣人之道，备乎五经”，《春秋》则是“五经之筦钥”，“拨乱反正，莫近《春秋》，董、何之言，受命如向”，那么，“求观圣人之志，七十子之所传，舍是奚适焉?”于是“寻其条贯，正其统纪，为《释例》三十篇；又析其凝滞，强其守卫，为《答难》二卷”③。

先是，东汉今文学家何休作《春秋公羊解诂》，与其师博士羊弼追述李育意以难二传，作《公羊墨守》、《左氏膏肓》、《穀梁废疾》④，郑玄乃作《发墨守》、《针膏肓》、《起废疾》，刘逢禄“申何氏之未著，及他说之可兼者”，成《春秋公羊解诂笺》；又撰《申穀梁废疾》，以“难郑君之所起”⑤；《申左氏膏肓》，则以为何休“于《左氏》未能深著”，“其原于刘歆等之附会”⑥。

刘逢禄认为《左传》经过“刘歆之徒增饰”⑦“附会”。东汉时，古文盛行，《左传》虽未立于学官，但“列于经传”已久，“左氏以良史之材，博闻多识，本未尝求附于《春秋》之义，后人增设条例，推衍事迹，强以为传《春秋》，冀以夺《公羊》博士之师法，名为尊之，实则诬之”。应该“审其离合，辨其真伪”，“以《春秋》归之《春秋》，《左氏》归之《左氏》，而删其书法凡例及论断之谬于大义、孤章断句之依附经文者，冀以存《左氏》之本真”⑧，作《左氏春秋考证》。

刘逢禄为《公羊》释例，以《左传》经刘歆伪饰，类列彰较，有破

---

① 刘逢禄：《释内事例》上，见《刘礼部集》卷四。
② 刘逢禄：《释兵事例》，见《刘礼部集》卷四。
③ 刘逢禄：《春秋公羊释例序》，见《刘礼部集》卷三。
④ 参见《后汉书·儒林传·何休传》。
⑤ 刘逢禄：《申穀梁废疾序》，见《刘礼部集》卷三。
⑥ 刘逢禄：《申左氏膏肓序》，见《刘礼部集》卷三。
⑦ 刘逢禄：《释内事例》中，见《刘礼部集》卷四。
⑧ 刘逢禄：《申左氏膏肓序》，见《刘礼部集》卷三。

有立，所撰各书，“条理精密”，“不欲苟为恢诡”，有例证，有判断，故以章太炎的信从古文，也以刘逢禄为“辞义温厚，能使览者说绎”①。清代今文经学到了刘逢禄，对儒家各经有了比较全面的阐述，也有了比较系统的理论，刘逢禄可说是清代今文经学的奠基者。

至于和刘逢禄同年的宋翔凤（1776—1860年，乾隆四十一年—咸丰十年），江苏长洲人，母为庄存与侄女。1800年（嘉庆五年）举人，官湖南新宁县知县，著有《论语说义》、《论语郑注》、《四书释地辨证》、《孟子赵注补正》、《大学古义说》、《过庭录》等，汇为《浮溪精舍丛书》。

宋翔凤从庄述祖治今文经学，以为“《春秋》之义，天法也，其不随正朔而变，所谓天不变也”。至于《左传》，只有史文，而于《春秋》褒贬之例，“阙而不言”，探索《春秋》之义，“舍今文末由”，“当用《公羊》”②，还写了《拟汉博士答刘歆书》来反对古文经学。但他以“性与天道”为“微言”③，又喜附会，杂用谶纬，如说“《说文》始一而终亥，即古之《归藏》”，如释《大学》“明明德”为“王者以五行之德递嬗者也，明堂祀五帝之精，行五行四时之令，故明堂之法，所以明明德也”④。致为学者所讥。

刘逢禄、宋翔凤把清代今文经学推进了一步。由于他们和庄存与都是常州人或与之有关联，故称之为“常州学派”；又因为他们独崇《公羊》，所以又称之为“《公羊》学派”。

三

庄存与、刘逢禄等以《春秋》为“五经之筦钥”，《春秋》义例又一宗《公羊》，为什么他们要尊奉《春秋》，独崇《公羊》呢？

第一，《春秋》是“经世”之书，是“礼义之大宗”，“法可穷，《春

---

① 章太炎：《訄书》第十二《清儒》。

② 宋翔凤：《过庭录》卷四《元年春王周正月》、《天王使宰咺来归惠公仲子之赗，夫人子氏薨、君氏卒》条。

③ 宋翔凤：《论语说义序》，见《皇清经解续编》卷三八九。

④ 宋翔凤：《大学古义说》一，见《皇清经解续编》卷三八七。

秋》之道则不穷”[1]，可以“举往以明来，传之万世而不乱”[2]。

他们认为《春秋》是孔子所作，孔子返鲁作《春秋》是“不得已”，其中有“微言”在焉。它不是一般“纪事之史”，而是“约文以示义”[3]，凡是所书，都有“所表”，是有其“书法”的。例如文公五年记“秦人入鄀”，《春秋》本来是“录大略小，录近略远”的，为什么记载这个“微国”、“远国”呢？庄存与以为，这是因为“秦人之好兵”，所以特记专条。他说：“《春秋》之法，苦民尚恶之，况伤民乎？伤民尚痛之，况杀民乎？民者，《春秋》之所甚爱也；兵者，《春秋》之所甚痛也。”“秦人好用兵，而先见其端于天下，于入鄀然后见之也。”[4] 又如文公十年记“春王三月辛卯，臧孙辰卒”，庄存与以为所以写上“辛卯”这一日期，是因臧孙辰为鲁所崇敬。写上“日”，是否“贬”呢？“义不得无贬而辞无贬”，因为臧孙辰“自知弗如”柳下惠，却“蔽之俾不通然后已”，这是“蔽贤”，所以虽则“辞无贬”，而“义在指矣”[5]。《春秋》“书法谨严”，义有所指，“举往明来”，经世所资，因此，为人君者必知《春秋》，为人臣者也必遵《春秋》之义。

第二，《春秋》大义，存乎《公羊》，其中“通三统”、“张三世”诸例，辨名分，定尊卑，明外内，举轻重，要懂得《春秋》，就必须深研《公羊》义例。

历来儒者言必称三代，说尧、舜、禹、汤、文、武时期是“至治盛世”，而平王东迁，王室衰微，浸为“乱世”。经今文学者认为夏、商、周三代各有其统，夏是黑统（人统），商是白统（地统），周是赤统（天统），夏、商、周三代制度各有因革损益，不是一成不变的。《春秋》就是“立百王之制，通三统之义，损周之文，益夏之忠，变周之文，从殷之质”，从而“百世以俟圣人而不惑”[6]。清朝去古虽远，但只要“继体守文”，能够“深明《春秋》之法以制驭其政”，那么，“三代之治未尝不可

① 庄存与：《春秋正辞》卷十《诛乱辞》第八。

②③ 庄存与：《春秋正辞·春秋要指》。

④ 庄存与：《春秋正辞》卷八《外辞》第六。

⑤ 庄存与：《春秋正辞》卷五。

⑥ 刘逢禄：《论语述何篇》，见《刘礼部集》卷二。

复，其乱未尝不可弭”①。也就是说，要根据《春秋》之“微言”，按着当前之实际，“后王有作”。

由于春秋之时，浸为“乱世”，诸侯征伐，周天子名存实亡，孔子在《春秋》中，“于所见（昭、定、哀）微其辞，于所闻（文、宣、成、襄）痛其祸，于所传闻（隐、桓、庄、闵、僖）杀其恩”，“异其书法，寓有褒贬”。再则，“于所传闻世见拨乱始治，于所闻世见治，廪廪进升平，于所见世见治太平”，“由是辨内外之治，明王化之渐，施详略之文，鲁愈微而《春秋》之化益广，世愈乱而《春秋》之文益治”②。那么，“《春秋》起衰乱以近升平，由升平以极太平”③，这种由“乱世”到“升平”、“升平”到“太平”的“三世”说，又是以社会历史是进化的。要进化，那还要明乎《春秋》。他们在举世高谈三代，说成“世愈远而治愈甚”，以致陷入退化论泥潭的情况下，比迹“三统”，推衍“三世”，主张“拨乱”，倡言“经世”，不能说不是一个进步；但其依托的还是儒家经籍，还想“复三代之治”，这无可否认是烙上了鲜明的阶级烙印的。

第三，董仲舒发挥《春秋》“大一统”学说，儒家赖以“独尊”。当今“盛世”，尤应“一统”，不能拘泥章句，而应“远法《春秋》”。

“三统”、“三世”，说明时代不同，要随时因革；只有因革损益，才能想望“太平”。悬一理想的目标，以为“太平”的倒影，时愈久则治愈盛，“大一统”，才能“六合同风，九州共贯”。庄存与、刘逢禄认为，“大一统”要“以诸夏辅京师，以蛮夷辅诸夏”，才是“尊亲之化”，“天地之所以为大”④。“天无二日，世无二王，国无二君，家无二尊，以一治之。”⑤ 必须尊亲事君，“全至尊而立人纪”⑥。《春秋》就是“天子之事”，用以“辨名正分”、正外内、定尊卑、审轻重、纪远迩、征敬怠、别同异的。为人臣子，就应忠君，应该“陈善必列其宜，匡失必举其败”，不能以“无端崖之辞以溷其上，而藏其奸”，不能“固奸以事君”，“以饰其

---

① 刘逢禄：《十七诸侯终始表序》，见《刘礼部集》卷四。

②③ 刘逢禄：《释三科例》上《张三世》，见《刘礼部集》卷四。

④ 刘逢禄：《制国邑》第五，见《刘礼部集》卷五。

⑤ 庄存与：《春秋正辞》卷一《奉天辞》。

⑥ 庄存与：《春秋正辞》卷二《天子辞》。

恶”，欺君是“不祥”[①] 的。因此，“大一统”的核心是尊君，是拱奉中央王室。

春秋时，王室已微，孔子表彰齐桓、晋文，因为齐桓、晋文“尊王攘夷”，“一匡周室”，当他“笔削”《春秋》时，留有“书法”。如庄公二十五年记“春，陈侯使女叔来聘”，就是书之以“录齐桓之功”的。“齐桓主中国，则陈不知有楚患，国家安宁”，齐桓公死后，陈遂“日役乎楚”[②]。齐桓“存三亡国，而天下咸谕乎桓公之志，再为义王，克尽臣节，修礼诸侯，官受方物，鲁人至今以为美谈”[③]。这是由于齐桓公“纠合诸侯，一匡天下”，尊奉周王朝，“归命”周天子，以成“大一统”。

照此说来，清代今文经学的“复兴”者之所以讲《公羊》，是因为它存在《春秋》大义；而这些“微言”，又重在“大一统”。那么，他们实际是为了要“大一统”而找《春秋》为依附；又发挥《春秋》“微言”，以维护“大一统”。

四

清代今文经学的提倡“大一统”，也是有其缘由的：“乾嘉盛世”时危机隐伏，腐朽衰败的迹象已呈，是其社会根源，即就文化思想来说，也有其深刻的社会背景。

如上所述，“乾嘉盛世”在学术界占优势的是汉学和宋学，而今文经学的“复兴”者却“不拘汉、宋”，欲祛“门户”，这就不是偶然现象。查乾隆二十三年（1758 年）十二月癸丑朔，上谕：“我朝圣圣相承，乾纲独断，政柄从无旁落，如康熙年间之明珠、索额图、徐乾学、高士奇，雍正年间之李卫、田文镜等，其人皆非敢骩法干纪如往代之比。不过私心未化，彼此各持门户之见。即朕初年，鄂尔泰、张廷玉二人，亦未免故智未忘，今则并此无之矣。”“犹记乾隆初年，诏廷臣集思广益，至再

---

① 庄存与：《春秋正辞》卷一《奉天辞》。
② 庄存与：《春秋正辞》卷四《内辞》第三《来聘》。
③ 庄存与：《春秋正辞》卷六《二伯辞》第四。

至三，然诸臣章奏，亦不过摭拾浮言，自行其私而已。且彼时事之大者，莫过鄂尔泰、张廷玉门户之习，初未闻一言及之。”[①] 乾隆四十六年（1781 年）又谕：“古来以讲学为名，致开朋党之渐。”有门户即易起朋党，有朋党即易使大权旁落，中央集权无法巩固，“大一统”不能实现。所以乾隆一方面明确表示不应专立门户，继续推行文字狱，采取高压政策；另一方面，又“御纂”、“钦定”各书，企图统一思想。如乾隆十三年（1748 年），钦定《周官义疏》、《仪礼义疏》、《礼记义疏》；乾隆二十三年（1758 年），御纂《诗义折中》、《春秋直解》，大都杂采诸家，兼用汉、宋。《春秋直解》的“御制序”，载于实录，言明：“中古之书，莫大于《春秋》，推其教，不越乎属辞比事。而原夫成书之始，即游、夏不能赞一辞，盖辞不能赞也。”把“属辞比事”提了出来。又说：“镕范群言，去取精审，麟经之微言大义，炳若日星，朕服习有年。”[②] 把“微言大义”也提了出来。乾隆四十七年（1782 年），举行“仲春经筵”，德保、曹秀先讲《论语》。“知者乐，仁者寿”后，乾隆认为“仁者，知之体；知者，仁之用”，朱熹“不兼仁、知而言，不得孔子真义”[③]，对朱熹表示怀疑。同年十一月，命皇子及军机大臣等订正《通鉴纲目续编》，认为《续编》“于辽、金、元事多有议论偏谬”，说是孔子作《春秋》就没有“肆口嫚骂”，过去《通鉴辑览》“书法体例有关大一统之义者，均经朕亲加订正，颁示天下”，“使天下后世晓然于《春秋》之义”。命皇子等对《续编》“量为删润，以符孔子《春秋》体例”[④]。以《春秋》体例为《通鉴纲目》所遵循。乾隆五十八年（1793 年），诏刻十三经于太学。次年，石经馆司事大臣根据内府所藏宋版、明监本、武英殿官刻诸书“参稽考证”，逐条摘出，请颁示天下，并于乙卯（1795 年）科会试为始，所有考试四书、五经题文，“俱照颁发各条”改正。乾隆认为所改“不过字句书体，间有异同，于圣贤经义初无出入”。说是“圣贤垂教之义，原不在章句之末”，不予批

---

① 《清高宗纯皇帝实录》卷五七六，5、7～8 页。

② 《清高宗纯皇帝实录》卷五六八，22 页。

③ 《清高宗纯皇帝实录》卷一一五〇，4～5 页。

④ 《清高宗纯皇帝实录》卷一一六八，14～15 页。

准。[①] 同时，又颁《御制石刻蒋衡书十三经于辟雍序》："经者，常也，常故不变，道则恒存。天不变，道亦不变，仲舒之言，实已涉其藩矣。"认为"以注解解经，不若以经解经之为愈"[②]。既表彰董仲舒涉经之藩，又不满饾饤章句，"注疏解经"。而"字句书体"的"异同"，却正是古文经学家所擅长；"注疏解经"，宋儒也有这种"陋习"。那么，从上引乾隆的一系列"上谕"，可以清楚看出，庄存与、刘逢禄等的不拘汉、宋，崇奉《春秋》，不是无所本的。

乾隆是力图加强专制，维护"大一统"之局的，然而，就是这个严防门户、堵塞朋党的乾隆，却在晚期专任和珅，中央权落，"臣工顺意"，这和"大一统"实不相容。庄存与"在乾隆末，与大学士和珅同朝，郁郁不合"，"故于《诗》、《易》君子、小人进退消长之际，往往发愤慷慨，流连太息，读其书可以悲其志云"[③]。庄存与隐忧国事，仰承"大一统"之旨，"又不刊板行世，世是以无闻"[④]。等到"和珅一倒，嘉庆吃饱"，刘逢禄遂得发挥庄氏"家学"，将其公开阐扬，《记董文恭公遗事》就是借董诰以斥和珅擅权的。[⑤] 然而，危机已伏，盛世不再，这就使关心"经世"的今文学家，对提倡"大一统"的《春秋》钻研更深。

同时，在乾隆祛除门户之见的影响下，宋学渐趋下坡，戴震写了《孟子字义疏证》，从训诂考据阐发"理"、"性"、"天道"等哲学范畴的根本意义，以反对"宋以来儒书之言"，刘逢禄应知其书[⑥]，他自己对宋儒的"空言"也曾反对。但宋学虽落，汉学却盛，清朝文化高压政策的结果是，一些学者不敢再言"经世"，不少汉学家不是被笼入四库馆，就是跻身通显，饾饤文字，训诂文物，形成"实学"（朴学）。这种脱离实际的学风，究竟"于世何济"？庄存与即以"儒臣遭世极盛，文名满天下，终不能有所补益时务，以负庥隆之期，自语曰：辨古籍真伪，为术

① 参见《清高宗纯皇帝实录》卷一四六三，2～3页。

② 同上书，4～5页。

③ 魏源：《武进庄少宗伯遗书序》，见《魏源集》，238页。

④ 董士锡：《易说序》，见《味经斋遗书》卷首。

⑤ 参见刘逢禄：《记董文恭公遗事》，见《刘礼部集》卷十。

⑥ 查段玉裁《戴东原先生年谱》称，乾隆三十一年，段入都会试，戴谓"近日做得讲理学一书"，谓《孟子字义疏证》，是早已成书，刘在戴后，应知其书。

浅且近者也"[①]。刘逢禄对吴派钱大昕以《春秋》为"直书其事"，没有"书法"而加申驳。刘承宽总结刘逢禄"异于世儒"之处凡二：一、"通大义而不专章句"，二、"求公是而祛门户"[②]。"通大义"、"求公是"，实际是阐发《春秋》"微言"以言"经世"；"祛门户"主要是不专守汉、宋；"不专章句"更指汉学而言。也正因为乾嘉汉学盛行，已成"门户"，今文经学复兴的"祛门户"，也主要是针对这种"实学"。与刘逢禄同时代、同乡里的董士锡有过明确的说明，他说："乾隆时，学者莫不由《说文》、《尔雅》而入，醰深于汉经师之言，而无溷于游杂，其门人为之，莫不以门户自守，深疾宋以后之空言。固其艺精，抑示术峻，而又乌知世固有不为空言而实学恣肆如是者哉！"[③]"实学恣肆"，反映了他们对汉学的不满。

汉学标榜东汉古文经学，又正"恣肆"，要改变这种学风也不容易，于是他们利用当时儒生的复古心理，把西汉今文经学"复兴"起来：你讲东汉古文，我倡西汉今文，比之"实学"更古，上距儒家祖师爷孔子更近，理解孔子《春秋》"微言"更加独到。刘逢禄说，"公羊氏五传，当汉景帝时，乃与弟子胡毋子都等记于竹帛"，再经董仲舒"讲明"，"汉之吏治经术，彬彬乎近古"。到了东汉，遭受刘歆的窜乱，幸有何休"审决白黑而定"。魏晋以降，"儒风不振"，"圣人之微言大义盖尽晦矣"[④]。于是由东汉而上推西汉，使西汉今文经学得以"复兴"。

然而，他们"复兴"的西汉今文经学，并不等于就是今文经学。他们继承西汉经学家阐释经书的方法论，形成其治学方法上的一定共同点，但他们又是从前人对经书的阐释中找出符合本阶级利益的思想材料，累积适应其特点的各种观点和思想，为自己的阶级服务，在继承的关系中，又赋予时代的特点，存在着阶级性。

那么，清代今文经学的"复兴"者，又是代表哪个阶级的利益？是

---

① 龚自珍：《资政大夫礼部侍郎武进庄公神道碑铭》，见《龚自珍全集》，141～142页，北京，中华书局，1959。

② 刘承宽：《申受公行述》，见《武进西营刘氏家谱》卷六。

③ 董士锡：《易说序》，见《味经斋遗书》卷首。

④ 刘逢禄：《春秋公羊释例序》。

为谁服务的呢？曰：代表地主阶级利益，旨在维护封建专制，巩固中央集权。

如上所述，庄存与、刘逢禄的宣扬“大一统”，和最高统治者的反对“门户”、“朋党”有关，因而他们不为汉、宋藩篱所囿；又和“乾嘉盛世”的危机隐伏以及文化专制主义有关，于是发挥“微言”，强调“经世”。他们是仰承皇帝的旨意的。

从庄存与、刘逢禄的经历，也可以看出他们和清朝中央政府的关系。

常州庄氏，本来“以科目起家，簪缨文史，蔚为大族”①。庄存与出身于世代仕宦的地主家庭，“通籍后，在上书房授成亲王经史垂四十年。所学与当时讲论或枘凿不相入，故秘不示人”②。查康熙以来，一般“一人仅直一斋，偶有两斋互调者，亦不数见”，而庄存与却在“翰林时，始以侍讲入直南书房，继又以内阁学士兼直上书房，一人兼直两斋”，尚属“鲜见”③。他授读皇子，任职内廷，对中枢情况，自较“在野”为深，自易随时揣摩，仰承“圣旨”。那种“天无二日，世无二王，国无二君”的《春秋》微言，当然符合“乾纲独断”的乾隆政治上的需要。它源自孔子儒经，又是“言之有据”的“大一统”理论依附。因而值“上书房”既能历时甚久，而与当时“枘凿不相入之学”，也能在文化高压下“讲论”，且能“以经学受主知”④。

这里，可举三例：

其一，庄存与“大考翰詹”时，试题是“拟董仲舒天人册第三篇”，庄存与“素精董氏《春秋》，且于原文‘册曰’以下四条，一字不遗”。这样，“上大嘉叹，即擢侍讲”⑤。乾隆注重“董仲舒天人册”，庄存与也以“董子《春秋》”而“受主知”。

其二，乾隆二十三年（1758年）二月，庄存与在任顺天学政时，满、

---

① 《毗陵庄氏族谱序》。

② 阮元：《庄方耕宗伯经说序》。“四十年”，有误，魏源《武进庄少宗伯遗书序》作“傅成亲王于上书房十有余载，讲幄宣敷，茹吐道谊”。

③ 《毗陵庄氏族谱》卷一八上《盛事》。

④ 朱珪：《春秋正辞序》。

⑤ 刘逢禄：《记外王父庄宗伯公甲子次场墨卷后》，见《刘礼部集》卷十。

蒙童生因“不能传递”，竟致“闹场”，为御史汤世昌参奏，“被革职”①。仅隔四天，乾隆又谕，“各童生喧闹，究因该学政办理尚属严密、不能传递之故。今既审明情节，而该学政竟因此罢黜，殊非惩创恶习之意，庄存与着带革职，仍留内阁学士之任”②，并将闹场生员严惩。如果乾隆心目中没有庄存与其人，是不会有此“殊典”的。

其三，乾隆五十年（1785年），举办“千叟宴会盛宴”，庄存与参加了，并被赐“诗杖丰貂彩缎等物”，这是当时官僚心向往之的“稽古之荣”③。次年正月，乾隆又谕：庄存与“年力就衰，难以供职”，予以“原品休致”④。可知庄存与位虽不高，但“以经学受主知”；他的“受主知”，应与其讲《春秋》“大一统”有关。

刘逢禄比庄存与晚了四五十年。这半个世纪中，清朝的衰败迹象日呈，他的今文经学理论较庄存与更为完整，“经世”之念也较庄存与尤切。如果说庄存与只是把“大一统”揭橥的话，那刘逢禄就已经直接援以论政了。他官礼部多年，“据古礼以定今制，推经义以决疑难”⑤，“又断诸史刑礼之不中者”，为《礼议决狱》四卷。他的“甲戌朝考”（嘉庆二十年，1815年）为《尚德缓刑疏》，据“董子《春秋》显经隐权，先德后刑之义”加以发挥，阐扬“御制明慎用刑说”⑥。嘉庆二十五年（1820年），嘉庆“升遐”，刘逢禄“成《庚辰大礼记注长编》十二卷。自始事以讫奉安山陵，典章备具，体例谨严，其后承修官书，遂全用其稿”⑦。道光初，越南贡使陈请为其国王母乞人参，“得旨赏给”，而谕中有“外夷贡道之语”，使臣请将“外夷”改为“外藩”。但“诏书难更易”，刘逢禄根据经书，说是“夷服去王国七千里，藩服去王国九千里，是“藩远而夷近也”。“我朝六合一家，尽去汉、唐以来拘忌嫌疑之陋，使者无得

① 《清高宗纯皇帝实录》卷五五七，1页。

② 同上书，13页。

③ 庄勇成：《少宗伯养恬兄传》。

④ 《清高宗纯皇帝实录》卷一二四七，6页。

⑤ 刘承宽：《申受公行述》，见《武进西营刘氏家谱》卷六。

⑥ 刘逢禄：《尚德缓刑疏》，见《刘礼部集》卷九。

⑦ 刘承宽：《申受公行述》，见《武进西营刘氏家谱》卷六；又《庚辰大礼记注长编恭跋》，见《刘礼部集》卷七。

以此为疑”，进行“据经决事”，当时称之为“有先汉董相风”①。可知他是适合当时统治阶级需要的，“复兴”的今文经学和政治的关系是密切的。

由于衰乱已呈，“贤隐于下”，刘逢禄早年就有《招隐》一文，借越国大人、东吴王子来访“举世无识未知几年”的隐士立喻。隐士谓“佩紫怀黄”是“缧绁之机”，“轩车大纛”是“囹圄之饰”，故“智士勿慕”。东吴王子劝说未从，越国大人大谈“盛世之谋谟”，劝隐士离开“荒邈之乡”，“建不世之伟业”，不要“徒知无道富贵之足羞，而不知有道贫贱之足耻”，劝隐士“知斯民之忧乐”。隐士居然“晞然改容”，“返旆辕拜”，“同车偕来魏阙”②。从东吴王子的“招隐”，遁世隐士的“返旆”，道出了刘逢禄“经世”求仕的迫切心情。此后，他援用《公羊》，阐明蔽贤之非，又是多么希望封建皇帝能延用懂得“经世”的“贤士”！所以，他的“经世”，阐扬《春秋》“微言”，都是为了使垂衰的清朝转为“盛世”。

照此说来，庄存与、刘逢禄等的“复兴”今文，是在清朝危机隐伏之际，为了维护封建专制，巩固中央政权而阐扬《春秋》、发挥“微言”的。

刘逢禄卒于1829年，已是鸦片战争前夕，一场新的风暴即将来临，这种讲究“微言大义”的今文经学，也就更易为忧国忧民、具有进步思想的人所注意。地区既不限于常州，经书也不囿于《春秋》，对庄、刘的评价也就时愈晚而誉愈高。龚自珍撰《资政大夫礼部侍郎武进庄公神道碑铭》，推之为：“学足以开天下，自韬污受不学之名，为有所权缓亟轻重，以求其实之阴济于天下，其泽将不惟十世；以学术自任，开天下知古今之故，百年一人而已矣。若乃受不学之名，为有所权以求济天下，其人之难，或百年而一有，或千载而不一有，亦或百年数数有。虽有矣，史氏不能推其迹，门生、学徒、愚子姓不能宣其道，若是，谓之史之大隐。有史之大隐，于是奋起不为史而能立言者，表其灼然之意，钩日于虞渊，而悬之九天之上，俾不得终隐焉而已矣。”对庄存与的欲“有所补

① 刘承宽：《申受公行述》，见《武进西营刘氏家谱》卷六。

② 刘逢禄：《招隐》，见《刘礼部集》卷一。

益时务”颇为称誉。①

魏源也以今文经学“由典章制度以进于西汉微言大义，贯经术、政事、文章于一”，为“今日复古之要”②，称庄存与为“真汉学”，誉为“崒乎董胶西之对天人，醰乎匡丞相之述道德，肫乎刘中垒之陈今古，未尝凌杂釽析，如韩（婴）、董（仲舒）、班（固）、徐（幹）数子所讥，故世之语汉学者鲜称道之。呜呼！君所为真汉学者，庶其在是，所异于世之汉学者，庶其在是”③。以刘逢禄为能“由董生《春秋》以窥六艺条贯，由六艺以求圣人统纪，旁搜远绍，温故知新，任重道远，死而后已，虽盛业未究，可不谓明允笃志君子哉?”④

龚、魏是绍今文“遗绪”的，此后康有为领导的维新变法运动以今文为理论基础，在历史上起过进步作用。但是，清代今文经学“复兴”者的本旨却是维护封建专制主义的。我们固不能因其对后来起过进步作用，而以经今文学的“复兴”为“维新”；也不能忘记庄存与等挣脱封建“实学”束缚，倡言“经世”的劳迹。至于龚、魏以后怎样把原初巩固清朝中央集权的今文理论，推演为具有进步意义的社会改革思想，那就只可“另文撰述”了。

原载《中国史研究》，1980（2）

---

① 参见《龚自珍全集》，141页。

② 魏源：《刘礼部遗书序》，见《魏源集》，242页。

③ 魏源：《武进庄少宗伯遗书序》，见《魏源集》，237～238页。

④ 魏源：《刘礼部遗书序》，见《魏源集》，242～243页。

庄存与年谱

序

清乾、嘉间，宋学高踞堂庙，汉学[①]“如日中天”，今文经学“翻腾一度”，褎然成家，创始者，常州庄存与也。

先生“幼入塾，即以古人自期”，“研经求实用”，笃志深邃，穷源入微，独有会心。久宦京师，乾隆以为“学有根抵”，“可备顾问”。维时和珅“骎骎向用”，怙宠贪恣，欺君枉法，吏治日坏，贿赂公行。纳官捐输者佩紫怀黄，积学之士则举世无识。土地兼并，灾戾遍野，农民起事，危亟可忧。先生阅赵汸《春秋属辞》而善之，檃括其条，正列其义，撰《春秋正辞》曰：“《春秋》非记事之史，不书，多于书，以所不书知所书，以所书知所不书。”“《春秋》治乱必表其微，所谓礼禁于未然之前也，凡所书者有所表也，是故《春秋》无空文。”[②]

先生以《春秋》为经世之书，“法可穷，《春秋》之道则不穷”[③]，“举往以明来，传之万世而不乱”[④]。其大义存乎《公羊》，“通三统”、“张三世”诸例，辨名分，定尊卑，明外内，举轻重，拨乱反正，舍《公羊》奚求！昔者，董胶西尝对天人，儒家为之独尊，先生重“大一统”，推衍《春秋》，欲使“六合同风，九州共贯”，“全至尊而立人纪”[⑤]。

先生不拘汉、宋，欲祛门户，复兴今文，崇奉《公羊》，亦缘时势所趋。乾隆二十三年十二月癸丑朔谕：“我朝圣圣相承，乾纲独断，政柄从无旁落，如康熙年间之明珠、索额图、徐乾学、高士奇，雍正年间之李卫、田文镜等，其人皆非敢骫法干纪如往代之比。不过私心未化，彼此各持门户之见。即朕初年，鄂尔泰、张廷玉二人，亦未免故智未忘，今

① “汉学”，与“宋学”相对，指清代专力于训诂、辨伪的乾嘉学派。

② 庄存与：《春秋正辞·春秋要指》。

③ 庄存与：《春秋正辞》卷十《诛乱辞》第八。

④ 庄存与：《春秋正辞·春秋要指》。

⑤ 庄存与：《春秋正辞》卷二《天子辞》。

则并此无之矣。”“犹记乾隆初年，诏廷臣集思广益，至再至三，然诸臣章奏，亦不过摭拾浮言，自行其私而已。且彼时事之大者，莫过鄂尔泰、张廷玉门户之习，初未闻一言及之。”①

乾隆四十六年又谕：“古来以讲学为名，致开朋党之渐。”有门户即易起朋党，有朋党即易使大权旁落，背离“大一统”。“是以即谕令不应专主门户”，推行文字狱，采用高压；又“御纂”、“钦定”各书，兼用汉学，以示怀柔。乾隆二十三年御纂《春秋直解》，“御制序”曰：“中古之书，莫大于《春秋》，推其教，不越乎属辞比事。而原夫成书之始，即游、夏不能赞一辞，盖辞不能赞也。”又曰：“镕范群言，去取精审，麟经之微言大义，炳若日星，朕服习有年。”② 言“微言大义”，举“属辞比事”。

乾隆四十七年“仲春经筵”，德保、曹秀先讲《论语》“知者乐，仁者寿”，乾隆以为“仁者，知之体；知者，仁之用”，朱熹“不兼仁、知而言，不得孔子真义”③。疑及朱熹。同年十一月，命皇子、军机大臣等订正《通鉴纲目续编》，以为《续编》“于辽、金、元事多有议论偏谬”，谓孔子作《春秋》，即无“肆口嫚骂”。《通鉴辑览》“书法体例有关大一统之义者，均经朕亲加订正，颁示天下”，“使天下后世晓然于《春秋》之义”。命皇子等于《续编》“量为删润，以符孔子《春秋》体例”④。

乾隆五十八年，诏刻十三经于太学。次年，石经馆司事大臣据内府所藏宋版、明监本、武英殿官刻诸书“参稽考证”，逐条摘出，请颁示天下，并于乙卯科会试为始，所有考试四书、五经题文，“俱照颁发各条”改正。谕谓所改“不过字句书体，间有异同，于圣贤经义初无出入”。“圣贤垂教之义，原不在章句之末”，不予批准。⑤ 又颁《御制石刻蒋衡书十三经于辟雍序》：“经者，常也，常故不变，道则恒存。天不变，道亦不变，仲舒之言，实已涉其藩矣。”以为“以注疏解经，不若以经解经之

---

① 《清高宗纯皇帝实录》卷五七六，5、7～8页。
② 《清高宗纯皇帝实录》卷五六八，22页。
③ 《清高宗纯皇帝实录》卷一一五〇，4～5页。
④ 《清高宗纯皇帝实录》卷一一六八，14～15页。
⑤ 参见《清高宗纯皇帝实录》卷一四六三，2～3页。

为愈”①。表彰董氏“涉经之藩”。于饾饤章句，以“注疏解经”亦示不满。“字句书体”之“异同”，固汉学所擅为；“注疏解经”，又宋学之“陋习”。然则先生之不拘汉、宋，崇奉《春秋》，有由来矣。

乾隆固力图维护“大一统”者，然其晚年，中央权落，“臣工顺意”，与“大一统”实不相容。先生“故于《诗》、《易》君子、小人进退消长之际，往往发愤慷慨，流连太息，读其书可以悲其志云”②。隐忧国是，仰承“大一统”之旨，其书又不刊板行世。危机四伏，盛世不再。先生感慨太息：“儒臣遭世极盛，文名满天下，终不能有所补益时务，以负麻隆之期。自语曰：辨古籍真伪，为术浅且近者也。”③ 深患汉学之恣肆、宋学之空言，还我西汉今文，固我大清一统，是其复兴今文，固时会使然，亦久宦京师，仰承“圣训”使然欤?

嘉、道以降，外务丛脞，内政不饬，龚自珍主“更法”，魏源倡“变易”。未几，“清政不道，横挑强邻”，康有为上书维新，援用《公羊》，源自今文，则先生之发端启示，亦功不可没也。

余与先生同里第，母氏庄，先生之族裔，训以经说，略知端绪。稍长，游学沪滨，勤读经史，注目学案。弱冠之年，养疴返里，时《毗陵庄氏族谱》重修梓行，得以纵阅，草成先生年谱，忽忽五十年矣。旋以衣食奔走，由经入史，此谱亦久置书箧。今发已苍苍，视亦茫茫，理未竟之作，寻旧谱之绪，勉予完稿，厘为四卷，俟有志清代学术思想史者采纳焉。

1995年10月8日

汤志钧序于沪寓

---

① 《清高宗纯皇帝实录》卷一四六三，4～5页。

② 魏源：《武进庄少宗伯遗书序》，见《魏源集》，238页。

③ 龚自珍：《资政大夫礼部侍郎武进庄公神道碑铭》，见《龚自珍全集》，141～142页。

凡　例

一、本书共分四卷：卷一《年谱》，综述先生行谊、仕履生平；卷二《味经》，专述先生经学，《春秋正辞》为先生精力所粹，论列尤详，先生遗著曰“味经斋”，故名；卷三《流风》，先生揭橥今文，庄述祖、刘逢禄、宋翔凤、龚自珍、魏源、邵懿辰、戴望继其遗风，至康有为而援以改制，变法维新，流风所及，后先挥扬；卷四《碑传》，择其要者而录之。

二、武进、阳湖，同隶常州城区。雍正四年，武进分东部别置阳湖县，于是沿旧名则曰武进，迁居或隶阳湖，原难严格划清。查旧志，乾隆三年，武进、阳湖各有县志；道光间则曰《武进阳湖合志》，光绪五年重修，复名《武进阳湖县志》，亦缘里第实难迳分也。以庄氏而言，嘉庆间，龚自珍《资政大夫礼部侍郎武进庄公神道碑铭》，署“武进”；而先生《味经斋遗书》光绪八年重刊，则曰“阳湖庄氏藏板”。盖武进、阳湖县治，均处常州城区，称之曰“常州学派”，亦由是名之。

三、先生撰著，每乏序跋，生前又不“刊板行世”，致撰期难定，系年无从，故别列《味经》一卷。读者可参稽卷一，以明其学术之渊源，治经之“求实用”，而与“当时讲论或枘凿不相入”也。

四、吴昌绶《定庵先生年谱》暨《康有为自编年谱》，字数过多，已择其与今文经学有关者录入卷三，故卷四不再另赘。

五、本书于1943年返里养疴时初撰，置于书箧垂五十年；1995年，重加增益；今又再作修订，已三稿矣。

1999年1月

卷一　年　谱

庄存与，字方耕，晚号养恬。先世由凤阳南渡镇江，宋季徙居金坛。明初，秀九公始迁常州，为毗陵始祖。

《庄氏世系表小序》："溯自濠梁之间，漆园吏为始祖，当得近之。后由凤阳南渡镇江，今尚多族属焉。宋哲宗元祐七年，邦云从镇江徙居金坛。……及宋宁宗嘉泰辛酉，义四公讳必强，字若翁，号遗亭者，为翰林学士。传至秀九公，赘居毗陵，庄氏因家焉，为毗陵始祖。"（《毗陵庄氏族谱》卷三《世系录》）

六世祖以湓，字仲敬，号简斋。

《毗陵庄氏族谱·世系表》：以湓，"庠生，赠中大夫湖广右参政"（《毗陵庄氏族谱》卷三《世系录》）。

高祖廷臣，字龙祥，号凝宇，累赠通议大夫。分守郧阳时，议建魏珰生祠，廷臣独争之力。

庄鼎铉《先考通议大夫全楚大方伯年谱》："府君生有异质，声如洪钟，广额，眉间可容四指，须垂几至腹，不轻喜笑，坐不偏立。……晚年精神益健，能啖青梅数十，于灯下红笺作细楷，终生无齿疾，无足跚，光明真直，真天人也。"

《常州府志·儒林传》："庄廷臣，字龙祥，武进人。万历进士。令永嘉，有惠政，称天人，孝廉第一。历江西、湖广、浙江、广东四省观察。其分守郧阳时，议建魏珰生祠，廷臣独争之力。升湖广左藩。……著《四书诗经导窾》。"

王熙《方伯凝宇庄公传》："明丙寅、丁卯之际，魏珰焰张甚，媚珰者争为建祠。……是时，同城同事力阻其议者，荆南道参政庄公也。公讳廷臣，字龙祥，号凝宇。……公自幼食贫，屡困童子试。

年三十，始补博士弟子员，自是每试辄第一，声民籍甚。……万历癸卯，应乡试第九人。又六年庚戌，以第四人成进士，时年五十二，选得永嘉县。……宰永嘉七年，多异政。”

按：《毗陵庄氏族谱》：“廷臣历任礼部精膳司主事员外郎、祠祭司郎中、江西湖东道副使、湖广下荆南道参政、广东按察使分守广东道、浙江右布政使分守金衢道、湖广右布政使分巡郧襄道、湖广布政使，授通政大夫。”有遗诗《家居作》一首，见《御选四朝诗》。

曾祖鼎铉，字耳金，邑庠生。

按：鼎铉，貤赠中宪大夫、浙江温州府知府，诰赠光禄大夫礼部左侍郎。

祖绛，字丹吉，邑增生，累赠光禄大夫礼部左侍郎。

《武进县志·文学传》：“庄绛，字丹吉，幼颖异，读书五行俱下，试七艺，以高才生补博士弟子员。……游京师，称誉籍甚，以文章器重，见重于王文端公熙。……平生肆力于古，参订经史，凡天文、疆索、九流百家之书，靡勿穿贯，尤明于明家掌故。文章不起草，散佚颇多，存若干卷。”

按：《毗陵庄氏族谱》：“庄绛，邑增生，入太学，考授州同知，敕赠儒林郎翰林院编修，诰赠中宪大夫、浙江温州府知府，累赠光禄大夫礼部左侍郎。”

父柱，字书石，号南邨，雍正丁未进士，改翰林院庶吉士，选知大兴县，擢知温州府。

《武进县志·宦绩传》：“庄柱，字书石，雍正丁未进士，改翰林院庶吉士，特旨选知大兴县，京邑七年，洁廉爱民。……擢知温州府，平反冤狱。……迁海防兵备道，筑尖塔二山海口，阅四年功竣，而民不劳。练于政事，口不言能，敏于文辞、书翰，不求人之名之也。年五十二，即引疾归。平生力学笃行……无疾言厉色。”

庄勇成《南邨公传》：“族父南邨公，行六，族祖丹吉公季子也。讳柱，字书石，号南邨。丹吉公有五子，长讳楷，官翰林，历任国子监司业。……次讳柡，康熙庚子举人，官湖北黄梅县知县。次讳敦厚，雍正甲辰进士，官直隶西宁县知县。次讳大椿，己酉副榜，官四川射洪县知县。其季即南邨公。……南邨公天资颖悟，勤学不倦，自幼及长，手录者成帙，不乙一字，尤好朱子、小学，一言一动，皆遵之。年十九，补博士弟子，旋食饩。康熙庚子，中式第十一名，常郡官生卷作房首自公始。……雍正丁未，成进士，殿试对策，元元本本，思若涌泉。……时读卷官拟置第一，钦定二甲第二，授翰林院庶吉士，偕同馆试乾清宫，恩赠貂皮、笔墨，奖誉甚优。一日，上以遴选京县，难其人，特旨于新科庶吉士中拣用，而公适膺其选。当是时，大兴一缺，积数任以亏帑罢官职，事浸不举，人共视为畏途。公自以儒生未谙吏治，骤任繁剧，陨越是惧。莅任后，事无巨细，悉以朴诚谨厚行之，庶务修举，诸王公咸称之曰能。……制府李敏达公以公列荐，特恩升授浙江温州知府。请训召见，蒙赐松花石砚、御制《朋党论》刻本，勖砺有加。”（《毗陵庄氏族谱》卷二十《传记·家传》）

母氏钱，检讨荣世女，“通书史，识量过人”。

庄勇成《南郇公传》：“配钱恭人，封夫人，检讨荣世女，有才德，通书史，识量过人。南郇公仕宦南北，夫人随在署助理家政，丰俭得中。善继董太君之遗矩，尝曰：‘作官临民者，必使心无二用。若增内顾忧，是挈眷适为官累耳。吾惟守俭勤之家训，所以佐清白之官箴也。’夫人自于归至白首，与南郇公鸿案相庄，显晦若一，垂老不衰。戚属有贫困者来谒，公必款接之，虽显客至，不令他避，亦不令稍见惭沮。太夫人料量食饮，亦必尽诚。生子二，长养恬，次仲淳，皆列鼎科。岁在丙子，养恬为浙江正主考，仲淳为福建正主考，道出里门，皆乞假十日，于试竣省亲。而养恬次子通敏，即于是科江南乡试中式，亲党登堂称庆，钱文端公有赠联云：‘殿上卿云传两见，膝前天使喜同归。’异数殊恩，一时罕逮。公与夫人每逢两子晋阶，受宠若惊，兢兢训勉，两子亦恪遵庭训，日以图报国恩不忘祖德是务，数十年有如一日。……年七十以寿终。”（《毗陵庄氏族谱》卷二十《传记·家传》）

绍承家学，克继箕裘，先生之学，有由来矣。

康熙五十八年己亥（1719年）　一岁

十一月初三日，先生生于常州郡城。

庄勇成《少宗伯养恬兄传》:"兄讳存与，字方耕，晚号养恬，南郇公长子也。南郇公二子，长即兄，次为仲淳，并列鼎科，一时有轼、辙郊祁之目。"(《毗陵庄氏族谱》卷二十《传记·家传》)

庄氏自秀九公迁常，至先生为第十二世，其世系为：

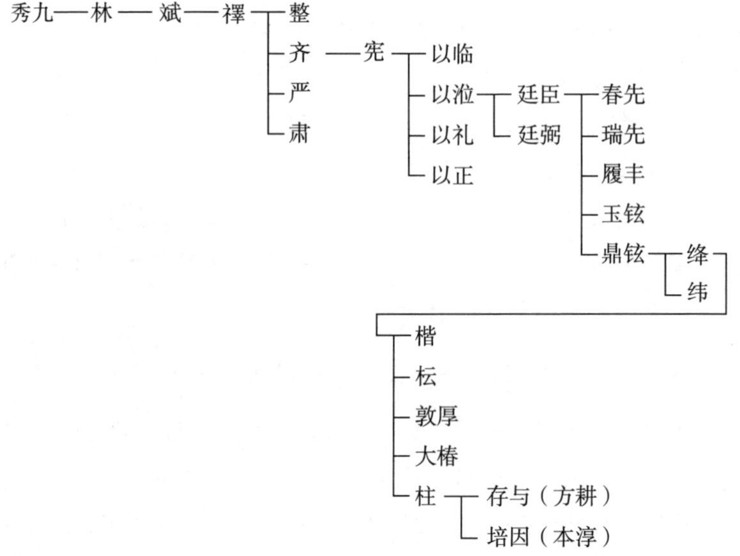

康熙五十九年庚子（1720 年）　二岁

父柱，中式庚子乡魁。

庄勇成《南郇公传》:"康熙庚子，中式第十一名，常郡官生卷作房首自公始。是科吾宗南北获售者四人，公与黄梅公及启尊兄以同怀兄弟叔侄居其三，先君子闲汀公亦与焉。一时称盛。"(《毗陵庄氏族谱》卷二十《传记·家传》)

康熙六十年辛丑（1721 年）　三岁

是年，江声生。

康熙六十一年壬寅（1722 年）　四岁

是年，王鸣盛生。

雍正元年癸卯（1723 年）　五岁

就塾读书。

臧庸《礼部侍郎庄公小传》："五岁，就塾读书，目数行下。"（闵尔昌：《碑传集补》卷三）

弟培因生。培因，字本淳，后字仲淳。

《毗陵庄氏族谱》卷三《世系录》："培因，行二，字本淳，柱次子。生于雍正癸卯九月十九日，卒于乾隆己卯七月十二日。乾隆辛酉举人，内阁中书军机处行走。甲戌，会魁一甲一名，状元及第，授翰林院修撰。历任右春坊中允、翰林院侍读学士，充日讲起居注官。丙子，福建正主考。丁丑，会试同考官，福建学政，诰授中宪大夫。配长洲彭氏，兵部尚书讳启丰女，封恭人。寿九十有一。子一，述祖。女四，长适钱中铣，内阁中书；次字刘；三适元和宋简，乾隆庚戌进士，山东高密县知县；四适吴江计绶。"

按：元和宋翔凤，即培因之外孙，述祖之甥也。

庄勇成《学士仲淳弟传》："仲淳，讳培因，字本淳，后字仲淳，南郇公次子也。南郇公两子：长为养恬，乙丑一甲第二，官少宗伯；次为仲淳，甲戌一甲第一，官翰林院侍读学士，提督福建学政，以奔父丧归里，抚棺哀号，一恸而绝，卒年才三十有七。"（《毗陵庄氏族谱》卷二十《传记·家传》）

雍正三年乙巳（1725年）　七岁

从同宗闲汀学。先生撰《闲汀公传》曰："存与与弟培因，受业有年，因能举其所身受者缕述之也。"

是年，程瑶田生。

雍正四年丙午（1726年）　八岁

入塾攻读。幼即以古人自期。

《武进县志·儒林传》："幼入塾，即以古人自期，笃志深邃，穷源入微。"

庄勇成《少宗伯养恬兄传》："兄长身玉立，不苟言笑。从幼入塾，即以古人自期，制艺得力于闲汀公。"

雍正五年丁未（1727 年）　九岁

父柱，成进士，授翰林院庶吉士，特简顺天大兴县知县。

庄勇成《南郇公传》：“雍正丁未，成进士，殿试对策，元元本本，思若涌泉。日方晡，纳卷上，车抵外城，蓼原公讶其速，曰：‘得毋草草耶?’公曰：‘心无妄想，且作书素捷，故纳卷稍先耳。’时读卷官拟置第一，钦定二甲第二，授翰林院庶吉士。”（《毗陵庄氏族谱》卷二十《传记·家传》）

是年，同邑赵翼生。

雍正八年庚戌（1730 年）　十二岁

是年，钱大昕生。

雍正九年辛亥（1731 年）　十三岁

是年，姚鼐生。

雍正十年壬子（1732 年）　十四岁

随父任大兴，会地震，得无伤。

庄勇成《少宗伯养恬兄传》：“年十四，随父任大兴，会地震，兄仆书室中，适一仆自外至，仆兄背上，而室亦倾。仆故有力，翼蔽之，得无伤。”

汤芷卿《翼駉稗编》：“雍正中，京师地震，房屋倒塌，压毙极多。吾乡庄方耕宗伯随任大兴县署，书屋三间已倾，寻宗伯不获。震定，发握瓦砾，两墙对合如龛，宗伯坐其中熟眠，犹未醒也。宗伯夫人吴亦随尊入京邸，方震时，闻梁大格砾声，急避桌下，屋随倾压，赖桌榰柱，得不死。一时同乡官京师者，谓两人他日必贵，遂两家缔姻焉。”

雍正十二年甲寅（1734 年）　十六岁

娶吴夫人。父柱任温州知府，先生随母赴瓯，行次夜泊险滩，从人不戒于火，失足堕水，得从舟救。

庄勇成《少宗伯养恬兄传》：“年十六，娶吴夫人。随母钱太夫人赴温，行次处郡，夜泊险滩，钱太夫人偕仲淳别居一舟。从人不戒于火，舟焚，几不测。兄仓皇欲过舟救之，失足堕急湍中，得从舟救，不死。识者知兄两遭险难，卒无恙，必为一代伟人，故天默佑之如此。”

又《毗陵庄氏族谱》卷三《世系录》：“配吴氏，内阁中书讳玉耑孙女，山西布政使讳龙应女，封一品夫人，寿七十有七。”

雍正十三年乙卯（1735年）　十七岁

长子逢甲生。

是年，段玉裁生。

乾隆元年丙辰（1736年）　十八岁

是年，桂馥生。

乾隆三年戊午（1738年）　二十岁

应乡试下第归，研读算学。

臧庸《礼部侍郎庄公小传》：“戊午，下第归，研究算学，忘寝食，因得眩晕疾。”（闵尔昌：《碑传集补》卷三；参见“乾隆六年辛酉”条）

次子通敏生。

是年，任大椿生。

乾隆四年己未（1739年）　二十一岁

袁枚、沈德潜成进士。

乾隆五年庚申（1740年）　二十二岁

是年，崔述生。

乾隆六年辛酉（1741年）　二十三岁

再应北雍未售。归购《数理精蕴》一书，覃思推算，至得眩晕疾。凡书至繁赜处，他人或望洋意沮，先生必欲详究而后快。

《武进县志·儒林传》：“（先生）尝曰：‘读书之法，指之必有其处，持之必有其故，力争乎毫厘之差，深明乎疑似之介，凡以养其良心，益其精智。’（先生）故其学能究参天人之际，有得于圣人之心。”

庄勇成《少宗伯养恬兄传》：“兄长身玉立，不苟言笑。从幼入塾，即以古人自期，制艺得力于闲汀公。初好金、陈采入闽奥，晚喜唐荆川。研经求实用，则肇端于蒋济航、钱太拙两先生。其笃志深邃，穷源入微，独有会心。于汉则宗仰江都，兼取子正、平子；于宋则取裁五子；于明则欣慕念台、□斋。要其寝食弗谖，则荟萃于六经四子之书。盖自幼耳濡目染，秉承庭训。至天文、地舆、算法、乐律、诸子百家，靡不流览。由于意所笃好，博观而约取。其得意则高吟剧谈，虽听者欲卧而不止。其沉思则雷霆不闻，昼夜矻矻，必得当而后休。生平无他嗜好，惟喜购买书籍，堆几盈架，所至必携以自随。尝曰：'室中以他物陈设，何如拥书万卷，以备实用为有益耶？'又尝云：'读书之法，指之必有其处，持之必有其故，力争乎毫厘之差，深明乎疑似之介，凡以养其良心，益其神智。'自署斋中屏联云：'玩经文，存大体，理义悦心；若己问，作耳闻，圣贤在坐。'其居敬穷理功夫，于此大概可见。乾隆戊午、辛酉，两试北雍未售。归购《数理精蕴》一书，覃思推算，至得眩晕疾。凡书至繁赜处，他人或望洋意沮，公必欲如视诸掌而后快。"（《毗陵庄氏族谱》卷二十《传记·家传》）

是年，弟培因中举。

庄勇成《学士仲淳弟传》："年十九，乃与伯氏偕行，一试得售，名噪都下。"（《毗陵庄氏族谱》卷二十《传记·家传》）

是年，父柱五十二岁，引疾归养。

乾隆八年癸亥（1743年）　二十五岁

是年，邵晋涵生。

乾隆九年甲子（1744年）　二十六岁

乡试中式。

"大考翰詹"时，试题为"拟董仲舒天人册第三篇"，先生"素精董氏《春秋》，且于原文'册曰'以下四条，一字不遗"。"上大嘉叹，即擢侍讲"。

刘逢禄《记外王父庄宗伯公甲子次场墨卷后》："先妣又尝谓禄曰：乾隆甲子科前期，上闻士习不端，怀挟拟题之风日甚，思痛惩之。命亲王大臣严立搜检之法，得一人者，赐军役一金。士子褫及亵衣，贡院内外枷杻相属。比日晡，受卷入场者寥寥矣。公与同里圃三司空俱退归寓舍，将就寝矣。匆得旨尽放进比，钦命题下，曳自者乃至二十余人，下诏切责，并裁减各省中额，而公与司空俱于是科获隽，公出，永济崔公纪之门，且曰：‘合观三场，读书真种子也。’即连捷登上第。越岁，大考翰詹，‘拟董仲舒天人册第三篇’。公素精董氏《春秋》，且于原文‘册曰’以下四条，一字不遗，上大嘉叹，即擢侍讲。呜呼！音容如在，手泽犹新，忽忽八十年，距公即世已三十四年，先妣即世已十有五年矣。而尹君乃从煨烬之余得此，犹惜予晚进，不能尽得乡会试三场朱墨本也。爰谨记而归之内兄绶甲。”（刘逢禄：《刘礼部集》卷十，8叶）

次女生，后适同邑刘召扬，逢禄之母也。

刘逢禄《先妣事略》：“太孺人，姓庄氏，世为里中望族。幼尝逮事外曾王父浙江海宁兵备道南邨公暨外曾王母钱太夫人。南邨公邃于理学，尝授以《毛诗》、《小戴记》、《论》、《孟》及小学、《近思录》、《女诫》诸书。外王父礼部侍郎方耕公为当代儒学大宗，又获闻六艺诸史绪论，故自幼至老，酷耽书籍，马、班、范、陈之史，温公之《通鉴》，尤周览不倦，年二十五，归我先考卣于府君。”（刘逢禄：《刘礼部集》卷十，23叶）

刘承宽《先府君行述》：“娶礼部侍郎庄公存与之女。初殇二子，祷于都城三圣庵，感异梦而生。府君弱不好弄，每夜分在家塾，非召不入内，既入而庄太恭人尚口授《楚辞》、古诗，虽就枕不辍。”（刘逢禄：《刘礼部集》卷十一附，1叶）

是年，王念孙生。

是年，族侄孙庄大久生。

乾隆十年乙丑（1745年）　二十七岁

联捷胪传一甲第二，授翰林院编修，旋乞假返里省亲。

臧庸《礼部侍郎庄公小传》：“公姓庄氏，名存与，字方耕，江苏武进人，乾隆乙丑榜眼。”（闵尔昌：《碑传集补》卷三）

《清史列传·庄存与列传》："乾隆十年，一甲二名进士，授编修。"

庄勇成《少宗伯养恬兄传》："甲子、乙丑，联捷胪传一甲第二，授职翰林院编修，时年二十有七。旋乞假省亲，家居年余，日居子舍，敬听父训，曰：'吾初服官，所未信处极多，必服膺父训，事事始得指南。'"

乾隆十三年戊辰（1748 年）　三十岁

在京就职，不甚当掌院意，散馆名列不前。

《清史列传·庄存与列传》："十三年五月，散馆考列二等。谕曰：'历科进士殿试一甲第一名，即授为修撰；二名、三名，即授为编修。至散馆时，并无所更易。伊等恃已授职，遂甘自怠忽，学业转荒。即如今年散馆修撰钱维城，考列清书三等，编修庄存与，考列汉书二等之末，其不留心学问，已可概见。但钱维城系派习清书，或尚非其所素习，着再试以汉书，候朕阅定。庄存与不准授为编修，俟引见时朕酌量其人才，或以部属，或以知县，或归班选用。则此后一甲之人，皆有所警，而专心学问矣。若有仍考列三等者，其例视此。'"

庄勇成《少宗伯养恬兄传》："兄笃志好学，而疏于酬应。迄入都就职，不甚当掌院意，散馆名次不前，与钱殿撰维城同拟散补外任。汪文端公由敦深知兄务实学，钱亦才敏绝人，亟言于上，二人乃并得留馆三年。上见兄所进经义，宏深雅健，穿穴理窟，又尝炷香命题试，钱香未半而诗赋皆就，始信文端所举不虚。于是散馆后皆不次拔擢。上知兄学有根柢，极好深湛之思，可备顾问，命入南书房行走。"

臧庸《礼部侍郎庄公小传》："戊辰，散馆列二等，仍留教习。奉谕旨云：'闭户读书，留心经学。'"

侄述祖（葆琛）生，培因出。

宋翔凤《庄先生述祖行状》："先生姓庄氏，讳述祖，字葆琛。所居室曰'珍艺宧'，学者称'珍艺先生'。"（钱仪吉：《碑传集》卷一〇八）

乾隆十六年辛未（1751年）　三十三岁

五月，引见，仍授编修。旋充湖北乡试副考官。

《清史列传·庄存与列传》："十六年五月，引见，仍授编修。是年，恭逢孝圣宪皇后六旬圣寿庆典，特开乡会恩科，命于次年春举行乡试。十二月，充湖北乡试副考官。"

乾隆十七年壬申（1752年）　三十四岁

六月，大考二等，升侍讲，寻入直南书房。

《清史列传·庄存与列传》："十七年六月，大考二等，升侍讲，寻入直南书房。"

是年，孔广森生。

乾隆十八年癸酉（1753年）　三十五岁

六月，擢翰林院侍读学士，充湖北乡试正考官。九月，提督湖南学政。（《清史列传·庄存与列传》）

庄勇成《少宗伯养恬兄传》："癸酉冬，由詹事府少詹事授湖南学政，未满任，即升内阁学士兼礼部侍郎。计自散馆后不数年，晋秩卿贰，留馆稍迟，而升迁特疾，迟速若相补然。"

是年，同邑孙星衍生。

乾隆十九年甲戌（1754年）　三十六岁

任湖南学使。

弟培因中式一甲第一，"大魁天下"。

庄勇成《少宗伯养恬兄传》："岁在甲戌，兄任楚南学使，迎奉钱太夫人于官署，而仲淳弟状头之报适至。兄从容问吏可拽旗以表殊恩否？有老吏前跪白云：'昔常郡赵公讳申乔者，于康熙年间为湖南巡抚，时得公子及第之报，曾于辕门易巡抚旗为状元旗三日。今太夫人在署，与前事相符，允宜揭旗以彰盛事。'兄爰入告钱太夫人而从之。迄今楚南称为美谈。"

庄勇成《南邨公传》："仲淳大魁时，彭夫人在都下，太夫人在养恬兄湖南学政署中。是年冬，旋里，当事复请补行撤谷，阖郡男妇长幼，比肩叠趾争观太夫人鱼轩，咸谓郡城数十百年稀逢盛事，而太夫人两行之，尤为罕睹云。”

庄勇成《学士仲淳弟传》云：“壬戌闱后，考取中翰。未几，即命入军机处行走，赞机务，能悉款要，才名籍甚。尚书汪文端公、大学士傅忠勇公亲爱尤密。尝曰：此才非鼎元一席无以位置。而自辛酉至甲戌，凡一周星，四阅礼闱而未售者二，以兄分校回避者一，以笔画微讹摒不得终场者一。至是年三十有二，在他人视之，或亦不以为晚，而以仲淳瞬息千里之才，未免唾壶欲碎矣。试文英气漰涌，瑜光烛天，传播四出，至榜发，仲淳中第三名，廷试以二甲第一进呈。上阅前三卷，不甚当意。至仲淳卷曰：‘此卷通晓事理，甚得政体，不宜作状头耶？’乃易置一甲第一。时久旱望雨甚切，传胪前一日乃大雨。上大喜，顾侍臣笑曰：‘可谓状元雨矣。’初，南邨公廷对写作俱佳，进呈第一，后易置二甲第二，张文和公意甚惜之。尝语人曰：‘庄某宜元而不元，稍抑于前必厚偿于后。’至养恬、仲淳俱从二甲悉御览擢至一甲，天意帝心，默相符契，莫之为而为，文和之言，至是始验。”

三子选辰生。

是年，朱筠、王鸣盛、纪昀成进士。

乾隆二十年乙亥（1755 年）　三十七岁

四月，迁少詹事。六月，擢内阁学士，兼礼部侍郎。（《清史列传·庄存与列传》）

是年，戴震始入北京。

是年，浙东史学家全祖望卒，年五十有一。

是年，郝懿行生。

乾隆二十一年丙子（1756 年）　三十八岁

充浙江乡试正考官。九月，提督直隶学政。

庄勇成《少宗伯养恬兄传》：“丙子，兄为浙江正主试，而弟仲淳为福建正主试。复命兄即为顺天学政，仲淳亦为福建学政。一时鼎盛，罕有伦比。兄以一门殊遇，事皆竭诚，无毫发瞻徇。其自律也甚严，其课士也弥慎，立法井井，弊窦悉除。按试八旗，防范周密，所取皆真才。……统计前后为同考者二，主乡试者四，为会试总裁者一，为学政者三，为香差者一，知贡举者一，天文、算法总裁官及乐部大臣，派在上书房行走，教学相得，钦爱尤挚。出任中州学使，皇子、皇孙共赋诗宠行。在上书房最久，赐福字丰貂彩缎以及上方珍品食物无算。”

又据《毗陵庄氏族谱》：“有清特设乐部，有神乐、升平两署，典署各一人、署丞各二人，皆满缺，缙绅向不载，仅载管理学部之大臣，故事乐部系简亲郡王一人，及内务府总管一人或二人领之，亦满洲大臣之责也。惟乾隆间，十二世方耕公任礼部侍郎，以通律吕，特简为学部大臣，满官膺此任者，实所罕觏可知。公所著有《乐说》□卷，阐经考律，时称绝学。……翰林官入直上书房，授皇子、诸王子读；入直南书房，供奉宸赏翰墨，康熙以来已然。然一人仅直一斋，偶有两斋互调者，亦不数见。惟方耕公在翰林时，始以侍讲入直南书房，继又以内阁学士兼直上书房，一人兼直两斋，乾、嘉时盖鲜。方耕公在上斋时授读两王子皆有诗名，并研经史，而赏鉴书画，收藏尤富，一时王公亦罕与俦，世所称瑶华主人、红屿主人是也。公以经学名世，为一代大儒，得其绪馀，在胄子犹溯派诗书寄情翰墨，仰见纯庙崇尚经学，宏阐微言，是以授以秩宗，几经卅载，俾之典乐，厘正八音礼乐之原，实治统之要。久于其职，正与常典命官之义千载同符，决非后世十年不迁之比也。”（《毗陵庄氏族谱》卷十八《盛事类》）

又曰：“乾隆丙子，十一世书石公讳柱长子方耕侍郎，典试浙江；本淳学士典试福建，便道归省。嘉禾钱香树少司寇句曰：‘殿上卿云传两见，膝前天使喜同归。’一时盛事，乡里荣之。”

长孙褒生，逢原出。

乾隆二十三年戊寅（1758 年）　四十岁

任顺天学政，满、蒙童生因“不能传递”闹场。旋为御史汤世昌参奏，被革职。仅四日，又谕“着带革职，仍留内阁学士之任”，并严惩闹场生员。

> 乾隆二十三年戊寅二月壬申上谕："昨御史汤世昌参奏学政庄存与考试满洲、蒙古童生，因不能传递，辄行喧闹一案。……然在该学政不过失察无能之咎，不至大罪。朕以旗下生童乃不知守法安静，亦效外省陋习，此于人心风俗有关。当经亲询该学政，乃不据实陈奏，一味含混支吾，思卸己小过而为面欺，斯其罪大矣。庄存与着革职。"（《清高宗纯皇帝实录》卷五五七，1～2页）

仅隔四日，二十三年二月，乾隆又谕："庄存与于考试童生闹场一案，既不参奏于前，及朕面召询问，又不据实陈奏，是以将伊革职。但各童生喧闹，究因该学政办理尚属严密、不能传递之故。今既审明情节，而该学政竟因此罢黜，殊非惩创恶习之意，庄存与着带革职，仍留内阁学士之任。"（《清高宗纯皇帝实录》卷五五七，13页）并严惩闹场生员，将"发首者发巴里坤，为从者发往拉林种地，以示惩创"。"又派出查审之大臣等，于案内情事，并未严行穷究。而议罪之处，又不允当，所审皆旗人，故不能不掣肘，而朕岂肯一任其意，存瞻徇而颟顸了事耶?"（《清高宗纯皇帝实录》卷五五七，15页）当日，将"包揽传递"之童生海成"正法"，"附和"闹场之罗保、和安等"发往拉林种地"（《清高宗纯皇帝实录》卷五五七，16页），"以除陋习"。

> 《清史列传·庄存与列传》："二十一年，充浙江乡试正考官。九月，提督直隶学政。二十二年，奏：'直隶冒籍生员，自首改正，每学多至五六十名，少者十五六名，尚有未经查出者，恐此后有将本身入学姓名，令兄弟子侄顶替，甚或卖与各省童生顶名呈首，或本人自首于北，而他人顶替于南。若但据自首改回，弊恐不少。请将冒籍各生暂停南北岁科两试，定限一年。着落本身自首，即据所首姓名、三代籍贯，一面咨礼部存案，一面行该省取具父师亲族邻里切实甘结，地方官加具印结，方准咨回该省学政入册。如查有假冒顶替，照例办理。首明虽限一年，咨查需日。己卯乡试，应停收考录。'送下部议行。
>
> "二十三年二月，存与考试满洲、蒙古童生，因不能传递，各童

生拥挤闹堂。经御史汤世昌参奏，命革存与职。寻谕曰：‘庄存与于考试童生闹场一案，既不能参奏于前，及朕面召询问，又不据实陈奏，是以将伊革职。但各童生喧闹，究因该学政办理尚属严密、不能传递之故。今既审明情节，而该学政竟因此罢黜，殊非惩创恶习之意，庄存与着带革职，仍留内阁学士之任。’又谕曰：‘朕以满洲、蒙古童生，皆世受豢养之人，乃不知遵奉教约，恣效外省恶习，此于八旗风俗大有关系，不可不严行根究。乃派出查审之大臣等，于案内情事，并未严行穷究。而议罪之处，又不允行，所审皆旗人，故不能不掣肘，而朕岂肯一任其意，存瞻徇而颟顸了事耶？当经亲临覆试，随获挟带如许之多，因复亲加鞫讯，务得实情。而童生海成系包揽传递，首先倡议闹场之犯，一闻覆试，辄将闹场时带来之卷倩人补作，捏饰投递，希图狡脱，已属刁顽。至在场放鸽传递、包揽受贿各情，业经罗保等供证确凿。乃于朕前又复挟雠诬陷和安，肆其狡狯，拒不吐实。及加严讯，而狂悖无礼，竟有‘何不杀之’之语。满洲世仆中有如此败类，断不可留矣！因降旨将伊正法。其附和闹场之罗保、和安，即得奚纳，并搜出怀挟，又复强辩之讷拉善，俱发往拉林种地。至随从闹场之夹带草稿字片之乌尔希苏等四十人，本应如议发遣，但既经训责示惩，俱从宽，令在旗披甲，永远不准考试。满洲教授旺衍，系专管伊等之人，临时已不能约束，而大臣等询问，伊尚模棱含糊，不肯吐实，着发往热河披甲。此次庄存与所录，尚属秉公，而交卷之人，非闹场之人可知，着加恩仍准作生员。’寻奏请酌减各直省乡试官卷中额，谕曰：‘前据庄存与条奏，各直省乡试官卷应酌减中额一折，随经蒋溥奏请，将官卷裁去，一并归入民卷，均交大学士、九卿议奏矣。朕昨敬阅圣祖仁皇帝宝录内载上谕，令大臣子弟另编字号考试取中，既以肃清弊端，又不致有妨孤寒进取。恭览之下，仰见皇祖慎重科名，嘉惠士子。立法之始，本为防弊，而彼时诸臣奏行者，不无偏袒子姓亲族之见，含糊具奏，分定中额，未免过多。遂使以怜恤寒畯之意，转成优幸缙绅之路。揆之情理，实未允协。此议减、议裁者所由来也。朕思中额贵有限制，而立法务在均平。嗣后各直省乡试官卷，于现在定额中，斟酌公当，大省每二十名取中一名，中省每十五名取中一名，边省官卷属本无多，不妨稍宽其额，每十名取中一名。如此办理，则官卷既免滥取之弊，亦不致有妨孤寒。不必去官卷之名，而于制科取士，兼收并采之道，庶为平允。其如何酌量妥办，无致偏枯，并著大学士、九卿详议具奏。'旋议定直隶、江南、浙江、江西、湖广、福建等大省官生二十名取中一名，三十一名取中二名；山东、河南、山西、广东、陕西、四川等中省十五名取中一名，二十三名取中二名；广西、云南、贵州等小省十名取中一名，十六名取中二名。顺天乡试，满洲、蒙古、汉军照小省取中；南北贡、监照中省取中。不及额者，归民卷。从之。又奏：'磨勘旧例内笔误二三字，停会试一科，与字句偶疵，不妨宽贷一条，前后互异，请嗣后字句疵谬，罚停会试一科。笔误无关弊窦者，免议。'又奏：'场内经题，向例同考官先拟，考官书签掣用，请嗣后令考官自拟，以杜同考官代士子豫拟经题之弊。'均如所议行。四月，擢礼部右侍郎。"

是年，乾隆南巡，过常州，赐庄柱"御书"等。

《毗陵庄氏族谱》："上南巡，过常州，赐前浙江温处道副使、封资政大夫、礼部右侍郎、第十一世南邨公讳柱字书石御书、石刻、缎四端。"

八月，御纂《春秋直解》书成，乾隆皇帝制《序》，谓欲"息诸说之纷歧以翼传，融诸传之同异以尊经"。盖言"属辞比事"，"微言大义"，益"镕范群言"，"以维一统"，已为帝皇所注视。先生之倡言今文，亦适应时代之需求也。

《春秋直解》御制《序》曰："中古之书，莫大于《春秋》，推其教，不越乎属辞比事。而原夫成书之始，即游、夏不能赞一辞，盖辞不能赞也。……矧以大圣人就鲁史之旧，用笔削以正褒贬，不过据事直书，而义自为比属其辞，本非得已，赞且奚为乎？厥后依经作传，为左氏身非私淑，号为素臣，犹或详于事而先之诬，至公羊、穀梁去圣逾远，又有发墨守而起废疾，俨然操入室之戈者。下此艰难聚讼，人自为师，经生家大抵以胡氏安国、张氏洽为最著。……

其间傅会臆断，往往不免，承学之士，宜何所考衷也哉！……我皇祖《钦定传说汇纂》一书，镕范群言，去取精审，麟经之微言大义，炳若日星，朕服习有年……命在馆诸臣，条系是经，具解以进……以《汇纂》为指南，意在息诸说之纷歧以翼传，融诸传之同异以尊经，庶几辞简而事明。……夫儒者猥云五经如法律，《春秋》如断例，故啖助、赵匡、陆淳辈悉取经文书法纂而为例……引征切墨以求之，动为凿枘之不相入。……盖曲说之离经，甚于曲学之泥经也审矣。”

所以名此书曰《直解》者，“非不求甚解之谓，谓夫索解而过，不直则义不见尔，而岂独《春秋》一经为然哉！是所望于天下之善读经者”（《清高宗纯皇帝实录》卷五六八，22页）。

乾隆又谕“乾纲独断，政柄从无旁落”。“大一统”之说，自为所乐闻。庄存与之倡言今文，亦有时代之因素。盖雍正以来，大兴文字狱，今值“盛世”，犹欲稽古右文云尔。姑录“上谕”数则：

乾隆二十三年戊寅十二月癸丑朔，谕接位以来，“于兹二十三年，宵旰勤劳，惟以法祖勤民为念。……今当日食求言，正我君臣侧席修省之时……有以亲藩怙势者矣，今之奉藩恪谨者何如，有大臣朋党宦官坏法者矣。今之于大权、挠法纪者安在？我朝圣圣相承，乾纲独断，政柄从无旁落，如康熙年间之明珠、索额图、徐乾学、高士奇，雍正年间之李卫、田文镜等，其人皆非敢骩法干纪如往代之比。不过私心未化，彼此各持门户之见。即朕初年，鄂尔泰、张廷玉二人，亦未免故智未忘，今则并此而无之矣。孙灏既欲建言，则凡在朝臣工之贤否，与夫朕躬之得失，皆宜切实指陈，朕必当虚怀采纳。若仍以摭拾浮词，自矜骨鲠，究无当于国是，而朕亦复虚文相尚，藉以博纳谏之名，此则朕所耻而不为者矣。”（《清高宗纯皇帝实录》卷五七六，5页）

犹记乾隆初年，诏廷臣集思广益，至再至三，然诸臣章奏，亦不过摭拾浮言，自行其私而已。且彼时事之大者，莫过鄂尔泰、张廷玉门户之习，初未闻一言及之。（《清高宗纯皇帝实录》卷五七六，7～8页）

十二月甲寅，又谕："御史汤先甲所奏刑法宜为变通一折，所言甚属迂谬。"以历言戴名世、吕留良及乾隆时之胡中藻"逆书之案，皆治以重典，昭示炯戒，历历可考"（《清高宗纯皇帝实录》卷五七六，11页）。

汤先甲以小臣不知政务，挦扯故册，摭拾浮言……是伊本无所见，不过藉以博应诏之名耳。虽其所奏舛谬，朕亦不加之罪。原折已经掷还。（《清高宗纯皇帝实录》卷五七六，15页）

是年，惠栋卒。

乾隆二十四年己卯（1759年）　四十一岁

四月，奏各省优生赴京朝考，请照考试续到拔贡不拘人数之例，一体办理。从之。（《清史列传·庄存与列传》）

闰六月，丁父忧。弟培因奔丧归，一恸而绝。培因，甲戌状元，有《虚一斋集》五卷；子述祖，字葆琛，见"乾隆四十五年"条。

《武进阳湖合志·文学传》："庄培因，字本淳，辛酉举人，官中书，入军机房办事。……甲戌，进士第一人，官修撰，充日讲起居注，官翰林。……授侍讲学士，督学福建，曾以闽中大儒为诸生勖，试卷不尽阅不置，虽不及格，有佳处必手批指示。按临一郡毕，即失意生儒，追送请见，逾百里外。益自刻励，精力耗减不恤也。父丧，闻讣哀毁不食者七八日，病遂亟，抵里一日卒，年三十七。朝野咸痛惜之。福建士子相率为私祠以奉，称之孝状元云。"

庄勇成《学士仲淳弟传》："方耕闻南邨公讣，先抵家数日，旋睹仲淳之变，哀痛愈挚曰：'吾与弟幼同侍两尊人，长同仕禁，近若骖之有靳、鄂之有跗，无须臾离，今已矣，死生契阔，欲求风雨对床，宁可得乎？'以钱太夫人年高节哀，曲为劝解。及见侄述祖成进士，心始稍慰。仲淳属纩时，述祖年始八龄，其英俊勤学似父，而浑融沉默，得奉教于方耕。及长，痛其父之早亡，诗古文词随手散轶，斤斤扯拾，断楮残墨，宝若拱璧，汇成《虚一斋集》五卷。"

按：《虚一斋集》，光绪九年季秋开雕，庄氏刻本，凡五卷，其目为：

卷一：赋、雅、乐府；卷二：诗；卷三：诗；卷四：诗；卷五：表奏、讲义、序、策。其卷五序类《丙子福建乡试录序》曰：“臣培因偕臣思皇，率同考官知县臣贺骏等，共矢公慎，悉心校阅，得士九十五人，贡成均者十七八……臣惟文所以载道也。唐韩愈有言：‘文章岂不贵，经训乃菑畬’。又言：‘文无难易，惟其是耳’。士子读圣贤书，发为词章，要当根柢六经，闳中而肆外，而其辞必已出不为剿说雷同，始无愧乎作者。或者溺于揣摩之习，挦扯饾饤，求工字句，闲浮靡轻薄，转相仿效，去大雅之旨逾远，此其弊始于文体，而实有关于人心风俗之大，非浅鲜也。……惟恪遵钦定四书文为格式，至二、三场亦取其学有原本、辞无枝叶者，而一切浮靡剿袭媮为速行之术，概黜弗录。继自今，十二府州人士庶知文体之关乎心术，刻意厉行，以立德、立言为亟，上追朱子教泽所至，以仰酬皇廷兴贤良才至意，此臣等区区微忱所欲藉手以报万一者尔。”（庄培因：《虚一斋集》卷五，16～19页）

宋翔凤《庄先生述祖行状》：“学士公早殁，先生甫十岁，居丧如成人。时伯父侍郎公于五经皆有论说，彭恭人之季弟二林先生为文精深，先生皆取法焉。”（钱仪吉：《碑传集》卷一〇八）

乾隆二十五年庚辰（1760年）　四十二岁

丁父忧，家居。

乾隆二十六年辛巳（1761年）　四十三岁

《庄氏族谱》成，先生阅而“泣下不能已，哀吾先君子之经始其事，而不及观其成也”（《庄氏族谱序》）。

孙贵甲生，逢原出。

孙隽甲生，通敏出。

是年，同邑张惠言生。江藩亦生于本年。

乾隆二十七年壬午（1762年）　四十四岁

正月，服阕，补内阁学士。

是年，江永卒。

乾隆二十九年甲申（1764年）　四十六岁

是年，秦蕙田卒。

是年，阮元生。

乾隆三十年乙酉（1765年）　四十七岁

子逢原中式举人。

乾隆三十一年丙戌（1766 年）　四十八岁

是年，王引之（伯申）生。

乾隆三十三年戊子（1768 年）　五十岁

命在上书房行走。（《清史列传·庄存与列传》）先生所学与当时讲论不相入，故秘不示人。

阮元《庄方耕宗伯经说序》："公通籍后，在上书房授成亲王经史垂四十年。所学与当时讲论或枘凿不相入，故秘不示人。通其学者，门人邵学士晋涵、孔检讨广森及子孙数人而已。"（庄存与：《味经斋遗书》卷首，《珍艺宧集》未载）

乾隆三十四年己丑（1769 年）　五十一岁

是年，任大椿登第。

乾隆三十六年辛卯（1771 年）　五十三岁

三月，充会试副考官，会试所得士李晴川，阮元少时之业师也。

阮元《庄方耕宗伯经说序》："元少时受业于李晴川先生，先生固武进庄方耕宗伯辛卯会试所得士也。常为元言宗伯践履笃实，于五经皆能阐抉奥旨，不专专为汉、宋笺注之学，而独得先圣微言大义于语言文字之外，斯为昭代大儒。心窃慕之。"（庄存与：《味经斋遗书》卷首）

六月，充浙江乡试正考官。

乾隆三十七年壬辰（1772 年）　五十四岁

受命教习庶吉士。

次子通敏成进士。

乾隆三十八年癸巳（1773 年）　五十五岁

仍补礼部右侍郎。

乾隆三十九年甲午（1774 年）　五十六岁

提督山东学政。寻调河南学政。

孙绶甲生，逢原出。先生"于诸孙中尤爱"之。

刘逢禄《记外王父庄宗伯公甲子次场墨卷后》："公于诸孙中尤爱绶甲，绶甲生于甲午，长予二岁，至相得也。"（刘逢禄：《刘礼部集》卷十，8叶）

按：庄绶甲，字卿珊，少受学于从父述祖，尽通庄氏《公羊春秋》等学，尤精《尚书》，与刘逢禄、宋翔凤时相研诵，撰有《尚书考异》等，李兆洛有《监生考取州吏目庄君行状》，见《养一斋文集》卷十二，31～33叶。

乾隆四十年乙未（1775年）　五十七岁

族侄孙庄大久所撰《周官指掌》略定稿，先生见之，大加嗟赏。

左辅《大久庄先生传》："先生姓庄氏，讳献可，后改有可，字大久，常州武进人。郡庠生，以季子诜男贵，由庶常改官南召县知县，封如其官，加级晋赠奉直大夫。先生幼沉粹内朗，喜读书，无歧好。……首撰《周官指掌》一书，族祖侍郎养恬先生见之，大加嗟赏。自言诸经中《春秋》功最挚，尝语余曰：'频年究心《春秋》，读二千余遍，精美日出。近于字数得定岁差法，为论甚奇，惜未究其说也。'"（庄大久：《慕良杂纂》卷首）

按：庄大久以为训诂声韵，不可废也。其言经，以为"非今文因古文以重，实古文藉今文以明"。似崇奉今文者，而于古文家说，亦间有耽信，如以《周礼》为周公治天下之书，《周官指掌序》曰："而或有以为《周礼》尽在于是，则非也。然而职掌所及，礼制大端颇多可考，故其方位国野亦参之可求，则是书之不烬于秦，盖亦周先王礼意之精，有不焚于霄壤者在也。乃或疑其官职多阙，《冬官》尽亡，质之他书，动多龃龉，因以为未成之书，是固不然。夫周武王克商，以至幽王之末，三百余年，典礼详备，而官守独是书藏诸故事，其将何以为始。"

庄大久著述盈四百卷，不专主一家，亦不偏废一家，存其所长而阙其所短。自谓平生致力于《春秋》，又以左氏为"圣经之蠡贼"，循程、胡之理，用公、穀之意，核左氏之事，杂取诸家之说，为之注释。《春秋左氏传论》曰："予观左氏之传《春秋》，盖圣经之蠡贼也，其词谀，其事博……虽为传，而其义之背乎经者，盖十有八九，学者溺其文而执其说，鲜不为所蔽矣。"（庄大久：《慕良杂著》卷二）《春秋注释序》曰："在昔传《春秋》者甚众，左氏以事，公、穀以意，程、胡以理。……可自读《周官》，稍通周制，因知孔子之志，无不本文、武之治治《春秋》也。于是循程、朱之理，用公、穀之意，核左氏之事，杂取诸家之说，为之注释，要无不以周制为本。”按《春秋注释》十六卷，原稿已佚。

庄大久于《易》、《书》、《诗》、《礼》、《春秋》咸有撰述，参见本书卷三“道光二年壬午”条。

聘海宁陈以纲课通敏学。

时海宁陈以纲（立三），授庄通敏学，“自谓：‘欲于五经皆论述，如通千里程，三月聚粮。故于名物、象数、先儒同异之说，劄记甚多。又自以名诸生久不得第，脱国家于科举外求，非常州有知我者；列名荐牍，当征著述。今不及早蒐辑，一日何以应之。’座客或笑其迂，而章实斋先生则甚重之”（《庚辛之间亡友录》）。

是年，汪耀祖、王念孙成进士。

乾隆四十一年丙申（1776 年）　五十八岁

丁母忧。

外孙刘逢禄生。

刘承宽《先府君行述》：“府君生于乾隆四十一年六月十二日戌时，卒于道光九年八月十六日未时，享年五十有四。”（刘逢禄：《刘礼部集》卷十一，10 叶）

乾隆四十二年丁酉（1777 年）　五十九岁

居乡。侄述祖中式举人。

五月，戴震卒。

乾隆四十三年戊戌（1778 年）　六十岁

服阕。

子选辰中进士。

孙涛生，选辰出。

乾隆四十四年己亥（1779 年）　六十一岁

六月，署礼部左侍郎。

宋翔凤生，翔凤母为庄培因之女。

《毗陵庄氏族谱》卷三《世系录·培因》下：“女四……三适元

和宋简，乾隆庚戌进士，山东高密县知县。”

十月，补礼部右侍郎。

乾隆四十五年庚子（1780 年）　六十二岁

孙衡甲生，选辰出。

侄述祖成进士。

《武进县志·儒林传》：“庄述祖，字葆琛，培因子，十岁而孤。乾隆四十五年成进士，历官山东潍县知县。……述祖家学渊源，研究精密，于世儒所忽不经意者，覃思独辟，洞见本源，所著《夏小正经传考》，释及《古文甲乙篇》，皆义理宏达，为前贤所未有。五经悉有撰著，旁及《逸周书》、《尚书大传》、《史记》、《白虎通》，于其舛句、讹字、佚文、脱简，编辑次序，博引证据，不啻面稽古人也。所著书目，并载《艺文志》中。”

庄述祖《夏小正考序》：“述祖少失学，长习进士业，及举于礼部，退归后乃求所以阙古人之学，莫得其阶，不能自已。始从事于汉人所谓小学家者。先治许氏《说文解字》，稍稍识所附古文，以为此李斯未改三代之制，以前仓籀遗文留什一于千百者也，欲究心焉。”（庄述祖：《夏小正考》卷端）

按：庄述祖历官山东昌乐县、潍县知县，曹州府桃源同知，嘉庆二年呈请终养。著述甚多，有《尚书古今文授读》四卷、《尚书记章句》一卷、《尚书古今文考证》一卷、《尚书杂义》一卷、校《尚书大义》三卷、校《逸周书》十卷、《书序说义考证》二卷、《毛诗授读》三十卷、《毛诗口义》三卷、《毛诗考证》四卷、《诗记长编》一卷、《乐记广义》一卷、《左传补注》一卷、《穀梁考异》二卷、《五经小学述》一卷、《五经疑义》一卷、《特牲馈食礼节记》一卷、《论语集解别记》二卷、《明堂阴阳、夏小正经传考释》十一卷、《明堂阴阳记长编》十卷、《古文甲乙篇》四卷、《甲乙篇偏旁条例》二十五卷、《说文古籀疏证》二十五卷、《说文谐声考》一卷、《说文转注》二十卷、《钟鼎彝器释文》一卷、《石鼓然疑》一卷、《声字类苑》一卷、《弟子职集解》一卷、校正《列女传凡首》一卷、校正《白虎通别录》三卷、《史记决疑》五卷、《天官书补考》一卷、校正《孔子世家》一卷、《历代载籍足证录》一卷、《汉铙歌句解》一卷、《诗集》三卷、《文集》四卷。嘉、道间，武进庄氏刊有《珍艺宧遗书》。宋翔凤有《庄先生述祖行状》；李兆洛有《庄珍艺先生传》，见《养一斋文集》卷十三，5～6叶。

宋翔凤《庄先生述祖行状》："庚子，成进士。相国阿桂公以先生故人子，欲罗致之，避嫌不往谒，时和相用事，阿公之门下士稍稍去，亦以是疑先生。殿试卷已拟进呈，后卒置十卷后。引见，归班铨选，先生遂归，奉母以居。"（钱仪吉：《碑传集》卷一〇八）

乾隆四十六年辛丑（1781年）　六十三岁

苏四十三等领西北回族、撒拉族起事。

乾隆四十七年壬寅（1782年）　六十四岁

正月，《四库全书》成，先生为总阅官。乾隆皇帝"命礼部侍郎庄存与在上书房行走"（《清高宗纯皇帝实录》卷一一四九，15页）。

本年，乾隆皇帝举行"仲春经筵"，德保、曹秀先讲《论语》"知者乐，仁者寿"后，乾隆以为"仁者，知之体；知者，仁之用"，朱熹"不兼仁、知而言，不得孔子真义"（《清高宗纯皇帝实录》卷一一五〇，4～5页）。对高踞堂庙之宋学已有微词。

十一月，乾隆皇帝命皇子、军机大臣等订正《通鉴纲目续编》，以其"于辽、金、元事多有议论偏谬"。谓孔子作《春秋》即无"肆口嫚骂"。谕：《通鉴辑览》"书法体例有关大一统之义者，均经朕亲加订正"，使天下后世晓然于《春秋》之义。并命皇子等于《续编》"量为删润，以符孔子《春秋》体例"。言《春秋》，倡"大一统"。先生之复兴今文经学，亦有以也。

乾隆皇帝于十一月庚子，命皇子暨军机大臣订正《通鉴纲目续编》，谕曰，"《续编》内于辽、金、元事多有议论偏谬"，"试问孔子《春秋》内，有一语如发明广义之肆口嫚骂所云乎？向命儒臣编纂《通鉴辑览》，其中书法体例有关大一统之义者，均经朕亲加订正，颁示天下。如内中国而外夷狄，此作吏之常例，顾以中国之人，载中国之事，若司马光、朱子义例森严，亦不过欲辨明正统，未有肆行嫚骂者。朕于《通鉴辑录》内存弘光年号，且将唐王、桂王事迹，附录于后……使天下后世晓然于《春秋》之义，实为大公至正，无一毫偏倚之见。……其议论诋毁之处，着交诸皇子及军机大臣量为删润，以符孔子《春秋》体例”（《清高宗纯皇帝实录》卷一一六八，14～15页）。

是年，胡培翚生。

乾隆四十八年癸卯（1783年）　六十五岁

是年，邑人黄景仁（仲则）力疾出都，将游西安。四月二十五日，卒于江西运使沈业嵩署。

乾隆四十九年甲辰（1784年）　六十六岁

二月，转礼部左侍郎。

是年，乾隆皇帝南巡，刘逢禄之父卣于应召试，置第一，欲大用，卣于未赴补。

刘逢禄《先府君行述》：“甲辰岁，应南巡召试，高宗纯皇帝亲置第一，谢恩日，知为文定公少子，喜谓侍臣：‘是能世其家者。’思欲大用矣，而府君自以山野之性，不耐奔走当涂，乃不赴补，且不应礼部试。”（刘逢禄：《刘礼部集》卷十，23叶）

乾隆五十年乙巳（1785年）　六十七岁

八月，“命偕礼部尚书德保重辑《律吕正义》”（《清史列传·庄存与列传》）。

是年，“入千叟宴，被赐诗杖丰貂彩缎等物”。

庄勇成《少宗伯养恬兄传》：“乾隆五十年，纯皇帝举千叟会盛典，兄得与焉。赐以诗杖丰貂彩缎等物，稽古之荣，于兄已至。顾或者以兄年未四十，即官礼部，后逾三十余年，未尝一转他部，晋秩正卿，以是为兄惋。岂知虞廷用人，或教稼，或明伦，或典礼乐，或为士终其身，各任一职，至有世其官者，曷尝以能众职为贤否耶？且兄好学，至老不衰，证今考古，探赜索隐，卒为礼乐名臣。然则兄之知遇已隆，而其所得亦既多矣。”

是年，邵晋涵《尔雅正义》二十卷成。（《邵二云年谱》）

乾隆信任和珅，中央权落，“臣工顺意”，与“大一统”不相容。先生

“在乾隆末，与大学士和珅同朝，郁郁不合”，“故于《诗》、《易》君子、小人进退消长之际，往往发愤慷慨，流连太息，读其书可以悲其志云”（魏源：《武进庄少宗伯遗书序》，见《魏源集》，238页）。存与隐忧国是，仰承“大一统”之旨，其书“又不刊板行世，世是以无闻”云。（董士锡：《易说序》，见《味经斋遗书》卷首）

乾隆五十一年丙午（1786年）　六十八岁

乾隆皇帝谕：以庄存与“年力就衰，难以供职”，予以“原品休致”（《清高宗纯皇帝实录》卷一二四七，6页）。归里，“静气凝神，手不释卷，户外问字之车日集”（庄勇成：《少宗伯养恬兄传》）。

孙隽甲中式。阮元同举于乡。

阮元《庄方耕宗伯经说序》：“岁丙午，与公之文孙隽甲同举于乡。是时，公已解组归田，未及以通家子礼求见，亲炙其绪言也。”（庄存与：《味经斋遗书》卷首）

先生归里，外甥刘逢禄随母入谒，先生喜谓女曰：“而子可教”，“此外孙必能传吾学”。逢禄传庄氏之学而辉煌之。

刘逢禄《记外王父庄宗伯公甲子次场墨卷后》：嘉庆十有五年，拟焚各省乡会试卷，尹济源藏先生卷。丁丑：“余以庶吉士改官仪部，始识尹君。”“余幼时，先妣诲之学，必举所闻于宗伯公经史大义，以纠俗师之谬。乾隆丙午，公予告归里，余年十一，叩其所读贾、董文章，喜谓先妣曰：‘而子可教，从何师得之。’刘母应曰：‘儿弱不好弄，塾师岁时归舍，女自课之耳。’”（刘逢禄：《刘礼部集》卷十，8～9叶）

刘承宽《先府君行述》：“（刘逢禄）年十一，尝随母归省。时宗伯公（庄存与）予告归里，叩以所学，应对如响。叹曰：此外孙必能传吾学。”（刘逢禄：《刘礼部集》卷十一附，1叶）

刘逢禄读《左氏春秋》，“疑其书法是非多失大义”。

刘逢禄《左氏春秋考证》：“余年十二，读《左氏春秋》，疑其书法是非多失大义．继读《公羊》及董氏书，乃恍然于《春秋》非记事之书，不必待《左氏》而明。左氏为战国时人，故其书终三家分晋，而续经乃刘歆妄作也。”

先生“教子孙持家范”，家居“宇舍精洁，器物整齐”。

臧庸《礼部侍郎庄公小传》：先生“教子孙持家范，勿令稍染时趋，接物中正平易，人亦无敢干以私者。家居宇舍精洁，器物整齐，书籍时亲检点，勿使稍有参错”（闵尔昌：《碑传集补》卷三）。

是年，陈奂生。

乾隆五十二年丁未（1787 年）　六十九岁

常州重修府学庙，先生撰文书丹。碑久逸，顷始发现，已倾圮。

庄存与《重修常州府庙记》：“郡学自康熙二十六年修□□今九十余岁，倾圮非一。乾隆四十二年秋，存与居乡，吾邑绅佩士具呈各宪请修文庙学舍。”“并公举董事妥协办理，工竣勒石。”下列捐款、工费。谓“非上下相济，曷克臻厥成哉！洪我圣朝文教隆盛，吏治肃清”，因为此记。末署“赐进士及第、翰林院编修、诰授光禄大夫、礼部左侍郎加二级庄存与撰文并书丹。乾隆五十二年□□月□□□丹”。

按：此碑久逸，己卯春，常州某校修建始得，已破损。蒙常州市文物管理委员会、常州市博物馆以拓片见赠。铭字书法工秀雅丽，惜拓片过长，无法制版。

乾隆五十三年戊申（1788 年）　七十岁

七月，无疾卒于里第。

子三：逢原、通敏、选辰。孙五。

庄勇成《少宗伯养恬兄传》：“生子三：长逢原，乙酉举人，全椒县教谕；次通敏，壬辰进士，历官詹事府左春坊、左中允；次选辰，戊戌进士，甲辰南巡召试，授内阁中书。孙五人：通敏子隽甲，丙午中式。馀皆有声黉序，勤学砥行，其谦和醇谨，望而知为南邨公后裔。”

先生经部撰著甚多，有《彖传论》一卷、《彖象论》一卷、《系辞传论》二卷、《八卦观象论》上下篇、《卦气解》一卷、《尚书既见》三卷、《书说》一卷、《毛诗说》四卷、《春秋正辞》十一卷、《春秋举例》一卷、《春秋要指》一卷，汇为《味经斋遗书》。道光八年，孙绶甲始刻《易》说。有光绪八年重刊本，阳湖庄氏藏板，板藏常州状元第，余幼时尚见之。日寇侵华，藏板被毁。先生学术，另详卷二。

董士锡于道光八年十月十日撰《易说序》："庄先生存与以侍郎官于朝，未尝以经学自鸣，成书又不刊板行世，世是以无闻焉。嘉庆间，其弥孙刘逢禄作《公羊释例》，精密无耦，以为其源自先生。道光八年，其孙绶甲刻所著《易》说若干卷成，以示余，再三读之。"（庄存与：《味经斋遗书》卷首）

按：董士锡为同邑张皋文之甥。

庄氏撰著要旨，见卷二《味经》。

卷二　味　经

先生所著书，生前未刊板行世，外孙刘逢禄致力推誉，孙绶甲录寄粤东，阮元闻先生“践履笃实，于六经皆能阐抉奥旨，不专专为汉、宋笺注之学，而独得先圣微言大义于语言文字之外”。刻《春秋正辞》于《皇清经解》，以为先生所学与当时讲论或枘凿不相入，故秘不示人。

阮元《庄方耕宗伯经说序》曰：“元少时受业于李晴川先生，先生固武进庄方耕宗伯辛卯会试所得士也。常为元言宗伯践履笃实，于六经皆能阐抉奥旨，不专专为汉、宋笺注之学，而独得先圣微言大义于语言文字之外，斯为昭代大儒。心窃慕之。

“岁丙午，与公之文孙隽甲同举于乡。是时，公已解组归田，未及以通家子礼求见，亲炙其绪言也。公之弟学士本淳公之子述祖官山东，元视学时，常叹其学有本原，博雅精审，为不可及。岁辛未，公之外孙刘逢禄应春官试，馆于邸寓，公之外孙宋翔凤亦时来讲学，益叹公之流泽长也。

“元于庚寅岁建学海堂讲舍于粤东，思欲蒐采皇朝说经之书，选其精当，胪其美富，集为大成，为后学津逮。兹刘君从其外兄庄绶甲录寄宗伯公遗书凡□种。元受而读之。《易》则贯串群经，虽旁涉天官分野、气候，而非如汉、宋诸儒之专衍术数、比附史事也。《春秋》则主公羊、董子，虽略采左氏、穀梁氏及宋、元诸儒之说，而非如何邵公所讥倍经任意，反传违戾也。《尚书》则不分今古文文字同异，而剖析疑义，深得夫子序《书》、孟子论世之意。《诗》则详于变雅，发挥大义，多可陈之讲筵。《周官》则博考载籍，有道术之文为之补其亡阙，多可取法致用。“乐”则谱其声，论其理，可补古“乐经”之阙；《四书说》敷畅本旨，可作考亭争友，而非如姚江王氏、萧山毛氏之自辟门户，轻肆诋诘也。

“公通籍后，在上书房授成亲王经史垂四十年。所学与当时讲论或枘凿不相入，故秘不示人。通其学者，门人邵学士晋涵、孔检讨广森及子孙数人而已。文孙绶甲虑子孙之不克世守，既次第付梓行世，元复为之序其大略，刊入《经解》，以告世之能读其书者。”（庄存与：《味经斋遗书》卷首，1～2 叶）

按：《皇清经解》收先生《春秋正辞》十卷之一小部分。

先生撰著，亦曾单本刊行，如《八卦观象篇》，由邑人李兆洛刊布。

薛子衡《八卦观象篇跋》曰：“先生经说多已刊布，是书则今岁吾师申耆先生始刊行之。余又得先生之孙经饶先生写本校正焉。道光十八年，岁次戊戌八月，同邑后学薛子衡谨跋。”（庄存与：《味经斋遗书·八卦观象》后跋）

朱景昌亦有跋：“方耕先生遗书，大半多已刊行，是书则吾师申耆先生今岁校刊也。剞劂既就，以景昌习于天官家言，命疏其所以故，述其略例如右。道光戊戌季秋月朔，江阴后学宋景昌谨跋。”（庄存与：《味经斋遗书·八卦观象》后跋）

道光间，《味经斋遗书》刊行，阳湖庄氏藏版；光绪八年重刊。所著书目为：

《易》一

《彖传论》一卷　　《彖象论》一卷

《系辞传论》二卷　　《八卦观象论》二卷

《卦气解》一卷

《书》二

《尚书既见》三卷　　《书说》一卷

《诗》三

《毛诗说》四卷

《周官》四

《周官记》五卷　　《周官说》五卷

《春秋》五

《春秋正辞》十一卷　　《春秋举例》一卷

《春秋要指》一卷

“乐”六

《乐说》二卷

四书七

《四书说》一卷

魏源撰《遗书序》，以先生为“真汉学”，谓“君在乾隆末，与大学士和珅同朝，郁郁不合”，“发愤慷慨，流连太息”。

魏源《武进庄少宗伯遗书序》：“清有天下百余年，奖崇六艺之科，表章明经之儒，招徕献书之路，摩厉大江南北言游文学之区，刮湔明季虚诬乡壁虚造之习，其褎然成家，著录国史馆儒林传者人数十外，其官至九列，例不入儒林，入大臣传者犹十余辈。

“武进庄方耕少宗伯，乾隆中以经术傅成亲王于上书房十有余载，讲幄宣敷，茹吐道谊，子孙辑录成书，为《八卦观象》上下篇、《尚书既见》、《毛诗说》、《春秋正辞》、《周官记》如干卷，崒乎董胶西之对天人，醰乎匡丞相之述道德，肫乎刘中垒之陈今古，未尝凌杂釽析，如韩、董、班、徐数子所讥，故世之语汉学者鲜称道之。呜呼！君所为真汉学者，庶其在是；所异于世之汉学者，庶其在是。《易》‘童观，小人无咎，君子吝’，言‘贤者识大，不贤者识小’，致远恐泥，是以君子不为焉。

“君在乾隆末，与大学士和珅同朝，郁郁不合，故于《诗》、《易》君子、小人进退消长之际，往往发愤慷慨，流连太息，读其书可以悲其志云。”（《魏源集》，237～238页；《味经斋遗书》所载，与此有异）

乾隆末，先生行谊，已入本书卷一，兹不赘。

先生于诸经时有撰著，“《易》则贯串群经，虽旁涉天官分野、气候，而与汉、宋诸儒之专衍术数、比附史事也”。道光八年，“其孙刻所著《易》若干卷成”。

阮元《庄方耕宗伯经说序》谓先生：“《易》则贯串群经，虽旁涉天官分野、气候，而非如汉、宋诸儒之专衍术数、比附史事也。”

董士锡《易说序》:“庄先生存与以侍郎官于朝，未尝以经学自鸣，成书又不刊板行世，世是以无闻焉。嘉庆间，其弥甥刘逢禄作《公羊释例》，精密无耦，以为其源自先生。道光八年，其孙绶甲刻所著《易》说若干卷成，以示余，再三读之。盖先生深于《周礼》，深于《春秋》，深于天官历律五行之学。夫深于《周礼》，则综核名物，不厌其详。深于《春秋》，则比事属辞，不厌其密。深于天官历律五行之学，则征引断制，不厌其博。故其为说，以孟氏六日七分为经，而以司马迁、班固天官、地理、历律各书志为纬，其为文辩而精，醇而肆，旨远而义近，举大而不遗小，能言诸儒所不能言。不知者以为乾隆间经学之别流，而知者以为乾隆间经学之巨汇也。方乾隆时，学者莫不由《说文》、《尔雅》而入，醰深于汉经师之言，而无溷于游杂，其门人为之，莫不以门户自守，深疾宋以后之空言。固其艺精，抑示术峻，而又乌知世固有不为空言而实学恣肆如是者哉!”(董士锡:《易说序》，见《味经斋遗书》卷首)

又曰:“余为张先生惠言弟子，学《易》谨守师法，如庄先生书，昔所未见。循诵既毕，窃叹天壤间学问之大，有非可以一端竟者，因即所见以附识此。”(董士锡:《易说序》，见《味经斋遗书》卷首)

薛子衡《八卦观象解跋》曰:“吾郡庄方耕先生邃精天官、律历家言，而一以六经为本。其言《易》之书不一种，而《观象解》二卷，则以垂象之义言《易》者也。其书首以八卦准四时分至，以二十八宿、十二次准六十四卦，而斗建云汉日月五纬纬焉。次以北斗帝居奠乾维，则四正四维之统宗也。以房心权衡咸池虚危奠震杂兑坎，则四官四正也。以斗魁太阶汉津摄提奠乾坤艮巽，则四纪四维也。北斗自乾携巽，自西北径东南，天门地户也。云汉自艮达坤，以阴升，以阳降，山河之首尾也。星纪牵牛，日月之所终始也。故封域之分星，日月之赢缩，岁星荧惑填星太白辰星之见伏又次之，此言象之大旨，而《易》应焉。”(见《味经斋遗书》三)

李兆洛弟子宋景昌亦有跋，其言曰:“汉之分星，犹有说焉以处此，又何疑于古乎?阴阳迟疾，始于乾象，岁差始于大明，前民未之有也。曷为及之？曰：汉初所传，黄帝、颛顼、夏、殷、周、鲁六术以推《春秋》，多所抵牾，定为伪托，而三代之盛不闻，星辰失次，至周衰乃频见之，则三古推步，法数本密。追畴人散失，而后浸亡耳，赅而存焉。益以见《易》道之无穷也。”（见《味经斋遗书》三）

先生于《书》，“则不分今古文文字同异，而剖析疑义”。

阮元《庄方耕先生经说序》：“《尚书》则不分今古文文字同异，而剖析疑义，深得夫子序《书》、孟子论世之意。”（见《味经斋遗书》卷首）

按：先生有《尚书既见》三卷、《书说》一卷。《尚书既见》多长篇，《书说》则为短篇札记。如《周书·泰誓》：“惟十有三年，当依《序》作一。”曰：“夏桀未若商纣之暴，伊尹五就之而后去。桀归汤，伯夷、太公辟纣而归文王久矣。文王不伐商，武王胜殷，亦不黜其命，立武庚为后焉。祖伊知纣不惟丧师，且不获其死。箕子知武庚不克享而诰微子使去之，其恶之轻重尚何不可知之，有吾未闻临之以兵而斥其多罪，犹得曰其辞恭者。”（庄存与：《味经斋遗书·书说》，5叶）

时山右阎若璩撰《古文尚书疏证》，证实东晋梅赜所献《古文尚书》为伪，流风所及，考据渐兴，先生以为“辨古籍真伪，为术浅且近者也”。

龚自珍《资政大夫礼部侍郎武进庄公神道碑》曰：“大儒庄君，讳存与，江南武进人也。幼诵六经，尤长于《书》，奉封公教，传山右阎公之绪学，求二帝三王之微言大指，闵秦火之郁伊，悼孔泽之不完具，悲汉学官之寡立多废，慜晋代之作僭兴伪，耻唐儒之不学见绐，大笑悼唐以还学者之不审是非，杂金玉败革于一衍，而不知贱贵，其罪至于亵帝王，诬周、孔，而莫之或御。盖公自少入塾，而昭昭善别择矣。既壮，成进士，阎氏所廓清，已信于海内，江左束发子弟，皆知助阎氏；言官学臣，则议上言于朝，重写二十八篇于学官，颁赐天下，考官命题，学僮讽书，伪书毋得与。将上矣，公以翰林学士，直上书房为师傅，闻之，忽然起，逌然思，郁然叹，忾然而寤谋。方是时，国家累叶富厚，主上神武，大臣皆自审愚贱，才智不及主上万一。公自顾以儒臣遭世极盛，文名满天下，终不能有所补益时务，以负麻隆之期，自语曰：辨古籍真伪，为术浅且近者也；且天下学僮尽明之矣，魁硕当弗复言。古籍坠湮十之八，颇藉伪书存者十之二，帝胄天孙，不能旁览杂氏，惟赖幼习五经之简，长以通于治天下。昔者《大禹谟》废，'人心道心'之旨，'杀不辜宁失不经'之诫亡矣；《太甲》废，'俭德永图'之训坠矣；《仲虺之诰》废，'谓人莫己若'之诫亡矣；《说命》废，'股肱良臣启沃'之谊丧矣；《旅獒》废，'不宝异物贱用物'之诫亡矣；《冏命》废，'左右前后皆正人'之美失矣。今数言幸而存，皆圣人之真言，言尤疴痒关后世，宜贬须臾之道，以授肄业者。"（《龚自珍全集》，141～142页）

先生于"《诗》则详于变雅，发挥大义"，有《毛诗说》四卷。

如《毛诗说》说《小雅·白驹》曰："诸侯之士，不贡于王，不见征于天子，则不可以仕于王室。天子之大夫，可以适诸侯，不可以仕于诸侯。于周不可则去之鲁，未之前闻也。于焉（原注：读于虔反）逍遥，其去而不仕，未可知也。于焉嘉客，其去而为诸侯客，亦未可知也。若将往仕于诸侯之国，则无宁来仕于天子之朝矣。尔公也，尔侯也，若之何为其陪隶臣乎？诚欲优游事外，则长守此不仕之志矣。既而遵迹以求焉，则见白驹在空谷矣，且见其生刍一束矣，不为嘉客为逍遥矣。贤哉此大夫其人，不见其德如玉，不见其人乐闻其音，毋更舍此而适远焉。然后知场苗场藿何幸为白驹食，今朝今夕，信不为暂而为永也。"（庄存与：《味经斋遗书·毛诗说》卷二，1～2叶）

先生于群经中研读最深、影响最广大者，厥为《春秋》。《春秋正辞》、《春秋要指》，开清代今文经学复兴之先河，寻微言于未坠，求大义之所存，诚所谓"开天下知古今之故"者也。

先生言"微言大义"，取法致用，撰《春秋正辞》，自称："存与读赵先生汸《春秋属辞》而善之，辄不自量，为檃括其条，正列其义，更名曰《正辞》，备遗亡也。以尊圣尚贤，信古而不乱，或庶几焉。"（庄存

与：《春秋正辞·叙目》）

按：赵汸，明初休宁人，撰有《春秋集传》十五卷、《春秋属辞》十五卷、《春秋左氏传补注》十卷，以为"《春秋》，经世之书也"（《春秋集传自序》，书今存，《自序》辑入《经义考》卷一九八）。《春秋》之所以异于群书者，在其"属辞比事"。赵汸考列孔子"笔削之义"、"制作之原"凡八，曰：一、"存策书之大体"；二、"假笔削以行权"；三、"变文以示义"；四、"辨名实之际"；五、"谨内外之辨"；六、"特笔以正名"；七、"因日月以明类"；八、"辞从主人"。将以此"使学者由《春秋》之教，以求制作之原；制作之原既得，而后圣人经世之义可言矣"（赵汸：《春秋属辞自序》，书今存，《自序》辑入《经义考》卷一九八）。先生"檃括其条，正列其义，更名曰《正辞》"。谓："《春秋》以辞成象，以象垂法，示天下后世圣心之极。观其辞，必以圣人之心存之，史不能究，游、夏不能主，是故善说《春秋》者，止诸至圣之法而已矣。"（庄存与：《春秋正辞·春秋要指》）又谓："《春秋》非记事之史，不书，多于书，以所不书知所书，以所书知所不书。""《春秋》治乱必表其微，所谓礼禁未然之前也，凡所书者有所表也，是故《春秋》无空文。"（庄存与：《春秋正辞·春秋要指》）若是，所言与宋、元以降义理之学既异，与言训诂名物之汉学亦迥然有别。

朱珪《春秋正辞序》曰："孔子云：'吾志在《春秋》，行在《孝经》。'又曰：'我欲托之空言，不如见之行事。'又曰：'其义则某窃取之矣。'又曰：'属词比事，《春秋》教也。'然则本志以立事考义以定辞，苟非因端睹指别嫌、明微精，求于繁杀之间，严辨于同异之故，率词揆方，各得其序，守文持论，鲜有能通者焉。"

前辈少宗伯庄方耕先生，学贯六艺，才超九能，始入翰林，即以经学受主知。群经各有论著，斐然述作，遂造其深率尔，简札必衷于道。畴昔之岁，与余同官禁近，朝夕论思，无间术业，挹其渊醰，如饮醇醴，窥厥原本，疑八宝藏，洵当代之儒宗，士林之师表也。公之孙隽甲，为余丙午典试江南所得士，偕其弟贵甲来京师，持公所纂《春秋正辞》一书，问序于余。余受而读之，义例一宗《公羊》，起应实述何氏，事亦兼资《左氏》，义或拾补《穀梁》，条例其目，属比其词，若网在纲，如机省括，义周旨密，博辨宏通。近日说经之文，此为卓绝，用以诏兹来哲，庶几得所折衷，由是抉经心，执圣权，则偏惑乖方之诮，吾知免矣。嘉庆六年龙集辛酉四

月望，大兴朱珪序。（庄存与：《味经斋遗书·春秋正辞》卷首）

先生《春秋正辞·叙目》曰："存与读赵先生汸《春秋属辞》而善之，辄不自量，为櫽括其条，正列其义，更名曰《正辞》，备遗忘也。以尊圣尚贤，信古而不乱，或庶几焉。"

叙曰：

"大哉受命，钊我至圣。弗庸践于位，皇惟飨德，乃配天地。正奉天辞第一。

"王者承天以抚万邦，为生民共主。嗟嗟周德，光于文、武。亦越既东，元命永固。永固在下，诸侯以僭。大夫陪隶，用贵治贱。挈诸王者。正天子辞第二。

"呜呼厚哉！周公光大，成文、武德，劳谦不伐，万民以服。元子在东，有典有册。欲观周道，舍鲁奚适。圣人无我，曰父母国。正内辞第三。

"三王之道，行义为大。假之以为功，乃救罪不暇。一匡天下，实惟桓公。晋文继之，亦惟在王功。曰正曰谲，一夺一予。楚庄晋悼，彼何足数。正二伯辞第四。

"自天地生民以来，神圣有攸，经纬于是焉。在圣所贵，贵其民循厥理，惟庶邦君，以厥臣续大命，孳孳其无殆黜，乃心毋底罪。正诸夏辞第五。

"荡荡覆载，圣则无私。畴不即工，圣其念之。明明时夏，懿德所经。顽嚚聋昧，乃狄之行。呜呼慎哉。正外辞第六。

"若之何弗吊，天下享右。罔爱于居圉多辟，罔克究于永祀。侵戎虐我，黎服溃溃靡所止。圣乃钦底罚于有辞。以差厥罪，俾寅念于天嗣。天民越指疆土。明哉明哉！天伐章哉！正禁暴辞第七。

"噫嘻皋女，民以生其女，曷克生，生女怙于口，实乃惟怙于天德。呜呼！德卒丧多罪显闻于上。遏之绝之，乃殄灭之。殄靡有遗，民乃其苏，时乃敬明于圣之志，匪忱用怒，尚隐哉其惧。正诛乱辞第八。

"圣秉道，垂文辞，惟义之训，憗事之违。匪从惟从，匪述惟述，

折厥衷，见天则。正传疑辞第九。”（庄存与：《春秋正辞》卷首，以下引《春秋正辞》）

言“大一统”、“通三统”、“张三世”，表五行灾异，宗《公羊》经说。

次三曰大一统，天无二日，民无二王，郊社宗庙，尊无二上，治非王则革，学非圣则黜。次四曰通三统，三代建正，受之于天，文质再复，制作备焉。……次九曰张三世，据哀录隐，隆薄以恩，屈信之志，详略之文。智不危身，义不讪上。有罪未知，其辞可访。拨乱启治，渐于升平。十二有象，太平以成。（卷一，《奉天辞》，1 叶）

言“大一统”、“王正月”曰：“公羊子曰：何言乎王正月？大一统也。记曰：天无二日，土无二王，国无二君，家无二尊，以一治之也。……臣愚以为诸不在六艺之科、孔子之术者，皆绝其道，勿使并进，邪辟之说灭息，然后统纪可一，而法度可明，民知所从矣。”（卷一，《奉天辞》，4 叶）

言“通三统”曰：“经所不言，何故传之，不殆于诬乎？曰：乌！是何言欤？天有五行，地有五行，陈天之五，合地之五，明天道也，重皇极也。……天无不覆，地无不载，各以五配。”（卷一，《察五行详异》，12～13 叶）

事天如事亲……天地之大者在五行，各一其性，不得相干。……所谓《春秋》之道，举往以明来也。（卷一，15 叶）五行之失，如疾然，气虽乱各有所主，不存其意，不贯其理，以此事天，何异许止之不尝药也。五行之变，非尽变也，非不遽复也，谓和则俱和、失则俱失，是乃诬天地也。不然，夫祖己之言亦曰：正厥事可矣。……此与人臣之义，陈善必列其宜，匡失必举其败，不敢为无端崖之辞以溷其上，而藏其奸，敬之至也。今曰恐惧修省云尔，将俾尽革其政与？抑择所振救与？抑空言无施，而百官万事皆自若与？此固奸以事君者，所欲得以饰其恶也，欺君不祥，诬天地不祥。（卷一，15～16 叶）

成公十六年“春王正月，雨木冰”。下引《公羊》“记异也”下云：“此人将有害，则阴气胁木，木先寒，故得雨而冰也，是时叔孙侨如出奔，公子偃诛死。”（卷一，16 叶）

天灾应人事
庄二十年，齐大灾
僖二十年，西宫灾
成三年，新宫灾
襄三十年，宋灾
昭九年，陈灾
昭十八年，宋、卫、陈、郑灾
定二年，雉门及两观灾
哀三年，桓宫、僖宫灾
哀四年，亳社灾。
}均存象

(卷一，17～20 叶)

下云："《春秋》火灾，屡于哀、定之间，不用圣人而纵骄臣，将以亡国，不明甚也。"(卷一，20 叶) 襄公二十四年，"大水"下云："以志灾，则莫恤民矣；以志戒，则莫畏天矣。"(卷一，23 叶)

僖公十六年"春王正月戊申，朔。陨石于宋五。是月，六鹢退飞过宋都"下云："不日而月"，"石无知，故日之，鶂微有知，故月之"。"日月有义乎？曰著详略之文也，于以正外内，于以定尊卑，于以审轻重，于以纪远迩，于以征敬怠，于以别同异，如之何其可废也。然则无知何以日，微有知何以月，曰不过乎物以事天也，无知而变，变出于天，有知而变，变出于地，或日或不日，尊卑之辞也。"(卷一，31 叶)

谓"《春秋》之义，务全至尊而立人纪"，"君父忧勤，臣子安乐"。"为国者慎毋弃先王之经"。

桓公五年"秋，蔡人、卫人、陈人从王伐郑"下云："《春秋》之义，务全至尊而立人纪焉。月之系王，伤三王之道壤也。诸侯不知有天子，此可忍言孰不可忍言，以天下言之曰：天王，王承天也。"(卷二，《王伐》，4～5 叶)

君父忧勤，臣子安乐，其永言哉！诸侯子孙，苦于所不知者五焉。(卷三，《内辞》，13 叶)

为国者慎毋弃先王之经，俾为盗者藉手口哉！（卷五，3叶）

书中亦有讥刺《左氏》之语，以为应“读乎《春秋》”。

公羊家有所受之，彼徒据左丘经，将以何明之？经鲜不乱，传且失之诬矣。（卷五，《内辞》，7叶）

文公十年“臧孙辰卒”下云：“卒，何以日？辰，鲁之崇也。得无贬乎？义不得无贬，而辞无贬也。……臧孙辰，闻人也，以其言为鲁大夫师，自知弗若季，则护其故以蔽之，俾不通然后已。以王者之法正之，蒙显戮者，辰其首也，辞乌得无贬乎？曰：义在指矣，曷不学乎《春秋》，庄公季年迄于兹，辰也日在卿位，告籴之外无见焉，鲁人皆崇之矣，圣人皆削之矣。季友卒，僖政衰，仲遂恣，宣慝伏，鲁无人焉。孰知辰之至是始卒也。享卿禄者又五十年矣，不为不久矣。噫！后之君子，钦念之哉！以臧孙辰之为良大夫，当世谓之不朽，而闵、僖、文之《春秋》削之，无一事已录者。则知蔽贤之罪大，而小善不足以自赎也。甚绝之也，义在指矣，曷不读乎《春秋》。”（卷五，《内辞》下，8～9叶）

言“三世”，谈“贵践”，论“贵近略远”，谓“为人君父而不通于《春秋》之义者，必蒙首恶之名”。

隐公七年“滕侯卒”下曰：“滕，微国也，所闻之世始书卒，所见之世乃书葬。曷为于所传闻之世称侯而书卒？以其子来朝，恩录其父，王者所不辞也。”（卷七，《诸夏辞》，23叶）

苟非其人，天无二日，民无二王，不免于篡弑之诛，死罪之名，如其人，如其人。尧、舜揖让，汤、武征诛，顺天者存，逆天者亡矣。曷为贵贱不嫌？贵者无常贵，贱者无常贱，昭明德，废幽昏，决然而不可疑也，疑则万不可以少尝之矣。滕侯、薛侯，《春秋》当新王也。滕子、薛伯、亲周也。（卷七，《诸夏辞》，23叶）

隐公八年“蔡侯考父卒”下云：“《春秋》录大略小，录近略远，其书之名有指矣。以考其行，以稽其失，以痛其祸，以治其乱，恒于大国详之。”“诸侯之事，父子君臣之大伦要在于《春秋》，故曰礼义之大宗也。”（卷七，《诸夏辞》，23～24叶）

桓公十一年“夏五月癸未，郑伯寤生卒。秋七月，葬郑庄公”下曰：“寤生之罪，不可不诛，浮于卫朔矣，则何以书葬？曰：朔之罪已见，寤生之罪未见，以不可书辟之也。曰《春秋》诛乱贼，义有所辟，必有辞以诛之。”（卷七，《诸夏辞》，25 叶）

文公五年“秦人之入鄀”下云：“鄀者何？微国也，自我言之，远国也。”所以书，因“秦人之好兵”而志之。“《春秋》之法，苦民尚恶之，况伤民乎？伤民尚痛之，况杀民乎？民者，《春秋》之所甚爱也；兵者，《春秋》之所甚痛也。”（卷八，《外辞》，13 叶）“滑也，鄀也，非秦所以通道于东诸侯者乎？苟有桓、文之君，则知所以示权于中国矣，而况王者兼国二十，开地千里，皆于是乎见之，而犹未止也，远矣哉！”（卷八，《外辞》，13～14 叶）

宣公十年“楚人杀陈夏征舒”，以为“讨之正”。曰：“此楚子也，其称人何？讨贼之辞也。中国有乱狱，天子不能诛，诸侯不能正，而楚人能之，故予之也。”（卷十，《诛乱辞》，11 叶）

定公十四年秋“卫世子蒯聩出奔宋”下曰：“辄能之矣，蒯聩何俟于赦，不幸荧惑者众，以利害劫辄，邪说又作，卒于终不可谕，而吾夫子始去卫矣。”（卷十，《诛乱辞》，27～28 叶）

先生治学不拘汉、宋，发挥“微言”，重“取法致用”，贵经世，于汉学、宋学有资经世者曾予采缀，于汉学、宋学无助经世者则加废弃。探究汉学、宋学之精义，一以经世为指归。基于经世，特重经书之大义。溯自汉武帝“定儒术于一尊”以降，士大夫浸渍经义，推衍经术，围绕经书转，非圣人之言不敢言，依托儒经，阐发议论，时有所见。先生则于乾隆“盛世”，“独得先圣微言大义于语言文字之外”，致有“开天下知古今之故”之誉。

言“微言大义”，必崇奉今文，今文经学固以“微言大义”见称者也。今文盛于西汉，东汉以降渐趋湮没。先生揭橥提倡，清代“复兴”今文经学之创始人也。

先生以《春秋》为“五经之筦钥”，《春秋》义例存乎《公羊》，其所以尊奉《春秋》、独崇《公羊》者，阅其书，可知其原：

一曰，“《春秋》经世之书”，“礼义之大宗”，“法可穷，《春秋》之道则不穷”（庄存与：《春秋正辞》卷十《诛乱辞》第八）。又“举往以明来，传之万世而不乱”云。（庄存与：《春秋要指》）

先生以为《春秋》，孔子笔削。孔子返鲁而作《春秋》，“不得已”也，中有“微言”存焉。《春秋》非“纪事之史”，而“约文以示义”（庄存与：《春秋要指》）。所书均有“所表”，存有“书法”。如上揭文公五年记“秦人入鄀”，《春秋》本“录大略小，录近略远”，今载此“微国”、“远国”者，因“秦人之好兵”，故记专条。曰：“《春秋》之法，苦民尚恶之，况伤民乎？伤民尚痛之，况杀民乎？民者，《春秋》之所甚爱也；兵者，《春秋》之所甚痛也。”“秦人好用兵，而先见其端于天下，于入鄀然后见之也”（见前）。又如文公十年记：“春王三月辛卯，臧孙辰卒”，先生以为志以“辛卯”日期者，臧孙辰为鲁国所崇敬，故“书之，志以‘日’，是否‘贬’?”曰“义不得无贬而辞无贬”，因臧孙辰“自知弗如”柳下惠，而“蔽之俾不通然后已”，此为“蔽贤”，故“辞无贬”，而“义在指矣”（庄存与：《春秋正辞》卷五）。《春秋》“书法谨严”，义有所指，“举往明来”，经世所资。故为人君者必知《春秋》，为人臣者必尊《春秋》之义。

二曰，《春秋》大义，存乎《公羊》，中有“通三统”、“张三世”诸例，辨名分，定尊卑，明外内，举轻重，欲明《春秋》，必深研《公羊》义例。

儒家言必称三代，以尧、舜、禹、汤、文、武为“至治盛世”。平王东迁，王室衰微，浸为“乱世”。今文学者以为夏、商、周三代各有其统，夏为黑统（人统），商为白统（地统），周为赤统（天统）。夏、商、周三代制度各有因革损益，非一成不变也。先生之甥刘逢禄推衍其旨，曰：《春秋》“立百王之制，通三统之义，损周之文，益夏之忠，变周之文，从殷之质”，于是“百世以俟圣人而不惑”（刘逢禄：《论语述何篇》，见《刘礼部集》卷二）。清代去古虽远，而“继体守文”，能“深明《春秋》之法以制驭其政”，则“三代之治未尝不可复，其乱未尝不可弭”（刘逢禄：《十七诸侯终始表序》，见《刘礼部集》卷四）。援《春秋》之微言，据当今之实际，“后王有作”云。

《春秋》之时，浸为“乱世”，诸侯征伐，周天子名存实亡，孔子作《春秋》，“于所见（昭、定、哀）微其辞，于所闻（文、宣、成、襄）痛其祸，于所传闻（隐、桓、庄、闵、僖）杀其恩”，“异其书法，寓有褒贬”。且“于所传闻世见拨乱始治，于所闻世见治，廪廪进升平，于所见世见治太平”，“由是辨内外之治，明王化之渐，施详略之文，鲁愈微而《春秋》之化益广，世愈乱而《春秋》之文益治”。然则“《春秋》起衰乱以近升平，由升平以极太平”（刘逢禄：《释三科例》上《张三世》，见《刘礼部集》卷四），如是由“乱世”而“升平”，由“升平”而“太平”之“三世”说，亦以社会历史为进化也。虽然，欲进化，则应明乎《春秋》。先生发其端，刘逢禄阐其旨，举世高谈三代，“世愈远而治愈甚”，以致沦入退化论泥潭之时，独能比迹“三统”，推衍“三世”，力主“拨乱”，倡言“经世”，自属不易。

三曰，董仲舒挥发《春秋》“大一统”学说，儒家为之“独尊”。当今“盛世”，尤应“一统”，不能拘泥章句，而应“远法”《春秋》。

“三统”、“三世”，时代不同，应随时因革；亦唯有因革损益，始能想望“太平”。悬一理想之目标，作为“太平”之倒影，时愈久则治愈甚，“大一统”，始能“六合同风，九州共贯”。先生以为“天无二日，世无二王，国无二君，家无二尊，以一治之”（《春秋正辞》卷一《奉天辞》），必尊亲事君，“全至尊而立人纪”（《春秋正辞》卷二《天子辞》）。《春秋》即以“天子之事”，“辨名正分”，正外内，定尊卑，审轻重，纪远迩，征敬怠，别同异者。为人臣子，即应忠君，应“陈善必列其宜，匡失必举其败”，不能以“无端崖之辞以溷其上，而藏其奸”，不能“固奸以事君”，“以饰其恶”，欺君“不详”也。（参见《春秋正辞》卷一《奉天辞》）若是，“大一统”之核心为尊君，为拱奉中央王室。

春秋时，王室已微，孔子表彰者，齐桓、晋文“尊王攘夷”，“一匡周室”也。孔子笔削《春秋》，留有“书法”。如庄公二年五月记“春，陈侯使女叔来聘”，即书之以“录齐桓之功”，“齐桓主中国，则陈不知有楚患，国家安宁”，桓公既薨，陈遂“日役乎楚”（《春秋正辞》卷四《内辞》第三《来聘》）。齐桓“存三亡国，而天下咸谕乎桓公之志，再为义王，克尽臣节，修礼诸侯，官受方物，鲁人至今以为美谈”（《春秋正辞》

卷六《二伯辞》第四)。盖桓公“纠合诸侯,一匡天下”,尊奉周王朝,“归命周天子”,以成“大一统”也。

由是观之,清代今文经学复兴者之所以力言《公羊》,因其存有《春秋》大义,其“微言”复重在“大一统”。先生之复兴今文,亦缘维护“大一统”而援《春秋》为依附,发挥《春秋》“微言”以维护“大一统”也。

“乾嘉盛世”,危机隐伏,腐朽衰败迹象已呈,乾隆亦力主“大一统”,此均与今文经学之复兴有关,阅卷一所引《清高宗纯皇帝实录》可知。

卷三　流　风

乾隆五十五年庚戌（1790年）　卒后二年

甥刘逢禄治《公羊春秋》条例之学，从舅庄述祖“为言夏时之等”。日后“择其大要，为笺一卷”。

刘逢禄《夏时等列说》：“余年十有五，治《公羊春秋》条例之学，舅氏庄珍艺先生为言夏时之等，文约而旨无穷，与《春秋》相表里，出所著《说义》初本读之，观其论制礼作乐之原，三统内外之辨，治历明等之道，庶虞汁月之征，郊禘视学之典，王宫民居之制，务农重桑之事，土宜土均之法，忧旱备潦之谊，嫁子取妇之节，养老送死之要，王马国马之则，蒐苗狝狩之令，偃武措刑之德，尊卑上下之别，改火救疾之政，淳化昆虫之则，善善恶恶之旨，扶阳抑阴之义，慎始敬终之戒，富矣哉！洵太平之正经也。由是以知《春秋》改周之正，行夏之时，百世莫之能违者。夫子以告颜子，温城董君亦云损文用忠，变文从质，三王之道，若循环也。庄氏所著，考释注补音义等书，多至数十万言，虑学者不能尽读。嘉庆三年，冬日多暇，撮其大要，为笺一卷，用申引而不发之旨，成学治古文者童而习之，条理五经，庶几得隐括就绳墨焉。”（刘逢禄：《刘礼部集》卷二，16叶。“庄珍艺”，即庄述祖，有《夏小正考》行世，见前）

乾隆五十六年辛亥（1791年）　卒后三年

是年，刘宝楠生。

乾隆五十七年壬子（1792年）　卒后四年

七月初五日，龚自珍生于杭州。

乾隆五十九年甲寅（1794年）　卒后六年

三月二十四日，邵阳魏源生。

魏耆《邵阳魏府君事略》：“府君讳源，字默深，先世江西太和县人，于明初迁湖南邵阳之金潭。……生于乾隆五十九年甲寅三月二十四日辰时。”

九月，石经馆司事大臣等奏请据考校各经颁行天下，乾隆谕：“圣贤垂教之义，原不在章句之末”，“不必以一二字之增损、偏旁之同异为去取也”。

乾隆谕：“昨九月间，石经馆司事大臣等奏：‘士子所读经书，多系坊本，即考证之家，亦止凭前明监本。然监本中鱼豕之舛伪，字句之衍误，不一而足。……近因刊刻石经，出内府所弃天禄琳琅宋版各经，古今流传旧本，莫不荟萃，蒙命臣等详悉校对，与武英殿官刻诸书参稽考证，逐条摘出，厘订成编……请颁示天下……请于乙卯科乡试为始。俟三科后考试四书、五经题文，俱照颁发各条，谨请改正……’（朕）抽阅数条，不过字与书体间有异同，于圣贤经义初无出入。……若限于三科，遽定通行遵改，似属强以所难。……或应试者因一二字句舛误被斥，或考官等偶不及检，遂干处分，似此繁列科条，转非朕嘉惠士林、稽古右文之意，圣贤垂教之义，原不在章句之末，即流传古本，儒先各守经师家法，未必无习误承讹，士子等操觚讲艺，惟期阐发经旨，亦不必以一二字之增损、偏旁之同异为去取也。另著该总裁等详绎此旨，折衷妥议具奏。”（《清高宗纯皇帝实录》卷一四四三，2～3页）

同日，御制石刻蒋衡书十三经于辟雍，序曰：“……经者，常也，常故不变，道则恒存。天不变，道亦不变，仲舒之言，实已涉其藩矣。……或以为‘不观清疏，何以解经?’予则以为以清疏解经，不若以经解经之为愈也。学者潜心会理，因文见道，以六经参互之，必有心探其源而晰其奥者，是在勤与明而已。”（《清高宗纯皇帝实录》卷一四六三，4～5页）

嘉庆元年丙辰（1796年）　卒后八年

刘逢禄撰《申穀梁废疾》，申何休而难郑玄。

刘逢禄《申穀梁废疾叙》曰：“穀梁氏之世系微矣。汉孝武时，瑕邱江公受之鲁申公，上使与董仲舒议，卒用董绌江。孝宣以卫太子好《穀梁》，愍其学且废，乃立学官博士。东汉之世，传者绝少。窃尝以为《春秋》微言大义，《鲁论》诸子皆得闻之，而子游、子思、孟子著其纲，其不可显言者，属子夏口授之，公羊氏五传始著竹帛者也。然向微温城董君、齐胡毋生及任城何邵公三君子同道相继，则《礼运》、《中庸》、《孟子》所述圣人之志、王者之迹，或几乎息矣。穀梁子不传建五始、通三统、张三世、异内外诸大旨，盖其始即夫子所云：中人以下，不可语上者。而其日月之例、灾变之说、进退予夺之法，多有出入，固无足怪；玩经文、存典礼，足为公羊氏拾遗补阙，十不得二三焉。其辞同而不推其类焉者，又何足算也；兼之经本错迕，俗师附益，起应失恉，条例乖舛，信如何氏所名《废疾》，有不可强起者。余采择美善，作《春秋通义》及《解诂笺释》，因申何氏《废疾》之说，难郑君之所起，覃思五日，缀成二卷，藩蓠未决，区盖不言，非敢党同，征明法守，世有达士，霍然起之，亦有乐焉。”（刘逢禄：《刘礼部集》卷三，24～25 叶；《申穀梁废疾》，见《皇清经解》卷一二九二）

嘉庆二年丁巳（1797 年）　卒后九年

十月，庄述祖自济南乞养归，告刘逢禄群经家法，逢禄自称“始知两汉古文今文流别”。

刘逢禄《跋杜礼部所藏汉石经后》曰：“后从舅氏庄先生治经，始知两汉古文今文流别。”（刘逢禄：《刘礼部集》卷九，20 叶）

刘逢禄《尚书今古文集解自序》：“嘉庆初，先生归自济南，余始从问《尚书》今文古文家法及二十八篇叙义，析疑赏奇，每发神解。”（《尚书今古文集解》，见《皇清经解续编》卷三二二至卷三五二）

刘承宽《先府君行述》：“从舅庄先生述祖自济南乞养归，与语群经家法，大称善。时庄先生有意治《公羊》，遂辍业。府君复从受夏时等例及六书古籀之学，尽得其传，学益进。庄先生尝曰：‘吾诸甥中，若刘甥可师，若宋甥可友也。’”（刘逢禄：《刘礼部集》卷十一附，1 叶。“宋甥”，宋翔凤）

嘉庆四年己未（1799年）　卒后十一年

宋翔凤随母归省，命翔凤留常，庄述祖教以稽古之道，得闻家法。述祖尝曰："吾诸甥中，刘申受可以为师，宋虞廷可以为友。"

宋翔凤《庄先生述祖行状》：先生"尝云：'吾诸甥中，刘申受可以为师，宋虞廷可以为友。'翔凤先母为先生女弟，己未岁归宁，命翔凤留常州。先生教以读书稽古之道，家法绪论，得闻其略。"（钱仪吉：《碑传集》卷一〇九）

嘉庆十年乙丑（1805年）　卒后十七年

六月，刘逢禄撰成《春秋公羊释例》十卷三十篇。

刘逢禄《春秋公羊释例序》曰："叙曰：昔孔子有言：'吾志在《春秋》。'又曰：'知我者，其唯《春秋》乎！罪我者，其唯《春秋》乎！'盖孟子所谓行天子之事，继王者之迹也。传《春秋》者，言人人殊，唯公羊氏五传，当汉景时，乃与弟子胡母子都等记于竹帛，是时大儒董生下帷三年，讲明而达其用，而学大兴，故其对武帝曰：非六艺之科，孔子之术皆绝之，弗使复进。汉之吏治经术，彬彬乎近古者，董生治《春秋》倡之也。胡母生虽著《条例》，而弟子遂（述）者绝少，故其名不及董生，而其书之显亦不及《繁露》。绵延迄于东汉之季，郑众、贾逵之徒，曲学阿世，扇国师①之毒焰，鼓图谶之妖氛，几使羲辔重昏，昆仑绝纽，赖有任城何邵公氏修学卓识，审决白黑而定，寻董、胡之绪，补庄、颜之阙，断陈（元）、范（升）之讼，铖明、赤之疾，研精覃思，十有七年，密若禽、墨之守御，义胜桓、文之节制，五经之师，罕能及之。天不祐汉，晋戎乱德，儒风不振，异学争鸣，杜预、范宁吹死灰，期复燃，溉朽壤使树艺，时无戴宏莫与辨惑。唐统中外，并立学官，自时厥后，陆淳、啖助之流，或以弃置师说，解弦更张②。开无知之妄，或以和合传义，断根取节，生歧出之途，支室错迕，千喙一沸，而圣人之微言大义盖尽晦矣。清之

① 《皇清经解》本作"仲垒"。

② 《皇清经解》本作"或以弃置师法，燕说郢书"。

有天下百年，开献书之路，招文学之士，以表章六经为首，于是人耻乡壁虚造，竞守汉师家法，若元和惠栋氏、武进张惠言氏之于《易》，歙程易畴氏之于《礼》①，其善学者也。禄束发受经，善董生、何氏之书，若合符节，则尝以为学者莫不求知圣人，圣人之道，备乎五经，而《春秋》者，五经之筦钥也。先汉师儒略皆亡阙，唯《诗》毛氏、《礼》郑氏、《易》虞氏有义例可说，而拨乱反正，莫近《春秋》，董、何之言，受命如向，然则求观圣人之志，七十子之所传，舍是奚适焉？故寻其条贯，正其统纪，为《释例》三十篇；又析其凝滞，强其守卫，为《答难》二卷②；又博征诸史刑礼之不中者，为《礼议决狱》二卷；又推原左氏、穀梁氏之失，为《申何难郑》二卷，用冀持世之志，粗有折衷。若乃经宜权变，损益制作，则聪明圣知，达天德之事，概乎其未之闻也已。”（刘逢禄：《刘礼部集》卷三，22～23叶；收入《皇清经解》卷一二八〇，文字略有异，《皇清经解》本下署“嘉庆十年六月，兰陵刘逢禄撰于东鲁讲舍”）

嘉庆十四年己巳（1809年）　卒后二十一年

刘逢禄撰《春秋公羊解诂笺》，以为何休《春秋公羊解诂》“廓开众说，整齐传义，传经之功，时罕其正”，“因析其条例，以申何氏之未著及他说之可兼者”。

刘逢禄《春秋公羊解诂笺序》曰：“余尝以为经之可以条例求者，惟《礼·丧服》及《春秋》而已；经之有师传者，惟《礼·丧服》有子夏氏、《春秋》有公羊氏而已。汉人治经，首辨家法，然《易》施、孟、梁邱，《书》欧阳、大小夏侯，《诗》齐、鲁、韩师说，今皆散佚，十亡二三。世之言经者，于先汉则古《诗》毛氏，于后汉则今《易》虞氏，文辞稍为完具；然毛公详训诂而略微言，虞翻精象变而罕大义，求其知类通达，微显阐幽，则公羊氏在先汉有董仲舒氏、后汉有何邵公氏，子夏传有郑康成氏而已。先汉之学，务乎

---

① 《皇清经解》本作“若元和惠栋氏之于《易》，歙金榜氏于《礼》”。

② 《皇清经解》本作“为《笺》一卷、《答难》一卷”。

大体，故董生所传，非章句训诂之学也。后汉条理精密，要以何邵公、郑康成二氏为宗。《丧服》之于五礼，一端而已；《春秋》始元终麟，天道浃，人事备，以之网罗众经，若数一二辨白黑也。故董生下帷讲诵三年，何君闭户十有七年，自来治经孰有如二君之专且久哉！余自童子时癖嗜二君之书，若出天性，以为一话一言，非精微眇、通伦类，未易窥其蕴奥。何君生古文盛行之日，廓开众说，整齐传义，传经之功，时罕其匹，余宝持笃信，谓晋、唐以来之非何氏者，皆不得其门，不升其堂者也。康成兼治三传，故于经不精，今所存《发墨守》，可指说者惟一条，然多牵引左氏，其于董生、胡母生之书，研之未深，概可想见。而何君称为入室操矛，宏奖之风，斯异于专己党同者哉！余初为何氏《释例》，专明'墨守'之学，今更析其条例，以申何氏之未著及他说之可兼者，非敢云弥缝匡救，营卫益谨，庶几于公羊绳墨少所出入云尔。康成《六艺论》曰：'注《诗》宗毛为主，毛义若隐略，则更表明；如有不同，即下己意，使可识别。'余匡弼何氏，窃取斯旨，以俟好古求是君子董理焉。"①（刘逢禄：《刘礼部集》卷三，28～29叶。此书收入《皇清经解》卷一二九〇，末后有"嘉庆十四年，武进刘逢禄撰"）

是年，陈乔枞生。陈立生。

嘉庆十五年庚午（1810年）　卒后二十二年

邵懿辰生。懿辰晚年专攻《礼》，有《礼经通议》，重今文，薄古文。

按：邵懿辰，字位西，浙江仁和（今杭州市）人。道光二十一年（1841年）由举人考取内阁中书。二十八年（1848年），由军机处奏保，以员外郎升用，分刑部。咸丰三年（1853年），命发往东河，旋"坐济宁防河无效罢归"。归后家居。史称其"博览群籍，研究义理，每谓汉、宋诸儒学问，不可偏废。尤谙练国朝掌故，洞悉源流"（《清史列传》卷六五《邵懿辰传》）。

邵懿辰初以程、朱为"正宗"，见《仪宋堂记》（《邵位西遗文》，18～20叶）。对古文经学则不苟同。维时社会动荡，"礼教破坏"，撰《礼经通议》，欲使《礼》"复"于西汉。按《礼》今文存《仪礼》十七篇，汉

---

① 《皇清经解》本作"余遵奉何氏，窃取斯旨，以俟后之能墨守者董理焉"。

时由高堂生授萧奋，奋授孟卿，卿授后苍。后苍撰《曲台后苍》九篇，见《汉书·艺文志》。苍授梁人戴德、德从兄子圣及沛人庆普，于是《仪礼》分为大戴、小戴、庆氏三家。《汉志》谓三家均立于学官。（另据《后汉书·儒林传》，今文十四博士不数庆氏而数《易》京氏，是庆氏之是否立于学官，亦成疑问。）西汉末，刘歆《让太常博士书》谓"鲁恭王坏孔子宅，欲以为宫，而得古文坏壁之中"，其中有《逸礼》三十九篇。邵懿辰则反是，以为《仪礼》十七篇已包括一切礼仪，《仪礼》"十七篇本无阙佚，是全经，应称为《礼经》"。至于《仪礼》编次应据大戴本，《逸礼》三十九篇之说不可信。此为《礼经通论》之主要论旨。

《礼经通论》另一主要论旨为"乐"本无经，"然六经之道同归，而礼乐之用为急。《易》、《春秋》，意之也；《诗》、《书》，口之也；《礼》、乐，身之也。乐本无经，寓乎《诗》与《礼》之中，其体在《诗》，其用在《礼》，名六艺，实止五经"（邵懿辰：《论孔子定礼乐》，见《礼经通论》，5 页，宣统辛亥上海国学扶轮社铅字排印本。"乐"本无经，亦示对古文经学派"乐"亡于秦火说之批判云）。

嘉庆十六年辛未（1811 年）　卒后二十三年

阮元晤见刘逢禄、宋翔凤，深感庄先生之"流泽长"。

阮元《庄方耕宗伯经说序》：岁辛未，公之外孙刘逢禄应春官试，馆于邸寓，公之从外孙宋翔凤亦时来讲学，益叹公之流泽长也。（庄存与：《味经斋遗书》卷首）

嘉庆十七年壬申（1812 年）　卒后二十四年

刘逢禄撰《左氏春秋考证》一卷、《后证》一卷、《箴膏肓评》一卷。

刘逢禄《申左氏膏肓序》曰："《隋·经籍志》有何氏《春秋左氏膏肓》十卷，又有服虔《膏肓释痾》十卷。今郑氏所箴尚存百分之一二，而服氏之书亡，无由尽见何邵公申李育之意，甚可惜也。然何君于《左氏》未能深著其原，于刘歆等之附会，本在议而勿辨之科，则以东汉之季，古文盛行，《左氏》虽未立学官，而并列于经传久矣①。左氏以良史之材，博闻多识，本未尝求附于《春秋》之义，后人增设条例，推衍事迹，强以为传《春秋》，冀以夺《公羊》博士之师法，名为尊之，实则诬之，左氏不任咎也。观其文章赡逸，史笔森严，才如迁、固，有所不逮，则以所据者多春秋国史及名卿大夫之文，固非后人所能附会，故审其离合，辨其真伪，其真者事虽不合于经，盖可以见经之义例，如宋之盟楚，实以衷甲先晋，而《春秋》不予楚是也；其伪者文虽似比于经，断不足以乱经之义例，如展无骇卒而赐氏、单伯为王朝卿、子叔姬为齐侯舍之母，鄫世子巫为鲁属是也。事固有离之则双美，合之则两伤者。余欲以《春秋》归之《春秋》，《左氏》归之《左氏》，而删其书法凡例及论断之谬于大义、孤章断句之依附经文者，冀以存《左氏》之本真。幸《国语》、《太史公书》时有以导余先路，而深惜范辨卿（升）、李元春（育）、何邵公诸老先生之书多佚，无能为《左氏》功臣者。今援群书引何、郑之论三十余篇评之，更推其未及者证之，以质后之知言君子。”（刘逢禄：《刘礼部集》卷三，26～27叶）

按：《皇清经解》卷一二九六有刘氏《箴膏肓评》，末后载叙与此同，唯在“以质后之知言君子”起有增删，作“以质后之君子未知其有合焉否也。嘉庆十七年十一月日，武进刘逢禄撰”。

冬，刘逢禄撰《论语述何》二卷。

刘逢禄《论语述何》卷首曰：“《后汉·儒林传》言，何劭公精研六经，世儒莫及，作《春秋公羊解诂》，覃思不窥门十有七年。又注训《孝经》、《论语》②，皆经纬典谟，不与守文同说，梁阮孝绪《七录》、《隋·经籍志》不载其目③，则亡佚久矣。惟虞世南《北堂书钞》有何休《论语》‘女为君子儒’④ 一条，大类董生正谊明道之旨，史称董生造次必于儒者，又称何君进退必以礼，二君者游于圣

① 《皇清经解》本作“而严、颜高才生俱舍所举而从之久矣”。

② 《皇清经解》本作“又注训《孝经》、《春秋》、风角七分”。

③ 《皇清经解》本作“《隋·经籍志》不载《孝经》、《论语》之目”。

④ “女为君子儒”，《皇清经解》本无。

门，游、夏之徒也。《论语》总六经之大义，阐《春秋》之微言，固非安国、康成治古文者所能尽；何君既不为守文之学，其本依于《齐》、《鲁》古论，张侯所定，又不可知，若使其书尚存，张于六艺，岂少也哉！今追述何氏《解诂》之义，参以董子之说，舍遗补阙，冀以存其大凡。孔、郑诸家所著，区盖不言。其不敢苟同者，如鲁僭禘、妾母不称夫人，当亦引而不发之旨。九京可作，其不以入室操矛为诮让乎？”（刘逢禄：《刘礼部集》卷二，24 叶）

按：《皇清经解》卷一二九七至卷一二九八有《论语述何》，末后有此文，首加“叙曰”，末后署：“嘉庆十有七年冬至日，兰陵刘逢禄撰”。

嘉庆十九年甲戌（1814 年）　卒后二十六年

魏源从刘逢禄学《公羊》。

魏耆《邵阳魏府君事略》：“嘉庆癸酉二十岁，举明经。明年，侍春煦公起复入都，遂留从胡墨庄先生问汉儒家法。周石芳侍郎系英，偶见府君诗篇敦雅，四出揄扬，数日名满京师，中朝公卿争纳交焉。是时，问宋儒之学于姚敬塘先生学塽，学《公羊》于刘申受先生逢禄，古文辞则与董小槎太史桂敷、龚定庵礼部自珍诸公切磋焉。”（《魏源集》，848 页）

嘉庆二十一年丙子（1816 年）　卒后二十八年

庄述祖卒于家。

宋翔凤《庄先生述祖行状》：“先生生于乾隆十五年十二月十三日午时，卒于嘉庆二十一年六月二十三日午时，年六十有七。”

按：又，庄述祖撰著甚多，见本年谱卷一。

嘉庆二十三年戊寅（1818 年）　卒后三十年

庄绶甲馆龚自珍家，为自珍“言其祖（庄存与）事行之美”。越己卯、壬午，自珍撰《资政大夫礼部侍郎武进庄公神道碑铭》。

龚自珍《资政大夫礼部侍郎武进庄公神道碑铭》自记：“嘉庆戊寅，庄君绶甲馆予家，一夕，为予言其祖事行之美，且曰碑文未具。是夕，绶甲梦见公者再，若有所托状。明日，绶甲以为请。越己卯之京师，识公之外孙宋翔凤，翔凤则为予推测公志如此。越壬午岁不尽三日，始屏弃人事，总群言而删举此大者以报。自记。”（《龚自珍全集》，143 页）

嘉庆二十四年己卯（1819 年）　卒后三十一年

龚自珍入京应试不售，从刘逢禄学《公羊》。赋诗：“昨日相逢刘礼部，高言大句快无加。从君烧尽虫鱼学，甘作东京卖饼家。”（《杂诗，己亥自春徂夏，在京师作，得十有四首》，见《龚自珍全集》，441 页）撰《资政大夫礼部侍郎武进庄公神道碑铭》（见本年谱卷四《碑传》）；丁亥，以为“东南绝学在毗陵”，赋《常州高材篇》。

吴昌绶《定庵先生年谱》本在《资政大夫礼部侍郎武进庄公神道碑铭》篇后自记稍加改窜云：“戊戌岁，庄卿珊馆定公家，为言其祖庄公存与事行之美，且曰碑文未具。己卯，定公至京师，识庄公外孙宋于庭，复为推测公志。至岁不尽三日，始屏人事，总其群言而删举其大者，撰《庄公神道碑铭》。”（《龚自珍全集》，143 页注四）宋于庭、宋翔凤，龚自珍诗屡言之，如：“玉立长身宋广文，长洲重到忽思君。遥怜屈、贾英灵地，朴学奇才张一军。”（《龚自珍全集》，522 页）“游山五岳东道主，拥书百城南面王。万人丛中一握手，使我衣袖三年香。”（《投宋于庭》，见《龚自珍全集》，462 页）又龚自珍《己亥杂诗》：“端门受命有云礽，一脉微言我敬承。宿草敢祧刘礼部，东南绝学在毗陵。”（《龚自珍全集》，514 页）

龚自珍《常州高材篇，送丁若士（履恒）》云：“丁君行矣龚子忽有感，听我掷笔歌常州。天下名士有部落，东南无与常匹俦。我生乾隆五十七，晚矣不及瞻前修。外公门下宾客盛，始见臧（在东）、顾（子述）来裒裒。奇才我识恽伯子，绝学我识孙季逑。最后乃识掌故赵（味辛），献以十诗赵毕酬。三君折节遇我厚，我益喜逐常人游。乾、嘉辈行能悉数，数其派别征其尤。《易》家人人本虞氏，毖纬户户知何休。声音文字各窔奥，大抵钟鼎工冥搜。学徒不屑谈贾、孔，文体不甚宗韩、欧。人人妙擅小乐府，尔雅哀怨声能遒。近今算学乃大盛，泰西客到攻如雠。常人倘欲问常故，异时就我来谘诹。勿数耇耋数平辈，蔓及洪（孟慈）、管（孝逸）、庄（卿山）、张（翰风）、周（伯恬）。其余鼎鼎八九子，奇人一董（方立）先即邱。所恨不识李夫子（申耆），南望夜夜穿双眸。曾因陆子（祁生）屡通讯，神交何异双绸缪？识丁君乃二十载，下上角逐忘春秋。丁君行矣龚子忽有感，一官投老谁能留？珠联璧合有时有，一散人海如凫鸥。噫！才人学人一散人海如凫鸥，明日独访城中刘（申受丈）。”（《龚自珍全集》，494～495 页）

魏源中顺天副榜，始留心时务。

凌曙撰《公羊礼疏序》，以为《春秋》之义存于《公羊》，而《公羊》之学传自董仲舒，乃搜集旧说，吸取清儒研究成果而成此书。

嘉庆二十五年庚辰（1820 年）　卒后三十二年

秋七月，嘉庆“升遐”，刘逢禄“居署数旬”，成《庚辰大礼记注长编》十二卷，自始事以至奉安山陵，典章备具，体例谨严，其后承修官书，遂全用其稿。

刘逢禄《庚辰大礼记注长编恭跋》：“庚辰秋七月，仁宗睿皇帝木兰热河宾天，问至京师，礼部堂官奔赴热河者二人，司员奔赴者满二人、汉一人，留署职大丧档案者汉一人，则礼部主事臣刘逢禄实忝任之。”（刘逢禄：《刘礼部集》卷九，19 叶）

刘承宽《先府君行述》：“嘉庆二十五年，睿皇帝升遐，府君居署数旬，昼夜讨论，口谘手录，因成《庚辰大礼记注长编》十二卷，自始事以至奉安山陵，典章备具，体例谨严，其后承修官书，遂全用其稿。”（刘逢禄：《刘礼部集》卷十一附，2～3 叶）

按：道光二年，龚自珍撰《刘礼部庚辰大礼记注长编序》，见《龚自珍全集》，198～199 页。

道光元年辛巳（1821 年）　卒后三十三年

俞樾生。

道光二年壬午（1822 年）　卒后三十四年

先生族侄孙庄大久卒，“著书四百余卷，自言诸经中，《春秋》功力最挚”（《武进县志·儒林传》）。

左辅《大久庄先生传》曰："道光二年九月，旧疾发，委顿旬日卒，年七十有九。所著有《春秋注解》十六卷、《春秋字数义》百四卷、《春秋天道义》九十四卷、《春秋人伦义》五十六卷、《春秋地理义》十五卷、《春秋物类义》六卷、《春秋字义》四卷、《春秋小学》一卷、《春秋异文小学》一卷、《春秋地名考》二卷、《春秋人名考》二卷、《周易集说》七卷、《周易条析》六卷、《周易卦字数臆》四卷、《周易异文》一卷、《毛诗说》五卷、《毛诗说蕴》上下四卷、《毛诗字义》五卷、《毛诗异文字义》一卷、《毛诗序说》一卷、《毛诗异闻》二卷、《尚书今文集注》六卷、《尚书序说》二卷、《周官集说》十二卷、《周官指掌》四卷、《仪礼丧服经传分释图表》二卷、《礼记集说》四十九卷、《考工记集说》一卷、《各经传记小学》十四卷、《传记不载说文解字》三卷。"（武进庄大久遗著之一《慕良杂纂》卷首）

按：《周易指掌》五卷二本，由武昌官书局刊入《正觉楼丛书》；《毛诗说》六卷六本、《诗蕴》二卷、《春秋小学》、《春秋异文小学》、《礼记集说》四十九卷八本、《各经传记小学》十四卷七本，由其玄孙庄俞于民国二十四年交商务印书馆影行。另《慕良杂纂》、《慕良杂著》，民国十九年由商务印书馆排印出版。

道光三年癸未（1823 年）　卒后三十五年

龚自珍撰《五经大义终始说》暨《答问》九篇，谓："礼据乱而作，故有据乱之祭，有治升平之际。"言《公羊》"三世"。

道光四年甲申（1824 年）　卒后三十六年

七月，越南贡使陈请为其国王母乞人参，"得旨赏给"，而谕中有"'外夷贡道'之语"，使臣请将"外夷"改为"外藩"，然"诏书难更易"，刘逢禄援用《周礼》，谓"藩远而夷近也"。史称其"据经决事，有先汉董相风"。

刘承宽《先府君行述》："本年七月，越南贡使陈请为其国王母乞人参，得旨赏给，而谕中有'外夷贡道'之语，其使臣欲请改为'外藩'。部中以诏书难更易而拒之，又恐失远人心。府君乃为牒复之，曰：'案《周官·大司马》职方氏，王畿之外分九服，夷服去王国七千里，藩服去王国九千里，是藩远而夷近也。又许氏《说文》

谓：羌狄蛮貊，字皆从物旁，惟夷从大从弓者，东方大人之国，夷俗仁，仁者寿，有东方不死之国，故孔子欲居之。且乾隆间奉上谕，申饬四库馆不得改书籍中夷字作彝、裔字，舜东夷之人，文王西夷之人，我朝六合一家，尽去汉、唐以来拘忌嫌疑之陋，使者无得以此为疑。'遂无辞而退。其据经决事，有先汉董相风，类此至多，惜平日无记载，苫块余生，又无从访质，挂一漏百，哀曷可言！"（刘逢禄：《刘礼部集》卷十一附，4～5叶）

李兆洛为刘逢禄刻《公羊释例》。

道光五年乙酉（1825年）　卒后三十七年

魏源应江苏布政使贺长龄之聘，辑《皇朝经世文编》，次年成，共一百二十卷。

道光六年丙戌（1826年）　卒后三十八年

刘逢禄分校礼闱，见邻房有浙江、湖南二卷，"经策奥博"，以为必龚自珍、魏源，亟劝力荐，不售，赋诗惜之。

刘逢禄《题浙江、湖南遗卷》："之江人文甲天下，如山明媚兼嶙峋。盎盎春溪比西子，浣花濯锦裁银云。神禹开山铸九鼎，罔两獗伏归洪钧。锋车昔走十一郡，奇祥异瑞罗缤纷。兹登新堂六十俊（自注：浙卷七百余，独分得六十卷），就中五丁神力尤轮囷。红霞喷薄作星火，元气蓊郁辉朝暾。骨惊心折且挥泪，练时良吉齐肃陈。经旬不寐探消息，那知铩翮投边尘。文字辽海沙虫耳，司中司命何欢嗔？更有无双国士长沙子，孕育汉魏真经神。尤精选理跞鲍谢，暗中剑气腾龙鳞。侍御披沙豁双眼，手持示我咨嗟频。（自注：湖南玖肆五策冠场，文更高妙，予决其为魏君源。）翩然双凤莫空碧，会见应运翔丹宸。萍踪絮影亦偶尔，且看明日走马填城闉。"（刘逢禄：《刘礼部集》卷十一，17～18叶）

刘承宽《先府君行述》："丙戌，分校礼闱，邻房有浙江、湖南二卷，经策奥博，曰：'此必仁和龚君自珍、邵阳魏君源也。'亟劝力荐，不售，于是有《伤湖南、浙江二遗卷》之诗。"（刘逢禄：《刘礼部集》卷十一附，8叶）

道光八年戊子（1828年）　卒后四十年

庄绶甲刻祖父存与《易说》，以示董士锡，士锡于十月十日撰《易说序》，见本年谱卷二。

龚自珍成《尚书序大义》一卷、《太誓答问》一卷、《尚书马氏家法》一卷。《太誓答问》含“论伏生原本二十九篇非二十八篇”、“论夏侯氏无增篇”、“论欧阳氏无增篇”、“论今文篇数具在”、“论近儒异序同篇之说非是”、“论近儒《书序》当一篇之说”、“论班氏不以《书序》当一篇”、“论《书序》古今文并有”、“论后得者非《太誓》”、“论《太誓》晚立，与伏生家法无涉”、“论《尚书大义》引此文之故”、“论孔壁中无《太誓》”、“论五十八篇之名”、“论近儒遁词”、“论太史今古文之学”、“总论汉代今文古文名实”、“论《太誓》逸文有二种”、“论东晋伪古文乘虚而入”等题。刘逢禄为《太誓答问》撰序。

刘宝楠、陈立、刘文淇相约为新经疏，刘宝楠任《论语》，陈立任《公羊》，刘文淇任《左传》。后刘宝楠撰《论语正义》二十四卷，以三国魏何晏《论语纂解》为主体，详录各家之说，并汇集清儒《论语》考释，全书未成而卒，由其子恭冕续成。陈立撰《公羊义疏》，搜集唐代以来阐释《公羊》旧说，并吸取清代孔广森、刘逢禄等成果进行疏解。刘文淇撰《春秋左氏传旧注疏证》，止于襄公五年，搜集东汉贾逵、服虔、郑玄旧说，广采先秦暨唐以前诸书，并吸取清儒研究成果进行疏证，于典章制度、服饰器物、姓氏地理、古历天算、鸟兽虫鱼均加注释，由文淇及子毓崧、孙寿曾三世陆续纂辑。此三书为清代学者总结前人对《论语》、《公羊》、《左传》注释成果之作。

道光九年己丑（1829年）　卒后四十一年

龚自珍会试中式，赐同进士出身，廷试对策祖王安石《上仁宗皇帝书》，朝考以知县用，自请仍归中书原版。

魏源应礼部试不第，捐资为内阁中书。《诗古微》初稿成，上、下两卷。

按：胡承珙《与魏默深书》云：“自丙戌奉书后，旷焉三载。……前承示大著《诗古微》一册”（《求是堂文集》卷三）。由丙戌再推三载为己丑，即道光九年。又，刘逢禄有《诗古微序》，谓魏源“于《诗》则表章《齐》、《鲁》、《韩》坠绪，以匡《传》、《笺》”（《刘礼部集》卷九）。刘逢禄卒于道光九年，是《诗古微》当写于道光九年以前，修古斋刻。后经增补，分为上、中、下三编，共二十卷，见“道光二十年”条。

魏源以孔广森、刘逢禄之治《公羊》，“止为何氏拾遗补缺”，撰《董子春秋发微》。

魏源《董子春秋发微序》：“《董子春秋发微》七卷，何为而作也？曰：所以发挥《公羊》之微言大谊，而补胡母生《条例》、何邵公《解诂》所未备也。《汉书·儒林传》言‘董生与胡母生同业治《春秋》’，而何氏《注》但依胡母生《条例》，于董生无一言及；近日曲阜孔氏、武进刘氏皆《公羊》专家，亦止为何氏拾遗补缺，而董生之书未之详焉。若谓董生疏通大诣，不列经文，不足颉颃何氏，则其书三科、九旨灿然大备，且弘通精淼，内圣而外王，蟠天而际地，远在胡母生、何邵公章句之上。盖彼犹泥文，此优柔而餍饫矣；彼专析例，此则曲畅而旁通矣。故抉经之心，执圣之权，冒天下之道者，莫如董生。今以本书为主，而以刘氏《释例》之通论大义近乎董氏附诸后，为《公羊春秋》别开阃域，以为后之君子亦将有乐于斯。”（《魏源集》，134～135页）

八月，刘逢禄卒，子承宽请宋翔凤撰诔文，翔凤赋《哭外兄刘申甫礼部二首》。

李兆洛有《礼部刘君传》，见《养一斋文集》卷十四，录入本年谱卷四。

宋翔凤《哭外兄刘申甫礼部二首》云：

“绝学群言寄此身，著书一室邈无邻。早衰记语同心友，将没谁为枕膝人。惜我未归秋病叶，哭居临去路荒榛。壁中科斗航头策，漠漠愁随万古尘。”

“久甘岩谷任蕴藏，每听容台议礼详。一岁长余同寂寞，千秋待子无沦亡。文迟诔德愁难理（哲嗣属余为诔文，尚未脱稿），世便需才事已荒。记失蒙庄偕雪涕，独缄遗恨过江乡（去腊庄卿山外兄殁于常州，正月抵京，与君同闻此耗）。”（《洞箫楼诗记》卷十三，8叶，《浮溪精舍丛书》本）

道光十年庚寅（1830年）　卒后四十二年

阮元在粤建学海堂，旋编《皇清经解》，庄、刘撰著，多所采辑。

阮元《庄方耕宗伯经说序》："元于庚寅岁建学海堂讲舍于粤东，思欲蒐采皇朝说经之书，选其精当，胪其美富，集为大成，为后学津逮。兹刘君从其外兄庄绶甲录寄宗伯公遗书凡□卷。元受而读之。"（庄存与：《味经斋遗书》卷首，1～2叶）

按：《皇清经解》，阮元主编，搜集清初至乾、嘉年间七十五家、一百八十三种著作，录庄存与《春秋正辞》，刘逢禄《公羊何氏释例》、《公羊何氏解诂笺》、《发墨守评》、《穀梁废疾申何》、《左氏春秋考证》、《箴膏肓评》、《论语述何》，宋翔凤《四书释地辨证》。

道光十一年辛卯（1831年）　卒后四十三年

方东树刊行《汉学商兑》、《书林扬觯》。《汉学商兑》为方东树于道光四年在阮元幕时始撰，道光六年撰《汉学商兑序例》，宣扬程、朱理学，谓："余生平读书，惟于朱子之言为独契，觉其与孔、孟无二，故见人著书凡与朱子抵触者，辄恚恨，以为人性何以若是其弊也。"《书林扬觯》一卷，中亦排诋汉学，推尊程、朱。

道光十二年壬辰（1832年）　卒后四十四年

章学诚《文史通义》、《校雠通义》刊行。

陈立在扬州，自序《白虎通疏证》。

道光十三年癸巳（1833年）　卒后四十五年

龚自珍成《左氏春秋服杜补义》一卷、《左氏决疣》一卷，又《六经正名说》、《古史钩沉论》成。

道光十四年甲午（1834年）　卒后四十六年

陈寿祺卒。陈辑有《尚书大传定本》。所撰《今文尚书经说考》、《鲁齐韩三诗遗说考》，均未终稿，由其子乔枞续成。另有《五经异义疏证》、《左海经解》等。

道光十七年丁酉（1837年）　卒后四十九年

三月，李兆洛撰《珍艺宧遗书序》，以常州庄氏之学"养恬先生启之"。

李兆洛《珍艺宧遗书序》："兆洛自交若士、申受两君，获知庄氏之学。庄氏学者，少宗伯养恬先生启之，犹子大令葆琛先生赓之者也。……宗伯诸书，文孙卿珊已刻之，未竟而殁；大令之书……今幼子郊农尽已付梓……为庄氏学者于此可以得其大凡矣。……若士、申受所著《公羊》，多本宗伯。……道光十有七年春三月，李兆洛序。"（《珍艺宧遗书》本，若士，丁履恒）

戴望生，后从宋翔凤学，有《论语注》，"用《公羊》家法，演刘逢禄《论语述何》之微言"。

戴望，字子高，初"好为辞章"，继好颜元之学，认为"颜、李之学，周公、孔子之道也"（《清史列传》卷六九，《戴望传》）。后至苏州，谒见陈奂，"通知声音训诂经师家法。复从宋先生翔凤授《公羊春秋》，遂研精覃思，专志治经"（《戴君墓表》，见《谪麐同堂遗集》卷四，宣统三年归安陆氏依会稽赵氏刻本）。

著有《论语注》二十卷、证文四卷，辑《颜氏学记》十卷、《管子校正》二十四卷。又为《古文尚书述》，"属稿未半"而殁，后人辑有《谪麐堂遗集》。

戴望自称，治汉儒经说，系在丁巳（1857 年）以后，谓："丁巳，得从陈方正、宋大令二先生游，始治西汉儒说，由是以窥圣人之微言，七十子之大义。"（戴望：《颜氏学记序》）陈方正，陈奂；宋大令，宋翔凤。陈奂治《春秋》，谓："学《春秋》者从《公羊》以知例，治《穀梁》以明礼，《穀梁》文句极简，必得治礼十数年，而后可发明其要义也。"（戴望：《清故孝廉方正陈先生行状》，见《谪麐堂遗集》，17～20 叶）戴望"初溺《左氏》，自谒吴宋先生，诏以先生（按指刘逢禄）遗书，狃于习俗，未能信也。其后宋先生没，望避难穷山中，徐徐取读之，一旦发寤，与先生及宋先生书若有神悟，逌然于吾生之晚，不获侍先生也"（戴望：《故礼部仪制司主事刘先生行状》，见《谪麐堂遗集》，30 叶）。由宋翔凤而闻常州今文之学，对刘、宋甚为钦佩，并受其影响，撰《论语注》。

初，刘逢禄撰《论语述何》，以《论语》"总六经之大义，阐《春秋》之微言"，"追述何氏《解诂》之义，参以董子之说，拾遗补阙，冀以存其大凡，孔、郑诸家区盖不言"（刘逢禄：《论语述何》）。宋翔凤亦撰《论语说义》十卷，为《论语发微》之初稿。《序》曰："《论语说》曰：

子夏六十四人，共撰仲尼微言，以当素王。微言者，性与天道之言也。此二十篇，寻其条理，求其恉趣，而太平之治、素王之业备焉。自汉以来，诸家之说，时合时离，不能画一，常综核古今，有纂言之作，其文繁多，因别录私说，题为《说义》。”（宋翔凤：《论语说义》，见《皇清经解续编》）

言“微言”，言“素王”，言“太平之治”，戴望本宋翔凤之旨而注《论语》，《序》曰：“汉兴，传之者有齐、古、鲁三家，文字各异，而《古论》分《尧典》、《子张问》，以下为《从政篇》，《齐论》更多《问王》、《知道》两篇，而河间《论语》有三十篇，其增益不可考。安昌侯张禹，合齐、鲁两家为之章句，名《张侯论》，篇章与《鲁论》同，无《问王》、《知道》两篇，《齐论》盖与《公羊》家言相近。是二篇者，当言素王之事，改周受命之制，与《春秋》相表里，而为禹所去，不可得见，悕已！后汉何邵公、郑康成皆为此经作注，而康成遗说，今犹存佚相半。邵公为《公羊》大师，其本当依《齐论》，必多七十子相传大义，而孤文碎句，百不遗一，良可痛也。……自后圣绪就湮，乡壁虚造之说，不可殚究，遂使经义晦蚀，沦于异端，斯诚儒家之大耻也。望尝发愤于此，幸生旧学昌明之后，不为野言所夺，乃遂博稽众家，深善刘礼部《述何》及宋先生《发微》，以为欲求素王之业、太平之治，非宣究其说不可。顾其书皆约举，大都不列章句，辄复因其义据，推广未备，依篇立注，为二十卷，皆檃括《春秋》及五经义例，庶几先齐汉学所遗，邵公所传，世有明达君子，乐道尧、舜之道者，尚冀发其指趣，是正违失，以俟将来。如有睹为非常异义可怪之论，缘是罪我，则固无讥焉尔。”（戴望：《论语注序》）

道光十八年戊戌（1838年）　卒后五十年

龚自珍成《春秋决事比》六卷，申刘逢禄之谊。

序曰：“自珍既治《春秋》，鳃理罅隙，凡书弑、书篡、书叛、书专命、书僭、书灭人国火攻诈战、书伐人丧短丧丧娶丧图婚、书忘雠、书游观伤财、书罕、书亟、书变始之类，文直义简，不俟推求而明，不深论。乃独好刺取其微者，稍稍迂回赘词说者，大迂回者。

凡建五始，张三世，存三统，异内外，当兴王，及别月日时，区名字氏，纯用公羊氏，求事实，间采左氏，求杂论断，间采穀梁氏，不采汉师，总得一百二十事。独喜效董氏例，张后世事以设问之，以为后世之事，出《春秋》外万万、《春秋》不得而尽知之也；《春秋》所已具，则直如是。后世决狱大师，有能神而明之，闻一知十也者，吾不得而尽知之也，然吾所能比，则有如是。”

道光十九年己亥（1839 年）　卒后五十一年

龚自珍以礼部主事弃官出都，过扬州，见阮元、魏源；至江阴，见李兆洛。有《己亥杂诗》三百十六首。

道光二十年庚子（1840 年）　卒后五十二年

鸦片战争爆发。

魏源《诗古微》全书成，三编二十卷。卷首一卷，考齐、鲁、韩、毛各诗师传家法。上编六卷，分齐、鲁、韩、毛各家异同，以及郑、卫、邶、齐、魏、唐、秦、陈、曹、豳各风诗序集义。中编十卷，通论二南、魏、郑、齐、秦等各风义例，大、小雅等诗古义。下编三卷，演诗外传并辑古序。

道光二十一年辛丑（1841 年）　卒后五十三年

魏源一度入署两江总督裕谦幕，旋即告归，于京口晤林则徐。林将其在粤所译《四洲志》、《澳门月报》以及粤东奏稿等示之，嘱撰《海国图志》。

龚自珍卒。李兆洛卒。

道光二十二年壬寅（1842 年）　卒后五十四年

魏源《圣武记》、《海国图志》先后告成。

道光二十五年乙巳（1845 年）　卒后五十七年

宋翔凤赋《题周素夫（世锦）纪游图册三十首》，第二十一首伤故旧凋残：首句“南兰陵多老尊宿”，注文中“毗陵”、“南兰陵”，指常州。诗云：

南兰陵多老尊宿，人病山阿存著录。（原注：张皋闻先生最先没，后则先舅氏迂甫、葆琛两先生及洪稚存、孙渊如、赵味辛诸先生相继下世。）后来交旧亦凋残（原注：庄传永早没，其后如洪孟慈、刘申甫、李申耆、陆祁孙、庄卿山、陆劭闻、丁若士、管孝逸并殂谢），偶作相逢犹落落。……学书学剑都无用，不及田闲自课耕。（毗陵菊酹）（《洞箫楼诗纪》卷二十，16～17叶）

道光三十年庚戌（1850年）　卒后六十二年

皮锡瑞生。

洪秀全在广西桂林金田村起事（道光三十年十二月初十日，为1851年1月11日）。

咸丰二年壬子（1852年）　卒后六十四年

廖平生。崔適生。

咸丰五年乙卯（1855年）　卒后六十七年

魏源成《书古微》，十二卷。是书探讨西汉今文经学家解释《尚书》之旧文，以为不仅东晋出现之《古文尚书》、《尚书孔传》为伪造，即东汉马融、郑玄《古文尚书》亦非孔安国真本。惟其专析西汉、东汉异同，而于今古文无关者不加探讨，亦不尽守欧阳、大小夏侯家法。

序曰："《书古微》何为而作也？所以发明西汉《尚书》今古文之微言大谊，而辟东汉马、郑古文之凿空无师传也。"

咸丰七年丁巳（1857年）　卒后六十九年

魏源卒于杭州。

咸丰八年戊午（1858年）　卒后七十年

二月初五日，康有为生于广东南海西樵山北之银塘乡（苏村）。

康有为，又名祖诒，字广厦，号长素。戊戌政变后，易名更生；张勋复辟覆败，又号更甡。晚号天游化人。"十三世为士，青箱代有编。"（康有为：《编先世诵芬集恭纪》）光绪四年，应乡试未售，从朱次琦（九江）学。攻读《周礼》、《仪礼》、《尔雅》、《说文》、《水经注》诸书，以及《楚辞》、《汉书》、《文选》诸文，"大肆力于群书"。旋"以日埋古纸堆中，汩其灵明，渐厌之，日有新思，思考据家著书满家，究复何用？因弃之而私心好求安心立命之所"。乃"闭户谢友朋，静坐养心"。"静坐时每见天地万物皆成一体，大放光明，自以为圣人则欣然而笑，忽思苍生困苦则闷然而哭"（《康南海自编年谱》"光绪四年戊寅，二十一岁"）。

国家危亡，现实刺激，对传统儒学产生怀疑。次年，与张鼎华（延秋）晤，“得博中原文献之传”。入西樵山，居白云洞，“偶有遁逃思学佛，忧患百经未闻道”（《康南海诗集·澹如楼读书》）。光绪十年，大攻西学书，声、光、化、电、重学及各国史记、诸人游记皆涉焉（《康南海自编年谱》“光绪九年，二十六岁”）。光绪十二年，“又著《教学通议》成，好《周礼》，攻何休”。《教学通议》以为周公“言教通治”，“言古切今”，“有德有位”，“纲维天下”，“周公兼三王而施事，监二代以为文”，“制作典章”，“因时更化”，于是“大周之通礼会典一颁，天下奉行”（《教学通议·从今》）。《周礼》系古文经典，周公为古文经学家所崇奉，是康有为早年讲《周礼》官守，崇周公权威也。

光绪十四年，康有为入京应试，《上清帝第一书》，提“变成法”、“通下情”、“慎左右”，然而大臣阻止，格不上达，徐桐且“以狂生见斥”（见《与徐荫轩尚书书》。后康有为亲笔注语，见拙编《康有为政论集》，51 页，北京，中华书局，1981）。“虎豹狰狞守九关，帝阍沉沉叫不得”，“周公”难达，“周礼”何恃！次年返粤，与廖平相晤，于是“明今学之正”，撰《新学伪经考》以斥古学，撰《孔子改制考》以言改制矣。见“光绪十七年”条。

咸丰十年庚申（1860 年）　卒后七十二年

宋翔凤卒，年八十有二。

同治二年癸亥（1863 年）　卒后七十五年

谭献《复堂日记》谓：刘逢禄《书序述闻》源于庄存与，《夏时等列》与庄述祖“小有同异”，曰：

> 阅刘申受《书序述闻》，说《尚书》精深，源于宗伯公，吾故谓庄氏家学精于惠、大于王矣。
>
> 阅刘申受《夏时等列》，于庄氏学小有同异。（《复堂日记》卷一，3～4 叶）

查“精于惠”，指吴县惠周惕、惠士奇、惠栋祖孙；“大于王”，指高邮王念孙、王引之父子。

同治十二年癸酉（1873 年）　卒后八十五年

戴望卒。

光绪元年乙亥（1875年）　卒后八十七年

赵之谦刻戴望《谪麐堂遗集》成。

赵之谦《谪麐堂遗集叙目》："此文及诗，大凡二百三十八篇，亡友德清戴君子高遗集也。君于学治《公羊春秋》，堂曰'谪麐'，所自名也，今以名其集。君著书有《论语注》、《管子校正》、《颜氏学记》，既得潘伯寅侍郎、李仲约学士、朱修伯太常及孙澂之、胡练溪诸君先后为之刊行。刊《论语注》成。岁在辛未，余方入都，居同岁生胡甘伯寓屋，同里沈容之亦主其家。……编《遗集》成，刻于江西，吴筠轩观察、缪芷汀都转、王松谿大令闻之，咸助之资，皆知君学行。未见君者并书之。光绪元年太岁在乙亥冬十有二月，会稽赵之谦。"（《谪麐堂遗集》卷首）

光绪六年庚辰（1880年）　卒后九十二年

康有为撰《何氏纠缪》，批判何休，"既而自悟其非，焚去"。

光绪九年癸未（1883年）　卒后九十五年

廖平经学一变始此。自言"初以《王制》、《周礼》同治中国，分周、孔同异，袭用东汉法也"。此期凡五年，以《今古学考》为纲要。

光绪十一年乙酉（1885年）　卒后九十七年

康有为从事算学，以几何撰《人类公理》。

光绪十二年丙戌（1886年）　卒后九十八年

廖平《今古学考》刊成。

廖平《今古学考》谓："《左传》出于今学方盛之时，故虽有简编，无人诵习，仅存秘府而已。至于哀、平之间，今学已盛而将微，古学方兴而未艾，刘子骏（歆）目为此编，遂据以为今学之敌，倡言求立，至于东汉，遂古盛而今微，此风气盛衰迭变之所由也。"（《今古学考》卷下，21叶）又曰："刘子骏移太常书，只云臧生等与同，不云其书先见。班书又云，歆校书见《左传》而好之，是歆未校书以前不见《左传》也。"（《今古学考》卷下，35叶）并诋郑玄"混合今古"为"违古"（《今古学考》卷下，30叶）。《今古学考》成于本年，早于《新学伪经考》五年。（廖平《经说》甲篇卷二谓"丁亥，作《古学考》”，而《古学考序》则云《今古学考》刊于丙戌。按萧藩为《今古学考》作跋在光绪十二年丙戌十月一日，则本年《今古学考》已撰成。）

光绪十三年丁亥（1887年）　卒后九十九年

皮锡瑞始为《尚书大传笺》。后改名为《尚书大传疏证》，于光绪三十三年刊于南昌，七卷。

皮锡瑞《尚书大传笺》自序：“殚精数年，易稿三次，既竭驽钝，粗得端倪。原注张郑（玄），必析异同。辑本据陈（寿祺），间加厘定。所载名物，亦详引征。以扶翼孔门之微言，具伏学之梗概。”

光绪十四年戊子（1888年）　卒后一〇〇年

康有为第一次向光绪皇帝上书，请求改良政治，挽救国家危亡。

廖平分《今古学考》为《知圣篇》、《辟刘篇》。

廖平自称：戊子、戊戌间，尊今而抑古，谓：“当时分教尊经，与同学二三百人朝夕研究，析群言而定一尊，于是考究古文家渊源，则皆出许、郑以后之伪撰，所有古文家师说，则全出刘歆以后据《周礼》、《左氏》之推衍。又考西汉以前，言经学者，皆主孔子，并无周公。六艺皆为新经，并非旧史。于是以尊今者作为《知圣篇》，辟古者作为《辟刘篇》。”（廖平：《经学四变记》，己卯秋四川存古学堂刊本，3叶）

《皇清经解续编》成，亦称《南菁书院经解》，王先谦沿用《皇清经解》体例搜集刊行，共一百十一家，二百零九种，一千四百三十卷。其中与常州今文学有关撰著有庄存与《卦气解》、《周官记》、《周官说》、《周官说补》，庄述祖《毛诗考证》、《周颂口义》、《五经小学述》，刘逢禄《书序述闻》、《尚书今古文集解》，宋翔凤《周易考异》、《尚书略说》、《尚书谱》、《大学古义说》、《论语说义》、《庄子赵注补正》、《小尔雅训纂》、《过庭录》，凌曙《公羊礼疏》、《公羊问答》、《春秋繁露注》，龚自珍《太誓答问》、《春秋决事比》，陈立《公羊义疏》、《白虎通疏证》，邵懿辰《礼经通议》，魏源《诗古微》、《书古微》，刘恭冕《何休训论语述》等。

光绪十六年庚寅（1890 年）　卒后一〇二年

康有为在广州晤见廖平，受其启发。

光绪十七年辛卯（1891 年）　卒后一〇三年

康有为始开讲堂于广州长兴里，手制学规，撰述《学记》，标明“勉强为学，务在逆乎常纬”。七月，《新学伪经考》刊行（光绪十七年秋八月广州万木草堂刊本）。自称：“得魏氏源《诗古微》、刘氏逢禄《左氏春秋考证》”，“乃大悟刘歆之作伪”。

康有为《新学伪经考》曰：“余读《史记·河间献王》、《鲁共王世家》，怪其绝无献王得书、共王坏壁事，与《汉书》绝殊。窃骇此关六艺大典，若诚有之，史公何得不叙之。及读《儒林传》，又无《毛诗》、《周官》、《左传》，乃始大疑。又得魏氏源《诗古微》、刘氏逢禄《左氏春秋考证》，反覆证勘，乃大悟刘歆之作伪。”（《汉书河间献王鲁共王传辨伪》）

刘申受《左氏春秋考证》，知《左氏》之伪，攻辨甚明。……然申受《左氏春秋考证》，谓“《楚屈瑕篇》年月无考”，固知《左氏》体例与《国语》相似，不必比附《春秋》年月也，是明指《左传》与《国语》相似矣。……又观各条，刘申受虽未悟《左传》之摭于《国语》，亦知由他书所采附，亦几几知为《国语》矣。（《汉书艺文志辨伪》上）

同年，康有为《与朱蓉生书》有云：“孔子作六经，为后世之统宗。今学博士，自战国立，至后汉，凡五百年而亡。刘歆作伪，行于魏、晋，盛于六朝、隋、唐、宋初，凡五百年而息。朱子发明义理解经，行于元、明及本朝，亦五百年而微。国朝阎、毛、惠、戴之徒，极力主张汉学，能推出贾、马、许、郑以攻朱子，实仅复刘歆之旧，所谓物极则变也。然乾、嘉之世，汉学大行，未有及今学。诸老学问虽博，间辑三家《诗》及欧阳、大小夏侯遗说，亦与《易》之言荀、虞者等，所以示博，非知流别也。至乾、嘉间，孔巽轩乃始为《公羊通义》，然未为知《公羊》也，近日钟文烝为《穀梁补注》，然未为知《穀梁》也。直至道、咸，刘申受、陈卓人乃能以《繁露》、《白虎通》解《公羊》，始知学。则今学自灭废绝二千年，至数十年间乃始萌芽，所谓穷则返本也。条理既渐出，亦必有人恢张今学而大明之，以复孔子后学之绪。而因以明孔子之道者，亦所谓惟此时为然也。”（抄稿，上海市文物保管委员会藏）

查康有为援用今文经学，实受廖平启示。溯自甲申中法战后，有为鉴于“马江败后，国势日蹙”，爰于戊子入京应试，上书变法，大臣阻止，格不上达。次年秋，离京返粤；本年春，移居广州安徽会馆。晤见廖平，受其启示，盖廖平尝注目今、古文，有《知圣篇》、《辟刘篇》之作也。于是张“三世”、“三统”，治《礼运》“大同”，援今文经说以议政矣。故其长兴讲学时，即谓“凡六艺之学，皆以致用也”（《长兴学记》，光绪十七年夏四月，万木草堂刊本）。曰：“孔子经世之义在《春秋》，《春秋》改制之义著于《公》、《穀》。”（《长兴学记》）且赋诗：“圣经已为刘秀篡，政家并受李斯殃。”（康有为：《门人陈千秋、曹泰、梁启超、韩文举、徐勤、梁朝杰、陈和泽、林奎、王觉任、麦孟华初来草堂问学，示诸子》，见拙编《康有为政论集》，87页）

《新学伪经考》之内容，梁启超作如下概括：“一、西汉经学，并无所谓古文者，凡古文皆刘歆伪作；二、秦焚书，并未厄及六经，汉十四博士所传，皆孔子足本，并无残缺；三、孔子时所用字，非秦、汉间篆书，即以‘文’论，亦绝无今古之目；四、刘歆欲弥缝其作伪之迹，故校中秘书时，于一切古书多所羼乱；五、刘歆所以作伪之故，因欲佐莽篡汉，先谋湮乱孔子之微言大义。”简言之，康有为以为东汉以来经学，多出刘歆伪造，“始作伪，乱圣制者，自刘歆；布行伪经，篡孔统者，成于郑玄”；刘歆“饰经佐篡，身为新臣”，系新莽一朝之学，与孔子无涉，故称“新学”。“凡后世所指目为‘汉学’者，皆贾（逵）、马（融）、许（慎）、郑（玄）之学，乃新学，非汉学也；即宋人所尊述之经，乃多伪经，非孔子之经也。”（康有为：《新学伪经考·序目》）

查王莽篡汉，今文学者有对其统治不满而“避去”者，如传小夏侯《尚书》之王良，“王莽时，称病不仕”（《后汉书·王良传》）。传孟氏

《易》之洼丹，传欧阳《尚书》之牟长，传《鲁诗》之高诩，传《鲁诗》、《论语》之包咸，先后“避去”。然亦有世传《古文尚书》、《毛诗》之孔建，不阿谀“新室”。桓谭亦于“天下之士莫不竞褒称德美，作符命以求容媚”之时，“独自守，默然无言”（《后汉书·桓谭传》）。王莽虽推古文，而古文经学家亦未尽甘心服从其统治也。且古文经传亦非尽刘歆伪造，以康有为所攻《左传》、《周礼》而言，康谓：“《莽传》所谓‘发得《周礼》以明因监’，故与莽所更法立制略同，盖刘歆所伪撰也，歆欲附成莽业而为此书。其伪群经，乃以证《周官》者。”然王莽之封地四等，不同于《周礼》而与《王制》相仿，不与王莽“更法立制”尽同。况《周礼》一书，《大戴礼记》以至司马迁、匡衡均曾引用，亦非刘歆所“伪造”。近人言之多矣。至若《左传》虽出书较晚，古代缺明确记载，体裁既与《国语》异，文字风格亦非汉人文体也。

《新学伪经考》考辨之武断，即梁启超亦云：“《伪经考》之著……乃至谓《史记》、《楚辞》经刘歆羼入者数十条，出土之钟鼎彝器，皆刘歆私铸埋藏以欺后世，此实为事理之万不可通者，而有为必力持之。实则其主张之要点，并不必借重于此等枝词强辨而始成立，而有为以好博好异之故，往往不惜抹杀证据或曲解证据，以犯科学家之大忌，此其所短也。”（梁启超：《清代学术概论》）

盖《新学伪经考》固非“考辨专著”，而实反击“恪守古训”，冲击封建势力，推行改制变法之理论著作也。康有为1917年重刊《伪经考》时，加有题词：“光绪辛卯，初刊于广州，各省五缩印。甲午，奉旨毁板；戊戌、庚子，两次奉旨毁板。丁巳冬重刊于京城，戊午秋七月成。”三遭毁板，知其为当局所深忌，而屡毁屡印，犹见其影响之广云。

光绪十八年壬辰（1892年）　卒后一〇四年

康有为移讲堂于卫边街邝氏祠，学者渐众，用孔子生二千四百四十三年纪年。

光绪二十年甲午（1894年）　卒后一〇六年

中日战争爆发。

廖平撰《古学考》。

光绪二十一年乙未（1895年）　卒后一〇七年

康有为联合各省应试举人一千三百余人联名上书，请求拒和、迁都、练兵、变法，即“公车上书”。

皮锡瑞《孝经郑氏疏》、《尚书古文考实》刊行。

光绪二十二年丙申（1896 年）　卒后一〇八年

章太炎以《新学伪经考》“恣肆”，曾拟驳议数十事，未就。撰《春秋左传读》、《驳箴膏肓评》。

> 《瑞安孙先生哀辞》云：“会南海康有为作《新学伪经考》，诋古文为刘歆伪书。炳麟素治《左氏春秋》，闻先生治《周官》，皆刘氏学，驳《伪经考》数十事，未就，请于先生。先生曰：‘是当诪世三数年，荀卿有言，狂生者不胥时而落，安用辨难其以自熏劳也。’”（《太炎文录》卷二）

章氏于本年元月初一日，致书谭献，并附寄《春秋左传读》，驳难刘逢禄。朱希祖《记本师章公自述治学之功夫及志向》记：“既治《春秋左氏传》，为《叙录》驳常州刘氏。书成，呈曲园先生，先生摇首曰：‘虽新奇，未免穿凿，后必悔之。’”（《制言》第二十五期）查《春秋左传读》五卷，《章氏丛书初编》仅收《叙录》。《叙录》云：“《春秋左传读》者，章炳麟著也。初名《杂记》。以所见辄录，不随经文编次，效臧氏《经义杂记》而为之也。后更曰《读》。取发疑、正读为义也。盖籀书为读、细其大义曰读。”“细微言，细大义，故谓《春秋左传读》云。懿《左氏》、《公羊》之衅，起于邵公，其作《膏肓》，犹以发露短长为趣。及刘逢禄本《左氏》不传《春秋》之说，谓条例皆子骏所窜入，授受皆子骏所构造，《左氏春秋考证》及《箴膏肓评》自申其说。彼其摘发同异，盗憎主人，诸所驳难，散在《读》中。”《驳箴膏肓评》、《砭后证》同为“驳难”刘逢禄而作。先是，东汉今文经学家何休，作《春秋公羊解诂》，与其师博士羊弼追述李育意，以难二传，作《公羊墨守》、《左氏膏肓》、《穀梁废疾》。时“郑玄乃作《发墨守》、《箴膏肓》、《起废疾》”。刘逢禄又作《箴膏肓评》，推演何休今文说。章太炎《驳箴膏肓评》，即“驳难”刘逢禄以申郑玄说也。《砭后证》未见。《驳箴膏肓评》，稿本，封面刻“刘子骏私淑弟子”印章。

《驳箴膏肓评》稿多涂改，未曾完卷，章氏识有跋云："尝作《左传读》，征引曾子申以来，至于贾、服旧注，任重道远，粗有就绪，犹未成书。乃因刘氏三书，驳《箴膏肓评》以申郑说，砭《左氏春秋考证》以明传意，《砭后证》以明称传之有据、授受之不妄。三书既成，喟然有感于《毛诗古训传》自宋及明，士以为惟知言语，不通义理，几几乎高子之流矣。至陈长发先生卓见独识，深明三家《诗》不及毛公远甚，自尔以来，不敢有诋《毛传》者。今《左氏》之见诬久矣，非有解结释纷之作，其诬伊于何底！亦欲追踪法尘，从君子后以存绝笔云尔。"

光绪二十三年丁酉（1897 年）　卒后一〇九年

皮锡瑞《今文尚书考证》刊行，凡三十卷，服膺伏生，宗今文说。

康有为《春秋董氏学》由上海大同译书局印布。

按：《春秋董氏学》中有以《公羊》"三世"与《礼运》"大同"、"小康"相糅合迹象，谓："'三世'为孔子非常大义，托之《春秋》以明之。所传闻世为据乱，所闻世托升平，所见世托太平。乱世者，文教未明也；升平者，渐有文教，小康也；太平者，大同之世，远近大小如一，文教全备也。"

康有为撰《礼运注》。

《礼运注序》曰："吾中国二千年来，凡汉、唐、宋、明，不别其治乱兴衰，总总皆小康之世也。凡中国二千年儒先所言，自荀卿、刘歆、朱子之说，所言不别其真伪精粗美恶，总总皆小康之道也。"

光绪二十四年戊戌（1898 年）　卒后一一〇年

春，康有为《孔子改制考》由上海大同译书局出版。新旧斗争激烈，以湖南为甚。

康有为《新学伪经考》出书，给事中余联沅即劾以"惑世诬民，非圣非法，同于少正卯，圣世不容，请焚《新学伪经考》，而禁粤人于学"。康有为复于本年春刊布《孔子改制考》。

《孔子改制考》或曰刊于光绪二十三年丁酉，实误。查《孔子改制考》由上海大同译书局始刊，木活字印行。《大同译书局新出各书》广告，亦于光绪二十四年戊戌六月三十日起于《申报》登出，自非丁酉出书。又，大同译书局本有《孔子改制考序》，署"《孔子改制考》成书，去孔子之生二千四百四十九年也，光绪二十四年正月元日"。知《孔子改制考》应于丁酉付梓，而刊出则为戊戌。

"孔子改制"者，谓孔子以前历史，系孔子为救世改制而假托之作，均茫昧无稽。"六经以前，无复书记，夏、殷无征，周籍已去。共和以前，不可年识，秦汉以后，乃得详记"（《孔子改制考》，1页，北京，中华书局，1958，下同）。"由于书缺籍去，混混茫茫"，周、秦诸子百家争鸣，创立教义，托为古代已有之制，如墨子托夏禹，"以尚俭之故"（67页）；老子托黄帝，"以申其'在宥'、'无为'之宗旨"（68页）；韩非"以法为法，故附会古圣"（82页）；孔子创立儒教，言尧、舜、禹、汤、文、武政教礼法，编六经以为"托古改制"之根据。诸子争教，儒、墨"显学"，自战国历秦至汉，"天下咸归依孔子"，盖孔子所创之儒教，教义最完善，制度最齐备，徒众最众多，故汉武时取得一统之地位，孔子亦成为"万世教主"（165页）。

孔子"托古"，基于改制；孔子"改制"，依赖"托古"。盖"荣古而虐今，贱近而贵远"，"人之常情"，"非托之古，无以说人"（48页）。尧、舜、禹、汤、文、武"盛世"，非古代实有，而属"托之以言其盛"。孔子身处"乱世"，向往"太平盛世"，亦基于"改制"、"救世"而"托古编造"云尔。

康有为以为孔子创立"三统"、"三世"诸义，居"乱世"而向往"太平"。若是，社会历史固非不变，而系"因革损益"。谓"尧、舜为民主，为太平世，为人道之主，儒者举以为极者也。……孔子拨乱升平，托文王以行君主之仁政，尤注意太平，托尧、舜，以行民主之太平"（284页）。"《春秋》始于文王，终于尧、舜，盖拨乱之治为文王，太平之治为尧、舜，孔子之圣意，改制之大义，《公羊》所传之第一义也"（285页）。以《春秋》为"乱世"，尧、舜为民主，为太平，然尧、舜为孔子理想之境界，孔子处"乱世"，欲致"升平"，实为"拨乱救民"、"行权救患"，孔子固非述而不作，而系作六经以言改制耳。经书经孔子手定，亦含有改制之微言大义。尊奉儒经，因儒经经孔子"手定"；尊奉孔子，缘孔子创立儒教，托古改制。于是尊孔子为教主，以孔教名义宣扬变法维新。

康有为以《新学伪经考》抵击旧制，以《孔子改制考》宣扬变法，其弟子梁启超亦力为宣传。丁酉十月，梁启超应湖南时务学堂之聘，任中文总教习，拟《湖南时务学堂学约》十章，曰立志、养心、治身、读书、穷理、学文、乐群、摄生、经世、传教（《时务报》第四十九册，光绪二十三年十二月初一日出版）。"教学生先读《孟子》、《公羊》，论明圣经中之公理公法，然后取古今中西之政治法律以比较而进退之，求其切实可行"（《答张次宗问时务学堂事》，见《湘报》第四十四号，光绪二十四年闰三月初六日出版）。撰《春秋界说》，倡

“孔子范围万世之精意”。作《孟子界说》，明孟子“所传为大同之义”。援康有为改制、民权之说而益推扬，乘风扬波，振聋发聩，致为湘省官绅王先谦、叶德辉辈所忌。王先谦《覆洪教谕书》：“康有为民权、平等之说，断不可行。……即梁启超在时务学堂阐扬师说，贼我湘人，曾经绅士具呈抚院，请即整顿。”（苏舆：《翼教丛编》卷六）称为“离经叛道，惑世诬民”之“诐士”（叶德辉：《长兴学记驳义》，见《翼教丛编》卷四）。叶德辉且撰《读西学书法书后》、《正界篇》（见《翼教丛编》卷四）以驳之，新旧斗争，于湘为烈，“翼教”、“护圣”，亦缘康、梁揭橥《公羊》，宣扬改制。维新守旧，与今文经学固有关连也。叶德辉《答友人书》即云：“刘申受之于《公羊》，初亦自成宗派，只以门户太过，斥班伪《左》，祸成于墨守，害切于坑灰，覆瓿不足以蔽辜，操戈奚足以泄愤，此药中之乌附、食品之醯醢，非止如古人所讥卖饼家也。”（《翼教丛编》卷六）《与段伯猷茂子书》复云：“《公羊》家以《论语》证《春秋》，始于何休之传注，近儒如刘申受、宋于庭、戴子高竭力开通，几于《论语》、《春秋》可以存一废一”（《翼教丛编》卷六）。且斥康、梁为“秉禽兽之心”、“真士类之文妖”，欲“脔割寸磔，处以极刑”（《正界篇》下，见《翼教丛编》卷四）云。

政变起，苏舆辑《翼教丛编》，“专以明教正学为义”。

《翼教丛编序》曰：“邪说横溢，人心浮动，其祸实肇于南海康有为。……其言以康之《新学伪经考》、《孔子改制考》为主，而平等、民权、孔子改制诸谬说辅之，伪六籍灭圣经也，托改制乱成宪也，倡平等堕纲常也，伸民权无君上也，孔子纪年欲人不知有本朝焉。”

光绪二十五年己亥（1899年）　卒后一一一年

皮锡瑞《尚书中侯疏证》刊行，一卷；又刊《郑志疏证》、《圣证论补评》、《六艺论疏证》、《鲁礼禘祫义疏证》、《驳五经异义疏证》、《发墨守、箴膏肓、释废疾疏证》。

章太炎《訄书》初刻本付梓。

光绪二十七年辛丑（1901年）　卒后一一三年

康有为成《中庸注》、《春秋笔削微言大义考》暨《孟子微》。

光绪二十八年壬寅（1902年）　卒后一一四年

章太炎对“初著《訄书》，意多不称。自日本归，里居多暇，复为删革传于世”。较初刻本有增删，所增《清儒》尝言常州今文之学。

章太炎《訄书·清儒》：“今文者，《春秋》公羊、《诗》齐、《尚书》伏生，而排斥《周官》、《左氏春秋》、《毛诗》，马、郑《尚书》。然皆以公羊为宗。始，武进庄存与与戴震同时，独熹治公羊氏，作《春秋正辞》，犹称说《周官》。其徒阳湖刘逢禄，始专注董生、李育，为《公羊释例》，属辞比事，类列彰较，亦不欲苟为恢诡。然其辞义温厚，能使览者说绎。及长洲宋翔凤，最善傅会，牵引饰说，或采翼奉诸家，而杂以谶纬神秘之辞。翔凤尝语人曰：‘《说文》始一终亥，即古之《归藏》也。’其义瑰玮，而文特华妙，与治朴学者异术，故文士尤利之。道光末，邵阳魏源，夸诞好言经世，尝以术奸说贵人，不遇；晚官高邮知州，益牢落，乃思治今文为名高。然素不知师法略例，又不识字，作《诗》、《书》古微。凡《诗》今文有齐、鲁、韩，《书》今文有欧阳、大小夏侯，故不一致。而齐、鲁、大小夏侯，尤相攻击如仇雠。源一切混合之，所不能通，即归之古文，尤乱越无条例。仁和龚自珍，段玉裁外孙也，稍知书，亦治《公羊》，与魏源相称誉。而仁和邵懿辰为《尚书通议》、《礼经通论》，指《逸书》十六篇、《逸礼》三十九篇为刘歆矫造，顾反信东晋古文，称诵不衰，斯所谓倒植者。要之，三子皆好为姚易卓荦之辞，欲以前汉经术助其文采，不素习绳墨，故所论支离自陷，乃往往如评语。惟德清戴望述《公羊》以赞《论语》，为有师法。而湘潭王闿运亦注五经。闿运弟子，有井研廖平传其学，时有新义，以庄周为儒术，说虽不根，然犹愈魏源辈绝无伦类者。”

梁启超撰《论中国学术思想变迁之大势》，第三节《最近世》述今文之学，曰：

其最近数十年来，崛起之学术，与惠、戴争席，而骎骎相胜者，曰西汉今文之学。首倡之者为武进庄方耕（存与），著《春秋正辞》。方耕与东原同时，相友善，然其学不相师也。戴学治经训，而博徧群经；庄学治经义，而约取《春秋公羊传》。……方耕弟子刘申受（逢禄）始颛主董仲舒、李育，为《公羊释例》，实为治今文学者不祧之祖。逮道、光间，其学寖盛，最著者曰仁和龚定庵（自珍），曰邵阳魏默深（源）。定庵有《文集》三卷、《续集》四卷。定庵，段茂堂外孙也，其小学多得自段氏，而经义则挹自庄、刘。……然其于《春秋》，盖有心得，能以恢诡渊眇之理想，证衍古谊，其于专制政体，疾之滋甚，集中屡叹恨焉。……

前此治今文者，则《春秋》而已，至魏默深乃推及它经，著《诗古微》、《书古微》，《诗》主齐、鲁、韩，《书》主欧阳、大小夏侯，而排斥毛、郑，不遗余力，由今日视之，其无谓亦甚矣。然一家之言，不可诬也。魏氏又好言经世之术，为《海国图志》，奖励国民对外之观念，其书在今日，不过束阁覆瓿之价值，然日本之平象山、吉田松阴、西乡隆盛辈，皆为此书所激刺，间接以演尊攘维新之活剧，不龟手之药一也。或以霸，或不免于洴澼絖，岂不然哉！

数新思想之萌蘖，其因缘固不得不远溯龚、魏，而二子皆治今文学，然则今文学与新思想之关系，果如是密切乎？曰：是又不然。二子固非能纯治今文者，即今文学亦安得有尔许魔力，欲明其理，请征泰西。夫泰西古学复兴，遂开近世之治。谓希腊古学，果与近世科学、哲学有不可离之关系乎？殆未必然。然铜山崩而洛钟应者，其机固若是也。凡社会思想，束缚于一途者既久，骤有人焉冲其藩篱而陷之，其所发明者，不必其遂有当于真理也。但使持之有故，言之成理，则有自能震耸一般之耳目，而导以一线光明，是怀疑派所以与学界革命常相缘也。今文家言，一种之怀疑派也，二百年间支配全学界最有力之一旧说，举凡学子所孳孳焉以不得列宗门为耻者，而忽别树一帜以与之抗。此机一动，前之人所莫敢疑者，后之人乃竟起而疑之，疑之不已，而俶诡之论起焉。俶诡之论多，优胜劣败，真理斯出。故怀疑派之后，恒继以诡辨派；诡辨派之后，而学界革命遂成立。此征诸古今中外而皆然者也。

今文之学，对于有清一代学术之中坚而怀疑者也。龚、魏及祖述龚、魏之徒，则近于诡辨者也，而我思想界亦自兹一变矣。今勿具论。其与龚、魏相先后而学统有因缘者，则有若阳湖李申耆（兆洛)、长洲宋于庭(翔凤)、仁和邵位西(懿辰)。宋氏傅会太过,支离太甚,不足以当巨子。李氏明算,长于地理,其治经则排斥《周官》特甚。邵氏则卓然一经师也。盖申耆始治今文《春秋》,默深始治今文《诗》、今文《书》,而位西则言今文《礼》,著《礼经通论》,以《逸礼》三十九篇为刘歆矫造。自是群经今文说皆出。

而湘潭王壬秋(闿运)、壬秋弟子井研廖季平(平)集其大成,王氏遍注群经,不断断于攻古文,而不得不推为今学大师,盖王氏于《公羊》说六经,《公羊》实今学中坚也。廖平受师说而附益之,著书乃及百种,可谓不惮烦。而其说亦屡变,初言古文为周公,今文为孔子;次言今文为孔之真,古文为刘之伪;最后乃言今文为小统,古文为大统;其最后说,则戊戌以后,惧祸而支离之也。蚤岁实有所心得,俨然有开拓千古、推倒一时之概,晚节则几于自卖其学,进退失据矣。至乃牵合附会,摭拾六经字面上碎文只义,以比附泰西之译语,至不足道。虽然,固集数十年来今学之大成者,好学深思之誉,不能没也。

盖自今古之讼既兴,于是朱右曾有《尚书欧阳、夏侯遗说考》,陈乔枞有《今文尚书经说考》、《三家诗遗说考》、《齐诗翼氏学疏证》,陈立有《公羊义疏》,专凭西汉博士说以释经义者间出,逮廖平而波澜壮阔极矣。

吾师南海康先生,少从学于同县朱子襄先生(次琦),朱先生讲陆、王学于举世不讲之日,而尤好言历史、法制得失,其治经则综糅汉、宋、今、古,不言家法。康先生之治《公羊》,治今文也,其渊源颇出自井研,不可诬也。然所治同,而所以治之者不同。畴昔治《公羊》者皆言例,南海则言义,惟牵于例,故还珠而买椟;惟究于义,故藏往而知来。以改制言《春秋》,以三世言《春秋》者,自南海始也。改制之义立,则以为《春秋》者,绌君威而申人权,夷贵族而尚平等,去内竞而归统一,革习惯而尊法治,此南海之言也。畴昔吾国学子,对于法制之观念,有补苴,无更革;其对于政治之观念,有服从,有劝谏,无反抗。虽由霸者之积威,抑亦误学孔子,谓教义固如是也。南海则对于此种观念,施根本的疗治也。

三世之义立，则以进化之理，释经世之志，遍读群书，而无所于阂，而导人以向后之希望，现在之义务。夫三世之义，自何邵公以来，久暗曶焉，南海之倡此，在达尔文主义未输入中国以前，不可谓非一大发明也。

南海以其所怀抱，思以易天下，而知国人之思想束缚既久，不可以猝易，则以其所尊信之人为鹄，就其所能解者而导之，此南海说经之微意也。而其影响，则既若此。近十年来，我思想界之发达，虽由时势所造成，欧美科学所簸动，然谓南海学说无丝毫之功，虽极恶南海者，犹不能违心而为斯言也。南海之功安在？则亦解二千年来人心之缚，使之敢于怀疑，而导之以入思想自由之途径而已。……（梁启超：《论中国学术思想变迁之大势》，见《饮冰室合集·文集》之七，96～99页）

其后，梁启超撰《清代学术概论》，所论与此略同。

卷四　碑　传

庄存与列传

庄存与，江苏武进人。乾隆十年一甲二名进士，授编修。十三年五月，散馆考列二等。谕曰："历科进士殿试一甲第一名，即授为修撰；二名、三名，即授为编修。至散馆时，并无所更易。伊等恃已授职，遂自甘怠忽，学业转荒。即如今年散馆修撰钱维城，考列清书三等，编修庄存与，考列汉书二等之末，其不留心学问，已可概见。但钱维城系派习清书，或尚非其所素习，着再试以汉书，候朕阅定。庄存与不准授为编修，俟引见时朕酌量其人才，或以部属，或以知县，或归班选用。则此后一甲之人，皆有所警，而专心学问矣。若有仍考列三等者，其例视此。"

十六年五月，引见，仍授编修。是年，恭逢孝圣宪皇后六旬圣寿庆典，特开乡会恩科，命于次年春举行乡试。十二月，充湖北乡试副考官。十七年六月，大考二等，升侍讲，寻入直南书房。十八年六月，擢翰林院侍读学士，充湖北乡试正考官。九月，提督湖南学政。二十年四月，迁少詹事。六月，擢内阁学士，兼礼部侍郎。二十一年，充浙江乡试正考官。九月，提督直隶学政。

二十二年，奏："直隶冒籍生员，自首改正，每学多至五六十名，少者十五六名，尚有未经查出者，恐此后有将本身入学姓名，令兄弟子侄顶替，甚或卖与各省童生顶名呈首，或本人自首于北，而他人顶替于南。若但据自首改回，弊恐不少。请将冒籍各生暂停南北岁科两试，定限一年。着落本身自首，即据所首姓名、三代籍贯，一面咨礼部存案，一面行该省取具父师亲族邻里切实甘结，地方官加具印结，方准咨回该省学政入册。如查有假冒顶替，照例办理。首明虽限一年，咨查需日。己卯乡试，应停收考录。”送下部议行。

二十三年二月，存与考试满洲、蒙古童生，因不能传递，各童生拥挤闹堂。经御史汤世昌参奏，命革存与职。寻谕曰：“庄存与于考试童生闹场一案，既不能参奏于前，及朕面召询问，又不据实陈奏，是以将伊革职。但各童生喧闹，究因该学政办理尚属严密、不能传递之故。今既审明情节，而该学政竟因此罢黜，殊非惩创恶习之意。庄存与着带革职，仍留内阁学士之任。”又谕曰：“朕以满洲、蒙古童生，皆世受豢养之人，乃不知遵奉教约，恣效外省恶习，此于八旗风俗大有关系，不可不严行根究。乃派出查审之大臣等，于案内情事，并未严行穷究。而议罪之处，又不允当，所审皆旗人，故不能不掣肘，而朕岂肯一任其意，存瞻徇而颟顸了事耶？当经亲临覆试，随获挟带如许之多，因复亲加鞫讯，务得实情。而童生海成系包揽传递，首先倡议闹场之犯，一闻覆试，辄将闹场时带来之卷倩人补作，捏饰投递，希图狡脱，已属刁顽。至在场放鸽传递、包揽受贿各情，业经罗保等供证确凿。乃于朕前又复挟雠诬陷和安，肆其狡狯，拒不吐实。及加严讯，而狂悖无礼，竟有‘何不杀之’之语。满洲世仆中有如此败类，断不可留矣！因降旨将伊正法，其附和闹场之罗保、和安，即得奚纳，并搜出怀挟，又复强辩之讷拉善，俱发往拉林种地。至随从闹场及夹带草稿字片之乌尔希苏等四十人，本应如议发遣，但既经训责示惩，俱从宽，令其在旗披甲，永远不准考试。满洲教授旺衍，系专管伊等之人，临时已不能约束，而大臣等询问，伊尚模棱含糊，不肯吐实，着发往热河披甲。此次庄存与所录，尚属秉公，而交卷之人，非闹场之人可知，着加恩仍准作生员。”

寻奏请酌减各直省乡试官卷中额，谕曰：“前据庄存与条奏，各直省乡试官卷应酌减中额一折，随经蒋溥奏请，将官卷裁去，一并归入民卷，均交大学士、九卿议奏矣。朕昨敬阅圣祖仁皇帝宝录内载上谕，令大臣子弟另编字号考试取中，既以肃清弊端，又不致有妨孤寒进取。恭览之下，仰见皇祖慎重科名，嘉惠士子。立法之始，本为防弊，而彼时诸臣奉行者，不无偏袒子姓亲族之见，含糊具奏，分定中额，未免过多。遂使以怜恤寒畯之意，转成优幸缙绅之路。揆之情理，实未允协。此议减、议裁者所由来也。朕思中额贵有限制，而立法务在均平。嗣后各直省乡试官卷，于现在定额中，斟酌公当，大省每二十名取中一名。中省每十五名取中一名，边省官卷属本无多，不妨稍宽其额，每十名取中一名。如此办理，则官卷既免滥取之弊，亦不致有妨孤寒。不必去官卷之名，而于制科取士，兼收并采之道，庶为平允。其如何酌量妥办，无致偏枯，并着大学士、九卿详议具奏。”旋议定直隶、江南、浙江、江西、湖广、福建等大省官生二十名取中一名，三十一名取中二名；山东、河南、山西、广东、陕西、四川等中省十五名取中一名，二十三名取中二名；广西、云南、贵州等小省十名取中一名，十六名取中二名。顺天乡试，满洲、蒙古、汉军照小省取中；南北贡、监照中省取中。不及额者，归民卷。从之。又奏：“磨勘旧例内笔误二三字，停会试一科，与字句偶疵，不妨宽贷一条，前后互异，请嗣后字句疵谬，罚停会试一科。笔误无关弊窦者，免议。”又奏：“场内经题，向例同考官先拟，考官书签掣用，请嗣后令考官自拟，以杜同考官代士子豫拟经题之弊。”均如所议行。四月，擢礼部右侍郎。

二十四年四月，奏各省优生赴京朝考，请照考试续后拔贡不拘人数之例，一体办理。从之。闰六月，丁父忧。二十七年正月，服阕，补内阁学士。三十三年，命在上书房行走。三十六年三月，充会试副考官。六月，充浙江乡试正考官。三十七年，命教习庶吉士。三十八年，仍补礼部右侍郎。三十九年，提督山东学政，寻调河南学政。四十一年，丁母忧。四十三年，服阕。四十四年六月，署礼部左侍郎。十月，补礼部右侍郎。四十九年二月，转礼部左侍郎。五十年八月，命偕礼部尚书德保重辑《律吕正义》。

五十一年正月，上以存与年力就衰，予原品休致。五十三年七月，卒。

《清史列传》卷二十四，10～14页，
中华书局，1928

庄存与传

庄存与，字方耕，柱子。幼入塾，即以古人自期，笃志深邃，穷源入微。尝曰：“读书之法，指之必有其处，持之必有其故，力争乎毫厘之差，深明乎疑似之介，凡以养其良心，益其神智。”故其学能究参天人之际，有得于圣人之心。

乾隆十年，一甲第二名进士，授编修。不数年，晋秩卿贰，迭掌文衡，充天文、算法总裁官及乐部大臣，命直南书房，并上书房行走。回翔仪部三十余年，以礼部左侍郎致仕归。

存与萧然儒素，荣利之事，一不干怀。六经四子书皆有撰述，独悟微言，宏深卓辟，所著凡数十万言。通其学者，为门人余姚邵晋涵、曲阜孔广森及从子述祖、外孙刘逢禄数人而已。

子逢原，乾隆三十年举人，全椒县教谕；通敏，三十七年进士，詹事府左春坊、左中允；选辰，四十三年进士，内阁中书。俱能世其家。选辰著有《史考》若干卷，仿秀水朱氏《经义考》，列为篇目十二。博采诸家，详其存佚，末以己意申之。编纂至唐未竟，其业惟刑法一门粗有端绪。孙隽甲，五十一年举人。歙县教谕。贵甲、绶甲、褒甲、涛皆有声黉序，勤学砥行。绶甲以王父所著诸书，多未刊布，研精校雠而遽殁，有《拾遗补艺斋遗书》五卷，与存与书并次第刊行。

《武进县志》

少宗伯养恬兄传（庄勇成）

世系

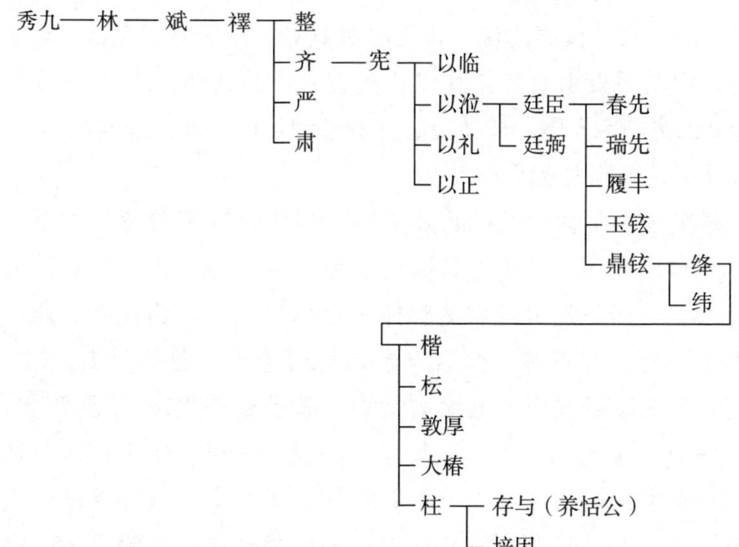

兄讳存与，字方耕，晚号养恬，南郇公长子也。南郇公生二子，长即兄，次为仲淳，并列鼎科，一时有轼、辙郊祁之目。兄年十四，随父任大兴，会地震，兄仆书室中，适一仆自外至，仆兄背上，而室亦倾。仆故有力，翼蔽之，得无伤。

年十六，娶吴夫人。随母钱太夫人赴温，行次处郡，夜泊险滩，钱太夫人偕仲淳别居一舟。从人不戒于火，舟焚，几不测。兄仓皇欲过舟救之，失足堕急湍中，得从舟救，不死。识者知兄两遭险难，卒无恙，必为一代伟人，故天默佑之如此。

兄长身玉立，不苟言笑。从幼入塾，即以古人自期，制艺得力于闲汀公。初好金、陈冞入阃奥，晚喜唐荆川。研经求实用，则肇端于蒋济航、钱太拙两先生。其笃志深邃，穷源入微，独有会心。于汉则宗仰江都，兼取子正、平子；于宋则取裁五子；于明则欣慕念台、□斋。要其寝食弗谖，则荟萃于六经四子之书。盖自幼耳濡目染，秉承庭训。至天文、地舆、算法、乐律、诸子百家，靡不浏览。由于意所笃好，博观而约取。其得意则高吟剧谈，虽听者欲卧而不止。其沉思则雷霆不闻，昼夜矻矻，必得当而后休。生平无他嗜好，惟喜购买书籍，堆几盈架，所至必携以自随。尝曰："室中以他物陈设，何如拥书万卷，以备实用为有益耶?"又尝云："读书之法，指之必有其处，持之必有其故，力争乎毫厘之差，深明乎疑似之介，凡以养其良心，益其神智。"自署斋中屏联云："玩经文，存大体，理义悦心；若己问，作耳闻，圣贤在坐。"其居敬穷理功夫，于此大概可见。

乾隆戊午、辛酉，两试北雍未售。归购《数理精蕴》一书，覃思推算，至得眩晕疾。凡书至繁赜处，他人或望洋意沮，公必欲如视诸掌而后快。甲子、乙丑，联捷胪传一甲第二，授职翰林院编修，时年二十有七。旋乞假省亲，家居年余，日居子舍，敬听父训，曰："吾初服官，所未信处极多，必服膺父训，事事始得指南。"兄笃志好学，而疏于酬应。迄入都就职，不甚当掌院意，散馆名次不前，与钱殿撰维城同拟散补外任。汪文端公由敦深知兄务实学，钱亦才敏绝人，亟言于上，二人乃并得留馆三年。上见兄所进经义，宏深雅健，穿穴理窟，又尝炷香命题试，钱香未半而诗赋皆就，始信文端所举不虚。于是散馆后皆不次拔擢。上知兄学有根柢，极好深湛之思，可备顾问，命入南书房行走。

初为乡会同考官，即为湖北正副主考官。癸酉冬，由詹事府少詹事授湖南学政，未满任，即升内阁学士兼礼部侍郎。计自散馆后不数年，晋秩卿贰，留馆稍迟，而升迁特疾，迟速若相补然。

岁在甲戌，兄任楚南学使，迎奉钱太夫人于官署，而仲淳弟状头之报适至。兄从容问吏可拽旗以表殊恩否？有老吏前跪白云："昔常郡赵公讳申乔者，于康熙年间为湖南巡抚，时得公子及第之报，曾于辕门易巡抚旗为状元旗三日。今太夫人在署，与前事相符，允宜揭旗以彰盛事。"兄爰入告钱太夫人而从之。迄今楚南称为美谈。

丙子，兄为浙江正主试，而弟仲淳为福建正主试。复命兄即为顺天学政，仲淳亦为福建学政。一时鼎盛，罕有伦比。兄以一门殊遇，事皆竭诚，无毫发瞻徇。其自律也甚严，其课士也弥慎，立法井井，弊窦悉除。按试八旗，防范周密，所取皆真才。顾禁其欲而不得肆者，曳白毁卷，不下数十人，鼓噪而出。有御史奏其事，上震怒，立置倡众者于法，而兄仍留阁学之任，恩眷未尝稍替。统计前后为同考者二，主乡试者四，为会试总裁者一，为学政者三，为香差者一，知贡举者一，天文、算法总裁官及乐部大臣，派在上书房行走，敩学相得，钦爱尤挚。出任中州学使，皇子、皇孙共赋诗宠行。在上书房最久，赐福字丰貂彩缎以及上方珍品食物无算。

乾隆五十年，纯皇帝举千叟会盛典，兄得与焉。赐以诗杖丰貂彩缎等物，稽古之荣，于兄已至。顾或者以兄年未四十，即官礼部，后逾三十余年，未尝一转他部，晋秩正卿，以是为兄惋。岂知虞廷用人，或教稼，或明伦，或典礼乐，或为士终其身，各任一职，至有世其官者，曷尝以能众职为贤否耶？且兄好学，至老不衰，证今考古，探赜索隐，卒为礼乐名臣。然则兄之知遇已隆，而其所得亦既多矣。

兄年六十有八，以礼部左侍郎予告归里。兄静气凝神，手不释卷，户外问字之车日集，年登七十，无疾终于家。所著有《八卦观象篇》、《彖象论》、《彖传论》、《系辞传论》、《序卦传论》、《卦气解》、《尚书既见》、《毛诗说》、《春秋正辞》、《周官记》、《乐说》、《算法约言》等书，皆味道之蕴、抉经之心，凡如干卷，通计不下数十万言，皆藏于家。我朝经学昌明，笃生好古之儒，阐发经蕴，为世指南，必有好学深思、心知其意者，群起而力振之，行见兄之书以次刊布，流传天壤间，此又天实主之，非关人力所能扬抑也。

生子三：长逢原，乙酉举人，全椒县教谕；次通敏，壬辰进士，历官詹事府左春坊、左中允；次选辰，戊戌进士，甲辰南巡召试，授内阁中书。孙五人：通敏子隽甲，丙午中式。馀皆有声黉序，勤学砥行，其谦和醇谨，望而知为南郇公后裔。南郇公训诲子孙，动循礼则，未尝遽加声色。养恬兄尤见严切，自京归里，道出山阳时，长子逢原为教谕，迎迓舟次，侍立良久，应对小有讹错，即命长跪，得吴夫人为之宽解，乃命起立。父兄之教能先，子弟之率能谨，于养恬开美尤见古人家范焉。乾隆岁次乙卯仲春，弟勇成撰。

《毗陵庄氏族谱》卷二十，《传记·家传》

资政大夫礼部侍郎武进庄公神道碑铭（龚自珍）

卿大夫能以学术开帝者，下究乎群士，俾知今古之故，其泽五世十世；学足以开天下，自韬污受不学之名，为有所权缓亟轻重，以求其实之阴济于天下，其泽将不惟十世；以学术自任，开天下知古今之故，百年一人而已矣。若乃受不学之名，为有所权以求济天下，其人之难，或百年而一有，或千载而不一有，亦或百年数数有。虽有矣，史氏不能推其迹，门生、学徒、愚子姓不能宣其道，若是，谓之史之大隐。有史之大隐，于是奋起不为史而能立言者，表其灼然之意，钩日于虞渊，而悬之九天之上，俾不得终隐焉而已矣。

大儒庄君，讳存与，江南武进人也。幼诵六经，尤长于《书》，奉封公教，传山右阎氏之绪学，求二帝三王之微言大指，闵秦火之郁伊，悼孔泽之不完具，悲汉学官之寡立多废，惩晋代之作僭与伪，耻唐儒之不学见绐，大笑悼唐以还学者之不审是非，杂金玉败革于一衎，而不知贱贵，其罪至于亵帝王，诬周、孔，而莫之或御。盖公自少入塾，而昭昭善别择矣。既壮，成进士，阎氏所廓清，已信于海内，江左束发子弟，皆知助阎氏；言官学臣，则议上言于朝，重写二十八篇于学官，颁赐天下，考官命题，学僮讽书，伪书毋得与。将上矣，公以翰林学士，直上书房为师傅，闻之，忽然起，逌然思，郁然叹，忾然而寤谋。方是时，国家累叶富厚，主上神武，大臣皆自审愚贱，才智不及主上万一。公自顾以儒臣遭世极盛，文名满天下，终不能有所补益时务，以负庥隆之期，自语曰：辨古籍真伪，为术浅且近者也；且天下学僮尽明之矣，魁硕当弗复言。古籍坠湮十之八，颇藉伪书存者十之二，帝胄天孙，不能旁览杂氏，惟赖幼习五经之简，长以通于治天下。昔者《大禹谟》废，“人心道心”之旨，“杀不辜宁失不经”之诫亡矣；《太甲》废，“俭德永图”之训坠矣；《仲虺之诰》废，“谓人莫己若”之诫亡矣；《说命》废，“股肱良臣启沃”之谊丧矣；《旅獒》废，“不宝异物贱用物”之诫亡矣；《冏命》废，“左右前后皆正人”之美失矣。今数言幸而存，皆圣人之真言，言尤疴痒关后世，宜贬须臾之道，以授肄业者。公乃计其委曲，思自晦其学，欲以借援古今之事势，退直上书房，日著书，曰《尚书既见》如干卷，数数称《禹谟》、《虺诰》、《伊训》，而晋代剟拾百一之罪，功罪且互见。公是书颇为承学者诟病，而古文竟获仍学官不废。

公中乾隆乙丑科进士，以一甲第三名，授翰林院编修，屡迁至礼部右侍郎，诰授资政大夫。周时有仕为漆园吏，著书内外篇者，其祖也。曾祖讳某，祖讳某，考讳某，妣氏某，皆封如公官，妣封夫人。子□人，某、某，述祖以文学最有声。孙□人，某、某，绶甲最有声。公以乾隆〔五十三〕年卒于官，年〔七〕十有□。以嘉庆□年葬某山某原。公它所著尚有《周官记》六篇。公性廉鲠，典试浙江，浙巡抚馈以金，不受，遗以二品冠，受之。及途，从者以告曰：冠顶真珊瑚也，直千金。公惊，驰使千余里而返之。为讲官日，上御文华殿，同官者将事，上起，讲仪毕矣。公忽奏，讲章有舛误，臣意不谓尔也。因进，琅琅尽其指，同官皆大惊。上竟为少留，颔之。是二事者，于公为细节。谨附书。

铭曰：大儒庄君既亡，粤嘉庆二十有三年，绶甲始为书测君志，以告绶甲友，其友籀其词，肯铭，乃克铭君于武进之阡。

嘉庆戊寅，庄君绶甲馆予家，一夕，为予言其祖事行之美，且曰碑文未具。是夕，绶甲梦见公者再，若有所托状。明日，绶甲以为请。越己卯之京师，识公之外孙宋翔凤，翔凤则为予推测公志如此。越壬午岁不尽三日，始屏弃人事，总群言而删举此大者以报。自记。①

《龚自珍全集》第二册，141～143页

礼部侍郎庄公小传（臧庸）

公姓庄氏，名存与，字方耕，江苏武进人，乾隆乙丑榜眼，官礼部左侍郎。五岁，就塾读书，目数行下。年十二，京师地震，屋倾压重墙下，掘土五六尺许始得，耳目闭塞良久方出声。力探经史、性理、百家。从舅氏钱公某讲肄，平生学业始基此。

戊午，下第归，研究算学，忘寝食，因得眩晕疾。戊辰，散馆列二等，仍留教习。奉谕旨云："闭户读书，留心经学。"一时惊为儒臣异数。

出典浙江试，两典湖北试，督学顺天、河南。壬申会试同考官。辛卯副总裁。甲辰知贡举，壬辰教习庶吉士，查察枪手传递、顶冒诸弊极严密。所按次弟肃清，觊觎者望风敛戢，士心益励。奉旨清厘顺天士籍有寄托者，改归原籍，逾限除名，奏请暂停南北岁科，据本生自首姓名，一咨礼部，一行文各布政司，转行各州县，亲族里邻切结，由司转覆到后，始准咨回本省学政。奉旨准行。训士子告语谆恳，必以敦本业崇实行为勖。

在上书房行走，卯入申出，寒暑无闲。皇子时亲讲说，爱敬日深。任礼部讲求会典旧章，遇祭祀、朝会、宴享诸大事，敬谨襄赞勿懈，数十年如一日。

治家严而有法，不苟言笑，于世俗声华、玩好之属，澹然无所嗜。

① 吴昌绶手校本，将篇后自记稍加改窜云："戊戌岁，庄卿珊馆定公家，为言其祖庄公存与事行之美，且曰碑文未具。己卯，定公至京师，识庄公外孙宋于庭，复为推测公志。至岁不尽三日，始屏人事，总其群言而删举其大者，撰《庄公神道碑铭》。"王文濡校编本径以为吴批，失据。兹据自刻本补此（中华书局本原注）。

性清介，严取予，谨然诺，饮食衣服刻苦自持。奉差使所过食用必自治，并戒仆从，不勤馆人，故所莅下车舆颂翕然。教子孙持家范，勿令稍染时趋，接物中正平易人，亦无敢干以私者。家居宇舍精洁，器物整齐，书籍时亲检点，勿使稍有参错。

幼禀庭训，习朱子，小学《近思录》，长益沉潜经义，诵诗读书，惟以知人论世为准。故所造洪博深邃，莫测其涯涘。若天文、舆地、河渠、水利、律吕、算数之学，莫不覃思殚究，口吟手披，率至夜分始就寝。谓学以养其良心，益其神智，须旁广而中深，始能囊括群言，发其精蕴。又云："读书之法，指之必有其处，持之必有其故，力争乎毫厘之差，深明乎疑似之介。"尝自署斋联云："玩经文，存大体，理义悦心；若己问，作耳闻，圣贤在坐。"其平生得力语也。

所著有《八卦观象篇（解）》、《彖象论》、《彖传论》、《系辞传论》、《序卦传论》、《卦气解》、《尚书既见》、《毛诗说》、《春秋正辞》、《周官记》、《律谱》、《六乐解》、《九律解》、《声应生变解》、《成律合声论》、《审一定和解》、《天位人声地律论》、《合乐解》，定黄钟之声及其径论律书，解琴律，解瑟音，论算法约言等书藏于家。《易》主朱子本；《诗》宗《小序》、《毛传》；《尚书》则兼治古今文；《春秋》宗《公》、《穀》义解；三《礼》采郑注而参酌诸家。病中犹时时背诵经书不置。

乾隆五十三年卒，年七十岁。子三人：逢原，乙酉举人，山阳县学训导；通敏，壬辰翰林，詹事府左春坊、左中允；选辰，戊戌进士，甲辰召试，授内阁中书，先卒。孙六人。

赞曰：庸堂少从公之从子葆琛进士问学，尝一见公，自惭謭陋，未敢有所质也。后读公《尚书既见》，叹其精通浩博，深于大义。章句小儒，末由问津矣。近者，孙伯渊观察撰辑经学渊源录，属庸堂征采事状，因从公子孙索志铭家传等勿得，得其家行述，于是撰掇其学行大略，著小传以俟观察裁录焉。公之学行，近世盖仅见，安得尽读公之遗书为快乎？

闵尔昌：《碑传集补》卷三

庄先生述祖行状（宋翔凤）

曾祖讳绛，增监生，赠光禄大夫。曾祖母陆氏、董氏，俱赠一品夫人。

祖讳柱，雍正丁未进士，历官浙江海防兵备道，赠光禄大夫。祖母钱氏，累赠一品夫人。

父讳培因，乾隆甲戌进士，历官翰林院侍讲学士。母彭氏，例封恭人。

先生姓庄氏，讳述祖，字葆琛。所居室曰“珍艺宧”，学者称“珍艺先生”。先世自金坛迁常州府武进县，遂为常州望族。五世祖廷臣，明天启中官上荆南道，阻魏阉建祠，终湖广左布政使。其后两世入本朝，皆不仕。兵备公始通籍，学士公与兄礼部侍郎存与，并以文行得上第，名重朝列。学士公早殁，先生甫十岁，居丧如成人。时伯父侍郎公于五经皆有论说，彭恭人之季弟二林先生为文精深，先生皆取法焉。

弱冠娶侍郎倪公承宽女。凡族党故旧皆通显要津，未始染奔竞之习。

乾隆丁酉，以官卷中江南乡试。庚子，成进士。相国阿桂公以先生故人子，欲罗致之，避嫌不往谒。时和相用事，阿公之门下士稍稍去，亦以是疑先生。殿试卷已拟进呈，后卒置十卷后。引见，归班铨选，先生遂归，奉母以居。

先是，于经学之外，制诗赋词章甚富，以不入翰林，遂弃去，从事小学，治许氏书，以先求识字，谓六书之义，转注谐声最繁，而无定说。用《尔雅》之例，编《说文转注》；用《广韵》例，又博考三代、秦、汉有韵之文，编《说文谐声》。《说文》之学，以是遂明，而周、秦之书无不可读者。遂校《逸周书》，解《夏小正》，诗、书次第皆有撰著，而部檄至。谒选，得甘肃崇信县，以亲老例改山东昌乐县。

辛亥六月之任，逾年调潍县。明畅吏治，刑狱断罪，堂皇坐决，不假幕客，鲜有失当。治豪猾皆敛迹。前官交仓库有缺，辄撙节以补之，大吏则恭敬以事之。时时以老母为念，不敢矫激以贻忧也。

治潍五年，尤培奖士林，邑人韩公复守濂洛之说，意气傲岸。先生礼敬如父执。诸生傅廷兰，寒士修谨，以孝廉方正荐于大府，于童子试，所识拔登科第者相继，两充同考官，所荐皆经术士，亦辄以经义断事。尝勘盐墉废地，询之耆老不能辨，或请尝土味咸甘以别之，先生笑曰："吾能遍食块为若曹辨盐墉耶？顷吾见田间有生马帚草者，马帚荓也，即王萯之类。夏时，始于王萯秀，终于荓秀，其草萯者宜麦，其草萯者宜禾，此等出秀之地，不准盐墉。"耆老皆服。

甲寅岁大计以卓异荐，引见。奉旨交军机处记名。同时记名者，必候和珅门叩头桥前，独先生与云南知州屠君绅不往。屠君以知州升通判，实则降一阶。先生记名签为和珅所徹。今上亲政，章京有知其事者，始补入，而先生已乞终养矣。以进士家居，时梁阶平相国欲使应召试官山东，时毕秋驱抚部欲以府同知题荐，皆辞不就。盖非淡于荣进，恐以奔竞之习丧所守也。

嘉庆丁巳岁，奉彭恭人归里，色养著书，未尝一日离左右，凡十六年。彭恭人九十一岁，于壬申冬寿终。先生已六十有二，居丧毁瘠，举殡时，路旁见者无不动色。终练祥疏食水饮，乃自号曰"檗斋"。里居未尝谒州府，亦不以书问通当路，不与乡人酒食之会。然有荒灾振恤之事，当处乏时，贷屋百金助振，以劝乡党，未尝遗余力也。后生以学问就正，谆谆诲诱，未尝有所隐也。

尝云："吾诸甥中，刘申受可以为师，宋虞廷可以为友"。翔凤先母为先生女弟，己未岁归宁，命翔凤留常州。先生教以读书稽古之道，家法绪论，得闻其略。先生撰《夏小正经传考释》，以斗柄、南门、织女记天行之不变，以参中、火中纪日度之差。又据二月丁卯断夏时以正月甲寅启蛰，为历元。解岁祭为郊，万用入学，为明堂之祭。凡读正经传，皆博稽载籍，精思而得之，而夏时显矣。又撰《古文甲乙篇》，谓许氏始作偏旁条例，以序文字，始于一，终于十，日十二辰，此六书之条例所从出，合于《尔雅》岁阳岁名，以明十二支藏遁之法，有《归藏》之义焉。凡天地之数、日辰、干支，在黄帝世大挠作之隶首纪之，沮诵仓颉名之，以书契易结绳，故伏羲画八卦之后，以此三十二类为正名百物之本。故《归藏》，黄帝《易》也，古籀条例皆由此出。凡许书所存及见于款识者，分别部居，各就条理。晚年常为口号曰：“惯看模黏字，耑攻穿凿文。”亦纪实也。

时从兄子绶甲日从讲论，得之最详。其摹写钟鼎彝器释文，皆出次子又朔手。翔凤为四方之游者十年于兹，每于翻书中闻先生发明《归藏》之说，因思《归藏》首坤，坤辟亥，亥，壬甲之所藏也。则六壬、六甲之占，皆本于《归藏》，惜仅存于术家。得先生之说而阐绎之，坤乾之义佚而后存，夏时之等微而后显。同时王给事念孙作《广雅疏证》，段大令玉裁作《说文正义》，每采先生之说，叹为精到，不知其尚为微文碎义，非其真至者也。所校古书，有据意改者，证之旧本无不合。故今本《白虎通》引《书·无逸篇》曰：“厥兆天子爵”，校改为《书·逸篇》。卢学士文弨采入刻本中。江方正声深为讥笑。其后卢君又得宋、元本，皆作《书·逸篇》，江君始悔其说。今本《列女传》“文王太姒”条乙去数行，以为后人羼入，后吴门顾氏得宋本，则无此数行。臧文学庸叹服焉。

所著有《尚书古今文授读》四卷、《尚书记章句》一卷、《尚书古今文考证》一卷、《尚书杂义》一卷、校《尚书大传》三卷、校《逸周书》十卷、《书序说义考注》二卷、《毛诗授读》三十卷、《毛诗口义》三卷、《毛诗考证》四卷、《诗纪长编》一卷、《乐记广义》一卷、《左传补注》一卷、《穀梁考异》二卷、《五经小学述》一卷、《五经疑义》一卷、《特牲馈食礼节记》一卷、《论语集解别记》二卷、《明堂阴阳、夏小正经传考释》十一卷、《明堂阴阳记长编》十卷、《古文甲乙篇》四卷、《甲乙篇偏旁条例》二十五卷、《说文古籀疏证》二十五卷、《说文谐声考》一卷、《说文转注》二十卷、《钟鼎彝器释文》一卷、《石鼓然疑》一卷、《声字类苑》一卷、《弟子职集解》一卷、校正《列女传》凡首一卷、校正《白虎通别录》三卷、《史记决疑》五卷、《天官书补考》一卷、校定《孔子世家》一卷、《历代载籍足证录》一卷、《汉铙歌句解》一卷、《诗集》三卷、《文集》四卷。

呜呼！使先生宦达至卿相，当治太平之世，亦不过夕稽朝考，守象魏之法。自公退食示委蛇之度而已。惟浮沉下位久而归于寂寞之乡，抱其明智通辨之材，以日与古人相接，则古人之所言所行者，若或见之，若或语之，关键开闭绝续渊源，一人之身，以彼易此，不已大哉！癸酉岁仲夏，疾病作，遗命告其子又朔等曰：“吾年过六旬，尚何恋恋于人世耶？吾不幸十岁而孤，不及奉过庭之训，蒙诸兄善诱，略知文义。三十后成进士归，孜孜者近十年，疾病忧患，时扰阻之。四十后，始历仕途，无所树立，终身抱愧。晚欲锐力于少年未竟之业，借此以赎愆尤，为学益勤，为心愈苦，此汝等所目击也。今所造就，仅有一知半解，亦为吾毕生伥伥何之之故。欲与汝等稍指迷途，汝等若不知措意，此皆尘煤烟烬而已，何足道哉！吾去后，汝等兄弟务须同心敬事寡嫂，吾附身之事，止用随时旧制，不必临时抢攘，徒益烦费。逾月即葬，每日供饭一盂、水一盏、香一炷足矣。柩出门即就舟，不必招摇道路，涂人耳目。凡以七数日拘忌阴阳及延僧道作法事，皆宜屏绝。我非排斥异教，但无益之，为生死两累。吾善吾生，即善吾死，岂他人所能代我忏悔耶？汝等能守尊祖父家规，克勤克俭，或耕或读，皆不失为清白子孙。若妄作妄为，自取罪戾，祖先亦不能佑汝也。勉之戒之!”后病少间，又五年卒于家。

先生生于乾隆十五年十二月十三日午时，卒于嘉庆二十一年六月二十三日午时，年六十有七。赐进士出身，历官山东昌乐县知县、潍县知县，卓异候升，署曹州府桃源同知。壬子、乙卯，山东乡试同考官。配倪氏，侧室吴氏。子男八人：廉甲能文，有孝行，早亡；又朔、震甲、安说、循博、揆甲、曾佑、佺龄。女四人：长适无锡诸生华邦燮，余未嫁。

先生既殁数月，孤子又朔等将卜葬于德泽乡前桥之原，以书并行略来属；点次将讫，铭于先生之故交。窃以先生之学行不赖他人之文以传也。正恐后生无途以求其说，又恐论世者久而失其序，如翔凤之所闻，识者，又朔已不能详，则乌可以不书？遂次第言行之要，与又朔所撰俱存之，以俟采择。外甥长洲宋翔凤谨状。

钱仪吉：《碑传集》卷一〇八

庄珍艺先生传（李兆洛）

世系

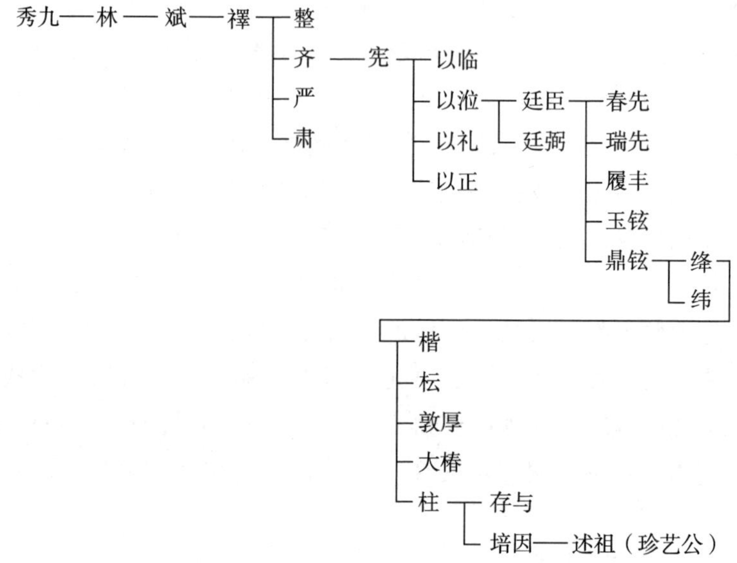

先生姓庄氏，名述祖，字葆琛。先世自金坛迁常州武进县，遂著籍。五世祖廷臣，天启中名臣，终湖广左布政。祖柱，皇赠光禄大夫、浙江海防兵备道。父培因，翰林院侍讲学士。世父存与，礼部侍郎。

先生十岁而孤，力学自守，不屑荣利。乾隆四十二年，中江南乡试。逾三年，成进士。归班铨选久之，选山东昌乐县，旋调潍县，明畅吏治刑狱，得中豪猾敛迹，尝勘鹻地，众以为斥卤也，先生指路旁草问何名？曰："马帚。"先生叹曰："此于经名荓，夏正以荓秀记时，凡沙土草荓者宜禾，何谓鹻？"众皆服。

五十九年，以卓异引见，摄曹州府桃源同知。不一月，请终养。

嘉庆二年归，著书色养者十六年，未尝一日离左右。二十一年六月二十三日卒。侍郎公博通六艺，高朗阔达，于圣人微言奥义，能深探而扩言之。先生渊源既邃，益研求精密，于世儒所忽、不经意者，蹈闲覃思，独辟户牖，以为《连山》亡而尚存夏小正，《归藏》亡而尚存仓颉古文，略可稽求义类，故著《夏小正经传考释》，以斗柄、南门、织女记天行之不变，以参中、火中记日度之差，以二月丁卯，知夏时以正月甲寅启蛰为历元。岁祭为郊，万用入学为禘。博览载籍，精思而串贯之。著《古文甲乙篇》，谓许叔重始一终亥，偏旁条例，所由出日辰干支，黄帝世大挠所作沮诵，苍颉名之以易结绳，伏羲画八卦，作十言之教之后，以此三十二类为正名百物之本。故《归藏》为黄帝《易》，就许氏偏旁条例，以干支别为序次。凡许书所存，及见于金石文字者，分别部居，各就条理，皆义理宏达，洞见原本。于五经悉有所撰著，旁及《逸周书》、《尚书大传》、《史记》、《白虎通》，凡舛句、讹字、佚文、脱简，易次换第，草薙腋补，证据疏通，靡不精确。所著三十七种，计百余卷，惟《夏小正》已具甲乙篇，未竟而条理粗备，俟有志者成之。余皆启其端绪，引而申之者存乎其人焉。

《毗陵庄氏增订族谱》卷二十一，又见《养一斋文集》

故礼部仪制司主事刘先生行状（戴望）

先生讳逢禄，字申受。……先生弱不好弄，母氏诲之学，必举所闻于外王父侍郎庄公，以纠俗师谬说。年十一，初谒侍郎公，叩以所业，应对如响，叹曰："此外孙必能传吾学。"十三而群经及周、秦古籍皆毕，尝读《汉书·董仲舒传》而慕之，乃求得《春秋繁露》，知为七十子相传大义，遂发愤研《公羊》何氏《解诂》，不数月尽通其条例。从舅庄先生述祖自济南解官归，与语群经家法，大称善。时庄先生有意治《公羊》，遂辍业。先生复从受"夏时"等例及六书古籀之学。庄先生尝曰："吾诸甥中，若刘甥可师，若宋甥可友也。"

嘉庆五年，年二十有五，举拔贡生，旋入都应朝考，时文定公及世父侍郎故旧遍京师，先生不往干谒，唯就张编修惠言问虞氏《易》、郑氏三《礼》，竟以此被黜。十一年，举顺天乡试中式，座主孔编修昭虔，故世治《公羊春秋》，得先生卷，大惊，国士遇之。十九年，成进士，授翰林院庶吉士。逾年散馆，改授礼部主事。道光四年，补仪制司主事，在部十有二载，每有大疑，先生辄援古事，据经义以决之，非徒簿书期会，如胥史所职而已。

当仁宗睿皇帝升遐，先生居署治大丧档案，以丧纪为礼之极，大丧为国家万事根本，尽瘁其事，成《庚辰大礼记注长编》十二卷。自始事以讫奉安山陵，典章备具，体例谨严其后承修官书，遂全用其稿。明年，仁宗升配，奉旨圜丘享位，三昭三穆，余地似少，命大学士及九卿详议。先生书上尚书王文简公，请复古禘祀之礼，事不果行。……

先生引经决事，效法先汉诸儒，其为学务通大义，不专章句，由董生《春秋》窥六艺家法，由六艺求观圣人之志。尝谓世之言经者，于先汉则古《诗》毛氏，后汉则今《易》虞氏，文词稍为完具。然毛氏详古训而略微言，虞翻精象变而罕大义，求其知类通达、微显阐幽者，则《公羊》，在先汉有董生，后汉有何邵公氏，子夏《丧服传》有郑康成氏而已。先儒之学，务乎大体，故董生所传非章句训诂之学也。后汉条理精密，要以何邵公、郑康成氏为宗，然《丧服》于五礼特其一端，《春秋》文成数万，其旨数千，天道浃，人事备，以之贯群经，无往不得其原。以之断史，可以决天下之疑；以之持身治世，则先王之道可复也。于是寻其条贯，正其统纪，为《公羊春秋何氏释例》三十篇，又析其凝滞，强其守卫，为《笺》一卷、《答难》二卷。又推原穀梁氏、左氏之得失，为《申何难郑》四卷。又断诸史刑礼之不中者，为《礼议决狱》四卷。又推其意为《论语述何》、《夏时经传笺》、《中庸崇礼论》、《汉纪述例》各一卷。其杂涉蔓衍者，别有《纬略》二卷、《春秋赏罚格》一卷。愍时学者说《春秋》皆袭南宋俗儒直书其事，不烦褒贬之诐辞，独孔检讨为《公羊通义》，能抉其蔽，然尚不能信三科九旨为微言大义所在，乃著《春秋论》上、下篇，以张圣权……更成《左氏春秋考证》二卷，知者谓与阎、惠之辨《古文尚书》等。先生于《易》主虞氏，于《书》匡马、郑，于《诗》初尚毛学，后好三家，有《易虞氏变动表》、《六爻发挥旁通表》、《卦象阴阳大义》、《虞易言补》各一卷，又为《易象赋》、《卦气颂》，撮其旨要，文繁不载。《尚书今古文集解》三十卷、《书序述闻》一卷、《诗声衍》二十七卷，少作《毛诗谱》三卷、《诗说》二卷、《甘石星经疏证》二卷、辑《石渠礼议》一卷，所为诗赋连珠论序，碑记之文约五十卷。

道光九年八月十六日丁丑，卒于官，春秋五十有四。配潘恭人，有贤行，前先生卒。子八人：承宽、承宠、承向、承宴、承宣、承实、承安、承宇。承宠、承宴才而早没，承宇殇，存者承宽、承向最有名；孙某某，开孙、怿最有名。葬于某乡某原。弟子潘准、庄缤澍、赵振祚皆从学《公羊》及《礼》，振祚，先生甥也；当世显学如龚礼部自珍、魏知州源亦皆从先生问故，称亲炙学者焉。……自《公羊》先师邵公而后，圣经贤传蔽锢二千年，徐彦、殷侑、陆佃、家铉翁、黄道周、王正中咸相望数百载，虽略窥恉趣，未能昭揭，迨所闻世，庄侍郎、孔检讨起而张之，至于先生，干城御侮，其道大光，使董、何之绪幽而复明，殆圣牖其衷，资瞽者以诏相哉！望初溺《左氏》，自谒吴宋先生，诏以先生遗书，狃于习俗，未能信也。其后宋先生没，望避难穷山中，徐徐取读之，一旦发寤，于先生及宋先生书若有神悟，逌然于吾生之晚，不获侍先生也。及客游金陵，与先生贤孙开孙遇，其学行悉本先生之旧，德量渊然，有黄宪、郭泰之风，于以叹先生之泽孔长也。望既慕先生之学，受取其家行述，参诸遗书，私为之状，词繁而不杀，以冀它日之为史官而知学者笔削焉尔。谨状。

戴望：《谪麐堂遗集》，21～32叶

礼部刘君传（李兆洛）

道光九年八月十六日，刘君申受卒于京师，春秋五十有六。讣至，哭之恸。呜呼！吾乡一意志学、洞明经术、究极义理者，同辈中遂无人矣，来者将安所仪型哉！

君，文渊阁大学士文定公之孙，召试一等、赐中书卤于先生之子，礼部侍郎讳存与庄公之外孙。文定公伟量硕德，为熙朝名相，入祀贤良祠。礼侍公鸿识卓学，甄综天人，经纬圣哲，君实克承内外渊绪，始终条理，山宣而泽钟之，年才中身，位不副望，殄瘁之痛，胡可言也。

君生乾隆四十一年九月十二日生，十八年补弟子员，二十五中拔萃科，三十二举顺天乡试，三十九始成进士，入翰林，散官改用礼部。旋补仪制司主事，在官者历十有二年不迁，簿书期会，敦肃恪共如一日。君貌不逾中人，而美若冠玉，容止温肃，吐属谦谨，其于学务深造自得。

礼侍公兼通五经，各有论述。著《春秋正辞》，涵濡圣真，执权至道，取资三传，通会群儒，君乃研精《公羊》，探源董生，发挥何氏，成《释例》三十篇，以微言大义刺讥褒讳挹损之文辞，洞然推极属辞此事之道。又成《笺说》、《答难》、《决狱》等凡十一书，自汉以来，未尝有也。中交张翰林皋文，共通虞氏《易》，为《六爻发挥旁通表》、《虞氏易变动表》、《卦象阴阳大义》、《易言补》、《易象赋》、《卦气颂》凡五卷。又旁求之于《书》，掇拾残缺，兼搜众说，为《古今文尚书集解》三十卷。又旁求之于《诗》，病古韵未有专书，近人推演递密而收字不全，入声分配无准，为《诗声演》二十七卷，皆创通奥域，遂于大道，句萌新意，㬄达柯干者也。又以余力及九章小学，成书数卷，取《史记·天官书》及《甘石星经》为之疏证，成书数卷。又欲仿《经典释文》之例，存异文古训，为《五经考异》，已就两经而未成。其在官，凡同列有疑不能决者，为引经义别白之，已而公卿亦多就问所疑，无不据经决事，有董相风。在官有《庚辰大礼记注长编》十二卷、《春闱杂录》一卷、《东陵勘地图说》一卷、《石渠礼论》一卷，悉事言翔实，疏证确审。

大抵君之著书，不泥乎章句，不分别门户，宏而通，密而不缛，其大宗也。选定《八代文苑》四十卷、《唐诗选》四十卷、《绝妙好辞》二十卷、《词雅》四卷，自著诗文集八卷，大都所手辑，及著几二百十余卷，精力可谓过人矣。

配潘恭人，前君二月卒。子八，存者四：承宽，嘉庆丙子举人；承向、承实，俱监生；承安，县学生。其次子承宠，嘉庆己卯举人，有隽才，先君卒。承宴、承宣、承宇，俱早殁。

李兆洛曰：予弱冠即与君相知，爱君孜孜从事《公羊》家言，予浅陋极，知其学之正而不能从问业，又时出不经语相难，君俯仰唯诺，未尝折之，亦未尝以语于人，予甚愧焉。比从宦，日疏阔，见其成者《公羊释例》、《虞氏易表》数通而已。余所成者多在服官后十数年间，想亦嘿不自得，而以深思博综销其岁月耶？宜其年寿之不永也。君勤于取资，当世有名人莫不降心下问。后辈一业之善，即引与朝夕，又宜其所成之过人也。《汉·儒林传》称：董仲舒通五经，善持论，能文辞。又云：仲舒弟子遂者，惟东平嬴公守学不失师法。君虽未肯抗行仲舒，以视嬴公，固有余矣。

李兆洛：《养一斋文集》卷一四，1～3叶；
收入缪荃孙：《续碑传集》卷七二

先府君行述（刘承宽）

府君讳逢禄，字申受，亦字申甫，号思误居士。先世当明洪武初自凤泗驻防常州，是为西营刘氏。自高曾以上，详府君所为先中书公行状。祖文定公，讳纶，举乾隆丙辰博学鸿词科，仕至文渊阁大学士、军机大臣、太子太傅，入祀贤良祠。文定公娶于许，有子三人。长乾隆戊子举人，广西南宁府同知，讳图南；次乾隆丙戌一甲三名进士，官工部左侍郎，讳跃云；其季讳召扬，字卣于，乾隆甲辰召试第一，授内阁中书，弃官家居。为文定请建专祠，庀祭器置墓田，终身不仕，即府君考也。娶礼部侍郎庄公存与之女。初殇二子，祷于都城三圣庵，感异梦而生。府君弱不好弄，每夜分在家塾，非召不入内，既入而庄太恭人尚口授《楚辞》、古诗，虽就枕不辍。

年十一，尝从母归省，时宗伯公予告归里，叩以所业，应对如响。叹曰："此外孙必能传吾学。"十三岁而十三经及周、秦古籍皆毕。尝读《汉书》董江都传而慕之，乃求得《春秋繁露》，益知为七十子微言大义，遂发愤研《公羊传》何氏《解诂》，不数月，尽通其条例。

年十有八，补府学生。逾年，从舅庄先生述祖自济南乞养归，与语群经家法，大称善。时庄先生有意治《公羊》，遂辍业。府君复从受夏时等例及六书古籀之学，尽得其传，学益进。庄先生尝曰："吾诸甥中，若刘甥可师，若宋甥可友也。"

嘉庆五年，年二十有五，学使钱公赏其文，以廪生拔贡，时与同邑李申耆先生齐名，号"常州二申"。年二十有七，入都朝考。时文定公及伯父侍郎公故旧遍京师，府君闭户不往，初试一等第三，复试竟下第。始识张先生惠言于都，与谈《周易》、三《礼》之学。旋省亲于山东书院而归。逾年秋，闻讣奔丧，至济南扶榇归里，贫不克举葬。

乙丑，年三十岁，服阕应聘，主兖州讲席。明年归，力营葬事，相度经年，始得地于邑之东北乡，旋构讼不克葬。明年丁卯，举顺天乡试，编修孔先生昭虔故世治《公羊春秋》者也，得府君卷，大惊。座主戴文端公、桂文敏公、蒋少司农皆国士遇之。明春会试不第，方归营葬，复丁内艰，治丧悉应《礼经》。是冬，始克合葬。府君以名门之子，早负重望，屡困场屋。又拙谋生，丧葬之事，稍载瘁瘏。两浙、广陵连年旅食，尚以其修脯之余葺祖祠，嫁季妹，心力交竭，而学古求道益不衰。

甲戌，年三十有九，始成进士。房师程先生祖洛手录其经策以出，总裁则章文简公、周大司空、王大宗伯、宝少司空也。殿试二甲，朝考入选，改庶吉士。是秋，乞假南归，在籍二载。丁丑散馆，改礼部主事。

道光四年，补仪制司主事，在部十有二载，凡簿书期会，胥史所职者，府君无以逾人。至于据古礼以定今制，推经义以决疑难，若嘉庆二十五年，睿皇帝升遐，府君居署数旬，昼夜讨论，口谘手录，因成《庚辰大礼记注长编》十二卷，自始事以至奉安山陵，典章备具，体例谨严，其后承修官书，遂全用其稿。明年，仁宗升配，奉旨圜丘享位，三昭三穆，余地似少，命大学士及礼部详议。府君拟上书大宗伯，既而失稿，止别存禘议，藏于家。又嘉庆二十二年，安徽巡抚咨称，某州民伯仲共一子，各为取妇，而仲之妇仍无出，将继其伯之次孙为仲嗣，欲令其服所嗣祖母承重服及母服，乃以财予之，其当嗣之兄弟皆不可，乃请之州府。州府以仲为伯子所别取之妇，系中表联姻，难谓妾媵，持不能决，咨请部示。部中欲引慈母如母之律以许之，否则或令其子为仲妻若妇，持祖母及叔母之服，府君再立驳稿，析义至精，同司无以难，其案始定，若集中礼无二适议是也。……

道光四年，河南学臣请以汤文正公斌从祀圣庙，议者以汤公康熙中在上书房获谴，乾隆间曾经奉驳难之。府君执笔曰："后夔典乐，犹有朱均、吕望陈书，难匡管、蔡。"汪文端善而用之，遂奉俞旨。

本年七月，越南贡使陈请为其国王母乞人参，得旨赏给，而谕中有"外夷贡道"之语，其使臣欲请改为"外藩"。部中以诏书难更易而拒之，又恐失远人心。府君乃为牒复之，曰："案《周官·大司马》职方氏，王畿之外分九服，夷服去王国七千里，藩服去王国九千里，是藩远而夷近也。又许氏《说文》谓：羌狄蛮貊，字皆从物旁，惟夷从大从弓者，东方大人之国，夷俗仁，仁者寿，有东方不死之国，故孔子欲居之。且乾隆间奉上谕，申饬四库馆不得改书籍中夷字作彝、裔字，舜东夷之人，文王西夷之人，我朝六合一家，尽去汉、唐以来拘忌嫌疑之陋，使者无得以此为疑。”遂无辞而退。其据经决事，有先汉董相风，类此至多，惜平日无记载，苫块余生，又无从访质，挂一漏百，哀曷可言！……

大抵府君于《诗》、《书》大义及六书、小学，多出于外家庄氏，《易》、《礼》多出于皋文张氏，至《春秋》则独抱遗经，自发神悟。主山东讲舍时，为《释例》三十篇，又析其凝滞，强其守卫，为《笺》一卷、《答难》二卷。又推原左氏、穀梁氏之得失，为《申何难郑》四卷。又断诸史刑礼之不中者，为《礼议决狱》四卷。又推其意为《论语述何》、《中庸崇礼论》、《夏时经传笺》、《汉纪述例》各一卷。其杂涉蔓衍者，尚有《纬略》一卷、《春秋赏罚格》二卷。凡为《春秋》之书十有一种。宫保阮公、申耆李公各为梓行于广东、扬州，咸谓《春秋》自唐、宋以来，郢书燕说，国朝经学大昌，如嘉定钱氏、河间纪氏、栖霞郝氏，皆号通儒，而其说《春秋》，皆袭宋、元，直录其事，不烦褒贬之说，其弊不至于等经朝报束付高阁不止。近日曲阜检讨孔先生潜心大业，绍明绝学，著为《公羊通义》，而尚不能信三科九旨大义微言，千钧一发，至若钩幽起坠，干城御侮，张笔削之权，于三统之内，续董、胡之薪，于二传之外，择精语详醇乎其醇，则自汉以后，府君一人而已。

府君以东汉经师，有家法可寻者，今惟何、虞、许、郑四君子。虞氏之《易》，虽惠、张创通大义，学者尚罕得其门而入，因别为《易虞氏变动表》一卷、《六爻发挥旁通表》一卷、《卦象阴阳大义》一卷、《易言补》一卷、《易象赋》、《卦气颂》一卷，撮其旨要，约其义例，以便缀学之士。郑氏于三《礼》而外，于《易》、《诗》非专门，其《尚书注》已亡，或掇拾残阙，欲申墨守或旁蒐众说，支离杂博，皆浅涉藩篱，未足窥先生之渊奥，乃别为《尚书今古文集解》三十卷，别黑白而定一尊，由训故以推大义，冀他日与各经传注并立学官焉。

许君《说文》为形书而古韵未有专籍。近世顾、江、段、孔推衍递密，而收字未有全数，入声未审分配，乃研极精微，分为二十有六部，每部先收《毛诗》字，次收《说文》字，次收《广韵》字，每字复为推其本音，详其训故。又为《条例》一卷，共名《诗声衍》二十有七卷，集古韵之大成。此四端，皆府君所学之大者。又尝欲为《五经考异》，仿陆德明《经典释文》之例，以存异文古训，先成《易》一卷、《春秋》一卷。又取《史记·天官书》及《甘石星经》为之疏证二卷。又有少时所著《毛诗谱》三卷、《诗说》二卷。其未成者，尚有《九章举隅》及《小学启蒙》二书，无卷数。此皆府君手著之书，其裒辑者，则有《石渠礼议》一卷、《庚辰大礼记注长编》十二卷、《春闱杂录》一卷、《东陵勘地图说》一卷，又手摹《两京十六省舆地图》一册。

大抵府君之学，其异于世儒者有二：一曰通大义而不专章句。尝谓《毛传》详诂训而略微言，虞翻精象变而罕大义，求其知类通达、微显阐幽者，则《公羊传》，在先汉则有董仲舒氏，后汉则有何邵公氏，子夏《丧服传》有郑康成氏而已。先汉之学务乎大体，故董生所传非章句训诂之学，后汉条例精密，要以何邵公、郑康成氏为宗。然二传虽皆可以条例求，而《丧服》于五礼特一端。《春秋》则文成数万，其旨数千，天道浃，人事备，以之贯群经，无往不得其原，以之断史，可以决天下之事，以之持身治世，则先王之道可复也。二曰求公是而祛门户。说者谓府君墨守何学，然笺中规何五十余事，至于母以子贵及夫人子氏惠公仲子之属，则并舍《公羊》而从《穀梁》，甚至宋灾故一条，则并舍三传而从宋儒刘原父、胡安国之说，于其不苟为异，益知其同者之非苟同也。其说《诗》、《书》与郑异义十之四五，一洗近世专己守残之陋。又尝谓《汉志》有《公羊外传》五十余篇，全佚不存，左氏正可补其阙。惟当复其旧名曰《左氏春秋》，而尽刊去刘歆所私改之经文，与所增窜之书法凡例，庶几以《春秋》还之《春秋》，以《左氏》还之《左氏》，离之两美，俾攻《左》者不得摘为口实。人知府君为《公羊》之功臣，不知其尤为《左氏》之忠臣也。至于近世小学，但知溯源小篆，而古籀几为绝学。尝病《说文》多有所从得声之字，反不见于本书，而一字重文别体，或公收各部。又部首过繁，稽考不易，尝欲仿《尔雅》体并其重俗，补其古训，增其阙文，以省初学之心力，俾得专心于大业，手书创稿而未能就也。痛哉痛哉！

府君于词章由六朝以跻两汉，洞悉其源流，正变故。所著述随物赋形，无体不备。在他人称绝业，而在府君自视为绪余有自，著《诗文集》

八卷，又选定八代文苑四十卷、《绝妙好词》二十卷、《唐诗选》四十卷、《词雅》四卷，藏于家。

平日师友渊源，于先正则及见大兴朱文正公、阳湖孙渊如、金坛段若膺、高邮王怀祖诸先生。同志中与共习庄氏学者，则有若庄君绶甲兄弟、宋君翔凤、丁君履恒。其共习张氏学者，则有若张君琦，其侄成孙，其甥董君士锡；其束发以学行相砥砺者，则有李君兆洛、恽君敬、陆君继辂、周君仪玮、李君复来。又尝与刘公凤诰商五代史于浙江，与胡君培翚讲《仪礼》，王君萱龄、汪君喜孙讲《尚书》，徐君松论地理，徐君有壬论九数，陈君奂论小学于都门，为后学接引尤至一技若己有之弟子。潘准、庄缤澍从受《公羊》、《礼》，而潘早夭，府君痛之，于是有《反招魂》之作。同里董君祐诚高才早殁，于是有《梦董方正》之诗。

丙戌，分校礼闱，邻房有浙江、湖南二卷，经策奥博，曰："此必仁和龚君自珍、邵阳魏君源也。"亟劝力荐，不售，于是有《伤湖南、浙江二遗卷》之诗。

于诸甥中，喜赵振祚；于年家子，喜道州何绍基。凡所著述，有能献一字之益者，应时改定。闻人一善，则入内时不及解冠，先呼不孝等而谆语之，喜动颜色。故平生交游落落，闻府君逝而哭失声音，皆道谊中人。先后长礼部者，若高邮王公、萧山汤公、乐平汪公，皆重其学行，府君未尝有所干谒，有侮其迂、欺其朴者，府君皆欢然与之即。或代致不平，而府君反为申释焉。盖其肫笃庞厚，城府洞然，实不知人世之有险巇、物情之有机械，非矫糅以然也。尝为阮宫保言重雕宋本《十三经注疏》，又汇刊本朝说经之书为《皇朝（清）经解》，以幸士林。阮公从之，遂衣被海内。又尝慕唐柳氏家范、宋范氏义田，他日欲仿而行之。……

府君生于乾隆四十一年六月十二日戌时，卒于道光九年八月十六日未时，享年五十有四。配潘恭人，先府君两月卒。详府君所为《行述》。子八人，存者长承宽，嘉庆丙子举人，候补咸安宫教习；三子承向、六子承寔，俱监生；七子承安。其殁者，次子承宠，嘉庆己卯举人，著有《麟石诗文钞》二卷；四子承宴、五子承宣，均早殁，详府君所为《圹记》三篇，季承宇，年十岁殇。女二，俱先殇。……

《刘礼部集》卷十一附，1～11叶

宋翔凤传

宋翔凤，字于庭，江苏长洲人。嘉庆五年举人，湖南新宁县知县，亦庄述祖之甥。述祖有“刘甥可师、宋甥可友”之语，刘谓逢禄、宋谓翔凤也。翔凤通训诂名物，志在西汉家法、微言大义，得庄氏之真传，著《论语说义》十卷。序曰：“《论语说》曰：子夏六十四人，共撰仲尼微言，以当素王。微言者，性与天道之言也。此二十篇，寻其条理，求其旨趣，而太平之治、素王之业备焉。自汉以来，诸家之说，时合时离，不能画一，常综核古今有纂言之作，其文繁多，因别录私说，题为《说义》。”又有《论语郑注》十卷、《大学古义说》二卷、《孟子赵注补正》六卷、《孟子刘熙注》一卷、《四书释地辨证》二卷、《卦气解》一卷、《尚书说》一卷、《尚书谱》一卷、《尔雅释服》一卷、《小尔雅训纂》六卷、《五经要义》一卷、《五经通义》一卷、《过庭录》十六卷、《论语发微》、《经问》、《朴学斋札记》。咸丰九年，重赋鹿鸣。次年卒，年八十二。

《清史列传》卷六十九，35 页

邵阳魏府君事略（魏耆）

府君讳源，字默深，先世江西太和县人，于明初迁湖南邵阳之金潭。曾祖讳大公，字席儒。祖讳志顺，字孝立，隐居不仕，笃行著邑乘。父邦鲁，字春煦，有四子，府君其仲也。生于乾隆五十九年甲寅三月二十四日辰时。先一夕，母陈太恭人梦有古衣冠者，持巨笔及金色花授之曰：“以是为汝子。”梦觉而诞。幼寡嬉笑，常独坐。祖孝立公爱异之，常抚谓家人曰：“此子性貌并不恒，勿以常儿育之也。”

七八岁，入家塾。就扃一室，偶出，犬群嗥。夜手一编，咿唔达旦。母悯其过勤，每夜定，灭灯令卧。乃伺二老熟寐，潜篝灯被底翻阅。久为所觉，谕以长夜攻苦，非童稚所宜，继至涕泣，始少弛。九岁，应童子试。县令某公，于唱名时指茶瓯中画太极图曰：“杯中含太极。”时怀二麦饼，即应声曰："腹内孕乾坤。"令大惊异。

家素封，累世好施予，敬斯文，至席儒公尤笃。虽佣佃有子弟就傅者，亦捐其租入之半给膏火；有全不纳者，亦听之。值大饥，有司责赋急，合县惊骚，几致变。孝立公慨然赴县，毁产代输，邑众以安，家亦中落。春煦公因筮仕江苏，道远不能顾，益窘。祖母匡太恭人，年衰病瘊，动须人，母陈太恭人只身扶掖，哺甘涤秽，数年如一日。夜则燃豆秸，母绩子读，欣欣忘贫。乡人谓先世尚义博施，而母孝子贤，天必有以昌其后。

十五岁，补县学弟子员。始究心阳明之学，好读史，贫无书，假之族塾。伯父坦斋公以幼学，禁杂泛，乃伺便写读。十七岁食饩，名闻益广，学徒接踵。嘉庆癸酉二十岁，举明经。明年，侍春煦公起复入都，遂留从胡墨庄先生问汉儒家法。周石芳侍郎系英，偶见府君诗篇敦雅，四出揄扬，数日名满京师，中朝公卿争纳交焉。是时，问宋儒之学于姚敬塘先生学塽，学《公羊》于刘申受先生逢禄，古文辞则与董小槎太史桂敷、龚定庵礼部自珍诸公切磋焉。汤敦甫相国金钊，为府君拔贡座主，因饰《大学》古本，五十余日不过候，相国疑其疾，问之。府君垢面出迎，鬓发如蓬，相国愕眙。及出所业，瞿然叹曰："吾子勤学罕觏，乃深造至此，然而何不自珍爱乃尔也！"李春湖侍郎宗瀚提学湖南时，府君受知最深，至是延馆京邸，待之甚厚。

己卯中顺天乡试副贡生。道光元年辛巳，又中顺天乡试副贡生。壬午中式顺天乡试举人第二名。善化贺耦庚制军长龄，为江苏布政使，延辑《皇朝经世文编》，遂留意经济之学。时巡抚为陶文毅公澍，亦以文章经济相莫逆，凡海运水利诸大政，咸与筹议。

戊子游浙江杭州，晤钱伊庵居士东甫，从闻释典，求出世之要，潜心禅理，博览经藏。延曦润、慈峰两法师，讲《楞严》、《法华》诸大乘。毕，回苏州，闻舟钲，有省。

己丑应礼部试不第，遵酌增例，以内阁中书舍人候补。内阁为典籍之藏，国朝掌故之海，乃留意一代典故之学。

庚寅，回酋张格尔扰西陲，果勇侯杨公芳参赞军务。府君以与有文章之好，遂请从自效。至嘉峪关，闻罪人斯得而返。

辛卯春，以春煦公病亟，乞假定省。七月，春煦公弃养，哀毁骨立，几弗胜丧，茹素三年，笑不见齿。乃究心堪舆之术，穷探极览，不远千里；以牛眠难骤遘，于壬辰冬暂厝于苏州城外之金姬墩。

陶文毅督两江，以两淮盐法凋弊，思更张。府君谓救弊先其急，议改淮北试行票盐，裁浮费，减盐价，以轻商本。于是官盐价减于私贩，枭化为良，引销课裕，每年溢额数十万，藉补南课之不足。至今论盐法者，咸宗之。后两江制府，如江夏陈公銮、侯官林公则徐、长白璧公昌、长沙李公星沅、沔阳陆公建瀛，凡有漕河盐兵等政更张，皆延与议定而后行。

十五年，以陈太恭人春秋高，思所以尽其欢，买园于扬州新城，甃石栽花，养鱼饲鹤，名曰絜园。

二十二年，英夷犯海疆，江、浙震动。钦差大臣长白裕公谦，督浙江防剿，延致幕府。数月辞归。裕公阵殁后，抚议遂成，有感而著《圣武记》。其序曰：

> 荆楚以南，有积感之民焉，生于乾隆征苗之前一岁，中更嘉庆征教匪、征海寇之岁，迄十八载畿辅靖贼之岁始贡京师，又迄道光征回疆之岁，始筮仕京师。京师，掌故海也，得借观史馆秘阁官书及士大夫私家著述、故老传闻，于是我生以后数大事及我生以前讫国初数十大事，磊落乎耳目，磅礴乎胸臆。因以溯洄于民力物力之盛衰，人才风俗进退消息之本末。晚侨江、淮，海警沓至，忾然触其中之所积，乃尽发其椟藏，排比经纬，驰骋往复，先出其涉兵事及尝所论议若干篇，为十有四卷，统四十余万言，告成于海夷就款江宁之月。
>
> 乃敬叙其端曰：天地以五行战阴阳，圣人饬五官则战胜于庙堂。战胜于庙堂者若之何？曰圣清尚矣。请言圣清以前之事：今夫财用不足，国非贫，人才不竞之谓贫；令不行于海外，国非羸，令不行于境内之谓羸。故先王不患财用而惟亟人材，不忧不逞志于四夷，而忧不逞志于四境。国无不材，则国桢富；境无废令，则国柄强。桢富柄强，则以之诘奸，奸不处；以之治财，财不蠹；以之蒐器，

器不窳；以之练士，士无虚伍。如是，何患乎四夷，何忧乎御侮？斯之谓折冲于尊俎。

尝观周、汉、唐、宋、元、明之中叶矣，瞻其阙，夫岂无悬令？询其廷，夫岂无充位？人见其令雷行于九服，而不知其令未出于阶闼也；人见其材云布于九列十二牧，而不知其槁伏于灌莽也。无一政能申军法，则佚民玩；无一材堪充军吏，则敖民狂；无一事非耗军实，则四民皆荒。佚民玩则画箠不能令一羊，敖民狂则蛰雷不能破一墙，四民皆荒。然且今日揖于堂，明日觞于隍，后日胠于藏，以节制轻桓、文，以富强归管、商，以火烈金肃议成汤，奚必问其胜负于疆场矣。

《记》曰："物耻足以振之，国耻足以兴之。"故帝王处蒙业久安之世，当涣汗大号之日，必虩然以军令饬天下之人心，皇然以军事军食延天下之人材。人材进则军政修，人心肃则国威遒。一喜四海春，一怒四海秋。五官强，五兵昌，禁止令行，四夷来王，是之谓战胜于庙堂。故后圣师前圣，后王师前王，莫近于我烈祖神宗矣。《书》曰："其克诘尔戎兵以陟禹之迹，方行天下，至于海表，罔有不服，以觐文王之耿光，以扬武王之大烈。"用敢拜手稽首作《圣武记》。

甲辰中式礼部会试第十九名。乙巳补行殿试，第三甲，奉旨赐同进士出身，以知州用，分发江苏。是秋奉檄权扬州府东台县事，礼耆德，惩奸猾，士民悦服。先是前令葛公起元，将收漕，奸民聚哗，挟长短，几成大狱，故大府以府君代之。开仓之次日，金声四起，吏卒无措。府君曰："此奸民欲踵前智也，少缓党固矣，宜急捕。"遂率吏卒开门，寻金声掩之，须臾，擒二十余人，置诸狱，众窜散。父老谕之曰："魏公勤惠，是爱我者也，何自取夷灭耶？"多自缚输诚，悉遣之，民益感劝，数日毕事。

丙午夏，以母忧去官，毁瘠如前，欲茹素亦三年。至冬仲，饮食日损。家人咸以素务锐进，不事珍卫。且年逾五十，精气非昔，不可过淡薄，固请食肉，始允。

以前年英夷抚议，当事者为其窎远，不谙底蕴所致。遂于读《礼》之暇，搜揽东西南北四洋海国诸纪述，辑《海国图志》，及轮船机器各图说，成六十卷，以资控制。其序曰：

《海国图志》六十卷，何所据？一据前两广总督林尚书所译西夷之《四洲志》，再据历代史志及明以来岛志并近日夷图、夷语，钩稽贯串，创榛辟莽，前驱先路。大都东南洋、西南洋增于原书者十之八，大小西洋、北洋、外大西洋增于原书者十之六。又图以经之，表以纬之，博参众议以发挥之。何以异于昔人海图之书？曰：彼以中土人谈西洋，此则以西洋人谈西洋也。是书何以作？曰：为以夷攻夷而作，为以夷款夷而作，为师夷长技以制夷而作。

《易》曰："爱恶相攻而吉凶生，远近相取而悔吝生，情伪相感而利害生。"故同一御敌，而知其形与不知其形，利害相百焉；同一款敌，而知其情与不知其情，利害相百焉。古之驭外夷者，诹以敌形，形同几席；诹以敌情，情同寝馈。然则执此书可以驭外夷乎？曰：唯唯，否否。此兵机也，非兵本也；有形之兵也，非无形之兵也。明臣有言："欲平海上之倭患，先平人心之积患。"人心之积患如之何？非水，非火，非革，非金，非沿海之奸民，非吸烟贩烟之莠民。故君子读《云汉》、《车攻》，先于《常武》、《江汉》，而知二雅诗人之所发愤；玩卦爻内外消息，而知大《易》作者之所忧患。愤与忧，天道所以倾否而之泰也，人心所以违寐而之觉也，人才所以革虚而之实也。

昔准噶尔跳踉于康熙、雍正两朝，而电扫于乾隆之中叶。夷烟流毒，罪万准夷，吾皇上仁勤，上符列祖，天时人事，倚伏相乘，何患攘剔之无期？何患奋武之无会？此凡有血气者所宜愤悱，凡有耳目心知者所宜讲画也。去伪，去饰，去畏难，去养痈，去营窟，则人心之寐患祛，其一。以实事程实功，以实功程实事，艾三年而蓄之，网临渊而结之，毋冯河，毋画饼，则人材之虚患祛，其二。寐患祛而天日昌，虚患祛而风雷行。《传》曰："孰荒于门，孰治于田？四海既均，越裳是臣。"叙《海国图志》。

以守为攻，以守为款，用夷制夷，畴司厥楗。述《筹海篇》第一。

纵三十年，圆九万里，经之纬之，左图右史。述《各国沿革图》第二。

夷教夷烟，毋得入界，嗟我属藩，尚堪敌忾。志《东南洋海岸各国》第三。

吕宋、爪哇，屿埒日本，或噬或骁，前车不远。志《东南洋各岛》第四。

教阅三更，地割五竺，鹊巢鸠居，为震旦毒。述《西南洋五印度》第五。

维晳与黔，地辽疆阂，役使前驱，畴咨海客。述《小西洋利未亚》第六。

大秦海西，诸戎所巢，维利维威，实怀泮鸮。述《大西洋欧罗巴各国》第七。

尾东首西，北尽冰溟，近交远攻，陆战之邻。述《北洋俄罗斯国》第八。

劲捍英寇，恪拱中原，远交近攻，水战之援。述《外大西洋弥利坚》第九。

人各本天，教纲于圣，离合纷纭，有条不紊。述《西洋教门表》第十。

万里一朔，莫如中华，不联之联，大食、欧巴。述《中国西洋纪年表》第十一。

中历资西，西历异中，民时所授，我握其宗。述《中国西历异同表》第十二。

兵先地利，岂间遐荒？聚米画沙，战胜庙堂。述《国地总论》第十三。

虽有地利，不如人和，奇正正奇，力少谋多。述《筹夷章条》第十四。

知己知彼，可款可战，匪证奚方，孰医瞑眩。述《夷情备采》第十五。

水国恃舟，犹陆之堞，长技不师，风涛谁詟？述《战鉴条议》第十六。

五行相克，金火斯烈，雷奋地中，攻守一辙。述《火器火攻条议》第十七。

轨文匪同，货弊斯同，神奇利用，盍殚明聪！述《器艺货币》第十八。

后因续得布路国人马吉士与美里哥人高理文等所著书，又辑得四十卷，与前书合为一百卷，尤为详备。乃又叙之曰：

谈西洋舆地者，始于明万历中泰西人利马窦之《坤舆图说》、艾儒略之《职方外纪》，初入中国，人多谓之邹衍谈天。及国朝而粤东互市大开，华、梵通译，多以汉字刊成图说。其在京师钦天监供职者，则有南怀仁、蒋友仁之《地球全图》；在粤东译出者，则有钞本之《四洲志》、《外国史略》，刊本之《万国图书集》、《平安通书》、《每月统纪传》，灿若星罗，了如指掌，始知不披海图海志，不知宇宙之大，南北极上下之浑圆也。

惟是诸志多出洋商，或详于岛岸土产之繁，埠市货船之数，天时寒暑之节；而各国沿革之始末，建置之永促，能以各国史书志富媪山川，纵横九万里，上下数千年者，惜乎未之闻焉。近惟得布路国人马吉士之《地理备考》，与美里哥国人高理文之《合省国志》，皆以彼国文人，留心丘、索，纲举目张，而《地理备考》之《欧罗巴洲总记》上下篇，尤为雄伟，直可扩万古之心胸。至墨利加北洲之以部落代君长，其章程可垂奕世而无弊，以及南洲孛露国之金银，富甲田海，皆旷代所未闻。既汇成百卷，故提其总要于前，俾观者得其纲而后详其目，庶不致以卷帙之繁，望洋生叹焉。

又旧书止有正面背面二总图，而未能各国皆有，无以惬左图右史之愿。今则用广东香港册页之图，每图一国，山水城邑，勾勒位置，开方里差，距极度数，不爽毫发。于是从古不通中国之地，披其山川，如阅《一统志》之图；览其风土，如读中国十七省之志。岂天地气运，自西北而东南，将中外一家耶？

夫悉其形势，则知其控驭，必有于筹海之篇小用小效，大用大效，以震叠中国之声灵者焉。斯则夙夜所厚幸也夫！

至马吉士之《天文地球合论》，与夫近日水战火攻船械之图，均附于后，以资博识，备利用。

戊申，葬春煦公于江苏上元县之蛾眉岭，葬陈太恭人于句容县之龙潭莲山。又于其旁得吉壤，以祖母匡太恭人自邵阳迁葬焉。是秋服阕。

明年己酉，奉檄权知扬州府兴化县事。兴化为里河之极洼，地势如釜底，近高（宝）〔邮〕、洪泽二湖，秋必涨。故设南关、中新等五坝，资宣泄。民种早禾，秋初涨甚，而新谷已登，坝启水注，无关岁事。近因堤防不坚实，虑横决致罪，甫涨即启坝，虽黄穗连云弗顾也。建瓴百里，瞬息襄陵，是以里河七州县，农岁苦饥，而兴化尤剧。去年湖涨，坝启早，淮、扬大饥，赖川、广商米，不致困。是时复以涨甚，欲启坝。节甫大暑，垂秀将实，民情汹惧。府君乍莅任，闻风驰赴，督民卒昼夜筑护，与河员相持。恐不胜，请于制府陆公建瀛，亦驻节坝次，督防塞，河员乃不敢执前议。

会西风大发，澍雨翻盆两昼夜，湖浪挟威益厉，啮堤防如沃雪。高邮将决，府君冒风雨，伏堤上哀号，愿以身贷民命。自辰至未，屡为巨涛所漂，士民从者十余万。请少却，不为诎。薄暮风浪息，始休。暑雨所激，目赤肿如桃，见者感泣。陆公叹曰："精诚所至，金石为开，岂不信然！"立秋后获毕，坝启，岁竟大丰。故民谓其稻曰魏公稻也。

运河旧于东堤之外，筑重防，曰西堤，以捍秋汛，岁久不修，并失其址。于是府君躬历访得旧基，请制府复之。嗣后坚堤重立，足资保障，湖涨，但事筑防，不得辄议宣泄，必节逾处暑，秋稼登场，始启坝，请奏著为令，并勒石坝首。里河士庶撰联额诗词颂功德，且集资建生祠，严檄止之。其祝釐于家者，至今不替。府君卒后，始于同治五年，士民公请附祀于兴化之范文正公祠堂。不别祠者，承其志也。

庚戌，陆公念淮北改票，已著成效，而淮南鹾政敝极，欲仿法更张。府君以淮南课额重，引地辽阔，骤改之恐有鞭长莫及之虞，议改上江食岸为始，以渐推广，则举重若轻，弛张在握。公求急效，竟奏全改。值南盐缺产，课不足，檄府君权淮北海州分司运判，相机调济。乃督各场官严稽扫晒，杜偷漏，访获巨枭塘私三十余万，北产大盛，收逾额，以二十余万大引济淮南。南课赖充，而北课又倍，因筹银二十余万生息，为高、宝西堤岁修之用。议叙，得旨补缺，后以同知直隶州即用。咸丰元年，辛亥，特授高邮州知州。因前年防堤积劳，致疸疾，目黄体胀，痰壅气短，饮食艰，几殆。里河耆旧妇孺，斋戒祈禳，香火千里，吁嗟万家。至秋虽瘳，而神明非昔矣。

癸丑二月，粤逆扰江南，陷省城，扬州继失守。贼踪至召伯埭，去州城四十余里。承平日久，人不知兵，合境汹沸。府君首倡团练，亲督巡防，设卡以稽来往，守隘以遏窜突，添驿以通声气，侦探以窥贼情，重赏以作士气，峻刑以靖内奸。旬日之间，诸务毕举。

先是逆舟顺江而下，旌旆蔽空，莫之敢撄。自湖南永州至江苏扬州，所当辄破，不折一矢，十余日流毒三千余里。以致溃逃官军沿途焚掠，州郡不知所为。高邮南北之冲，去贼近，城中一日十数惊。府君于城外沿河，率吏卒擒斩百余人，逃兵不敢入境，民心少安。嗣后官军挫衄，溃兵入境，屏息潜踪，邮民无尺寸失者，实此次惩创之力也。湖西之太平庄，民居近薮泽，匿逋逃，素不法，粤警方急，建旂衅鼓谋响应。府君率吏兵夜往，擒其魁二十余人，黎明斩示，皆慑为神，伏莽遂靖。又虑丁卒皆乌合，非战兵之比，恐贼众掩至瓦解，不足当。贼近必多侦者，乃遍檄州郡，张明示，称朝廷派大员统重兵南下，已驻某地，刻日必至。间日一发，羽书络绎。贼故徘徊瞻顾，不敢过扬州一步。三月，钦差大臣琦公善，统兵至扬，人心乃定。

道光二十九年之启坝也，廉访某公为淮扬兵备道，实主其议。府君尼之，大相忤。时奉命督江北防剿，遂以迟误驿报，劾罢职。甲寅，周文忠公天爵以钦差大臣督皖军，奏府君咨军务。奉檄击宿州匪，斩馘六百余人，降众五千，散其党，平其垒而还。奉旨复官。府君以年逾六十，遭遇坎坷，世乱多故，无心仕宦，蒙文忠国士之遇，欲立微效报之，至是辞归，而文忠亦卒。

全家时避兵侨兴化，自归不与人事，惟手订生平著述，终日静坐，户不闻声。丙辰秋初，游杭州，寄僧舍，闭目澄心，危坐如山，客至亦不纳。即门生至戚，接二三语，便寂对若忘。丁巳二月，偶感微疾，谓从子彦曰："昨有所征，吾殆不久，至时，毋号哭相扰，惟静俟气尽，乃含殓耳。"旬日疾止，神志如常。至晦日，索汤洗濯，易襦袴。明日三月朔，金廉访安清过候，剧谈逾晷，徐谓曰："君且休，吾将逝矣，幸致何子敬，勉进德，不及决矣！"入室凝坐，至酉刻，嗒然而逝，时年六十有四。何君绍祺，尚书文安公凌汉之子，官浙江观察，于府君少年交，在杭常相过从者也。

呜呼！府君生平寡言笑，鲜嗜欲。虽严寒酷暑，手不释卷，至友晤谈，不过数刻，即伏案吟哦。舟中铅黄不去手。好游览，遇胜辄题咏，轮蹄几遍域中。有小印曰："州有九，涉其八；岳有五，登其四。"纪实也。为政尚简恕，谓子姓曰："守土牧令，以一人耳目之所及，防数百胥卒之欺蔽，胡可得哉？惟以诚感之，使不忍欺耳。"故听政之暇，以典籍自娱，不事苛察。与客接，无多言；有问答者，则反覆譬导，娓娓不倦。如大政有更张，与论难，则辞辩风起，循环无端，而要归一是。求佽助者，称有无，无所吝，虽奴隶如其欲。受人托，必竭力践言。族之贫乏者，依时周恤，未尝以在远见遗。故解组后，书籍外，无余财。

权东台时，泮宫前有瓦窨数十座，历百余年已，府君愀然曰："国家求人材于士林，而黉庠实士之根本，烈焰冲霄，终年燔炙，复何望耶？"锐意迁之，会以母忧去官，常以为憾。知高邮时，奎星阁前有大槐，秾蔽数亩，阴翳绝景，骤命伐之，士聚哗，已无及。府君曰："作养人材，守土者之责也，高邮近年科第断绝，皆此故耳。今诸士不能毋怨，狃于习耳。虽然，后必有易怨而为德者。"果是秋乡试榜出，文武诸生中式者八人，高邮至今甲科不绝。因曰："为官苟存心利物，随时皆可施惠，何论大小。此不过一举手之劳，而高邮多士，受福无穷。'民可使由之，不可使知之。'若必议定而后伐，则无伐期矣，故甘一时之聒耳。"又曰："听讼欲不屈人，非圣贤弗能。一人涉讼，合室倒悬，日羁月絷，即屈申枉直，家业已荡尽矣。故结讼宜速，但不皂白倒置，纵小不尽意，民得早归各治生业，全者众矣。至于系囚，一人犴狴，即无告之穷民，尤宜顾恤，刑之以其罪，无所怨，虐之，则咎在官，于心安乎？况恩泽之流，自近及远，囹圄隔一垣，惠尚不及，矧僻远哉！"故其所历各州县，牢狱皆深檐敞牖，暖室凉棚，给衣施药，囚逸且安，无殃折者。

至于改建书院，储卷籍，置义冢，设义学，整饰育婴堂、恤嫠会，传种牛痘，兴水利，培地脉，一切善政，不可枚举，亦详志乘，兹不殚述。

既卒，以生平爱杭州西湖，遂葬于南屏之方家峪。配同邑严氏，原任扬州府通判讳安儒公孙，候选布政司经历讳翊羲公女也。子耆。孙男三：桂、恒、繇。所著书有《诗文集》、《圣武记》、《海国图志》、《书古微》、《诗古微》、《公羊古微》、《曾子发微》、《高子学谱》、《孝经集传》、《孔子年表》、《孟子年表》、《小学古经》、《大学发微》、《两汉今古文家法考》，并所辑《皇朝经世文编》、《论学文选》、《明代兵食二政录》，及《春秋繁露》、《老子》、《墨子》、《说苑》、《六韬》、《孙子》、《吴子》注，各如干卷。

戴君墓表（施补华）

同治十二年二月，亡友戴君卒于江宁。其年七月，海宁唐仁寿携君柩还湖州。十月，归安丁宝书、乌程施补华葬君仁王山之东麓，去其先茔一里而近，补华为表其墓曰：

君讳望，字子高。先世德清名族，自曾祖某始迁居郡城。祖铭金，以诗名嘉、道间，有三子，皆俊才。伯叔早殒；仲氏福谦，道光丁酉举人，君之父也。君生四岁，父殁于京师。君曾祖年逾八十，祖五十余，皆存。母及诸母皆寡，三世茕茕，抱一孺子而泣。而君生有奇慧，六七岁时，读书日数十行，人谓戴氏垂绝而续矣。夫何曾祖与祖相继奄忽，家贫岁饥，无所依赖，于是君挟册悲诵，寡母节衣缩食，资君以学，时时空无，相向啜泣。然君虽孤贫荏弱，端绪则见。乌程程君可大，朴学至行，君以为师，而友丁君及予，晨夕淬厉，十数年不懈。

君学凡三变，始好为辞章；继读博野颜氏元之书，则求颜氏学；最后至苏州，谒陈先生奂而请业焉。通知声音训诂、经师家法。复从宋先生翔凤授《公羊春秋》，遂研精覃思，专志治经。君之学几有成矣，而庚申之乱作，君乃奉母避城南东林山。久之，大困，无所得食。有至戚官闽中，母数命君往，不获已，以辛酉入闽。今上初元，君复自闽中归，将迎其母。闻湖州已陷，则仰天长号，僵仆绝气，复忍死出入豺虎之丛，遍求母之所在，莫（暮）行昼伏，神咨鬼诹，淹旬带月，迄无所遇。尝遇予山中，执手恸哭而去。三年，官军复湖州，君来省其祖、父之墓，复与相见。已而旅食苏州，旋至江宁，寓屋火猝发，墙圮，幸不死。曾文正公闻其名，悯之，始延之校所刻书。君至痛在心，未壮而艾，每寄书来，述所患苦，然处颠顿狼狈呻吟哭泣之中，终不废学，学日益进。大江南北，耆儒魁硕，交相称许。

时兵事大定，文治聿修，自公卿以至将帅，咸慕儒术，皆将称道程、朱，比踪孔、孟，而君所讲习，又与世违异，伏处郁郁，冀有能纂述，成戴氏《论语注》二十卷、《证文》四卷。辑《颜氏学记》十卷、《管子校正》二十四卷。又为《古文尚书述》，属稿未半，而病以亟矣。盖君自至江宁，数病，病稍闲，即改所著书，复作乃止，如是六七年，至于不可为以卒。无子，以族子后之。

呜呼！君自始生以至既卒，三十七年之中，无一日不可哀伤恻怛者，造物者之于君，可谓酷矣，岂所谓命也耶？而学术成就又有是，岂于此有所予，必于彼有所夺耶？在昔学人困厄颠沛，亦未有得之至此极者，何独于君适际是艰耶。三世梵梵，望于君者何如，而君则既殁矣。君学术及他行事，不备书，书其苦心忧志致穷于天如此，与天下学人共惜之。

《谪麟堂遗集》卷首，宣统三年，归安陆氏依会稽赵氏本刻

邵懿辰传

邵懿辰，浙江仁和人。由举人于道光二十一年考取内阁中书，寻补官。二十五年，充军机章京。二十六年，升起居注主事。二十八年，由军机处奏保，以员外部升用，分刑部，寻补官。二十九年，捐备本籍赈需，下部议叙。咸丰三年二月，命发往东河，交河道总督福济差委，并谕以到工后随同福济巡查黄河口岸。

时粤匪由江苏分窜河南。三月，懿辰偕詹事府少詹事王履谦分驻河干，办理防务。六月，归德府失守，谕曰："邵懿辰系朕特派之员，并传谕实力严防。该员于归德失陷时，将刘家口船只收归北岸，尚未疏防。

惟于烧毁船只后，辄难防守，咎实难辞。着交部议处。”寻降二级调用。

九年，以在籍办理团练，操防出力，经巡抚胡兴仁保奏，开复原官。

十一年，粤匪再陷杭州省城，懿辰死之。

同治四年，浙江巡抚马新贻奏言：

自粤逆再犯杭城，懿辰方丁忧家居，与前抚臣王有龄共筹守御，会贼氛益炽，围城数十重，粮尽援绝。懿辰方著《礼经通论》未成，日食半菽，犹重加编订。城外炮声如雷，火光彻夜，处之坦然。语其子顺年曰：‘曩有谓我无死事责者，不知死分也，命也。读圣贤书，所学何事？今日之事，溃败如此，与其求免而辱，何如一死殉城，犹为心之所安乎？’其子知义不可夺，亦不敢言去。如是者经月，遂绐其妻子，乘间出走。曰：‘无以细弱累我。’及城陷，懿辰被执，贼酋访知其为杭州宿望，迫令从逆。懿辰仰天大笑曰：‘我固早拼一死，速杀我，尚何言。’贼不忍加害，环守甚密。懿辰骂逾厉。贼怒甚，以巨杵击碎头颅，加刃于胸，遂遭惨害，时距城陷后三日耳。此上年杭州克服后，顺年访诸其旧邻居梓人罗占魁自贼中逸出，备述当日目击之情形也。

懿辰方年未冠时，即期以著述传世。读书目数行下，博览群籍，研究义理。每谓汉、宋诸儒学问，不可偏废。尤谙练国朝掌故，洞悉源流。前直军机处，凡遇大典礼颁发诏谕，每属稿上必称旨。旋以防河，因公罣误，杜门不出，著书自娱。咸丰十年，杭城初次被围时，懿辰母犹在堂，乃于围城中取间道奉母避居绍兴。迨十一年母殁归葬，即守制旧居，矢志不复出。每曰：‘前此之避乱他徙，以有母在也，自此不求幸免矣。’孰意遭时多难，婴城喋血，竟以身殉，良堪痛惜。臣下车之始，访诸里人，均无异词。旋据邵顺年禀陈颠末，并准两江督臣曾国藩咨请具奏。查懿辰学问渊深，志趣卓越。昔在京邸，与曾国藩为道义交。逮曾国藩驻师祁门，懿辰以故旧相访，纵论兵事，有意见不合处，持论弗为苟同，故曾国藩屡称之，而臣亦习闻之。兹复廉得其死事情状，真有先儒之范，而兼烈士之风。惜手纂遗书多遭兵燹，而其慷慨就义，大节凛然，自足千古。应请照阵亡例，从优议恤。

疏上，谕曰：“前任刑部员外郎邵懿辰于杭州失陷时，骂贼被害，实属慷慨就义，大节凛然。着照阵亡例，从优议恤，从祀杭州本籍昭忠祠。其生平事实，着宣付国史馆立传，以表宿学而褒忠节。其子媳邵顺年之妻伊氏投井殉难，孝节兼全，着交部照例旌表。”寻赐恤如例，赠道衔，赏云骑尉世职，袭次完时，以恩骑尉世袭罔替。

《清史列传》卷六十五，《忠义传》，43～44页

庄有可传

庄有可，名献可，字大久。幼沉粹内朗，喜读书，无歧好。迨长，取诸经传，精研义理，句栉字比，合诸儒之书，以正其是非，而自为之说。两游京师不遇。子宦中州，迎养至署。晨夕一编不废故业。年七十九卒。著书四百余卷，自言诸经中，《春秋》功力最挚云。书目详《艺文志》。中子诜男，嘉庆七年进士，改庶吉士，散馆授河南南召知县，擢怀庆通判，所至有政声。

《武进县志·儒林传》

引用、参考要目

《味经斋遗书》　庄存与撰　光绪八年重刊，阳湖庄氏藏板

《刘礼部集》　刘逢禄撰　光绪壬辰延晖承庆堂重印本

《虚一斋集》　庄培因撰　光绪九年季秋开雕本

《珍艺宧遗书》　庄述祖撰　道光间武进庄氏刊本

《夏小正考》　庄述祖撰　清刻本，《明堂阴阳夏小正经传释》之一

《养一斋文集》　李兆洛撰　光绪四年重刊本

《揅经室集》　阮元撰　邓经元点校　中华书局 1993 年版

《慕良杂纂》　庄大久撰　商务印书馆 1930 年 11 月排印本

《慕良杂著》　庄大久撰　商务印书馆 1930 年 12 月排印本

《龚自珍全集》　龚自珍撰　中华书局 1961 年第二次印刷

《魏源集》　魏源撰　中华书局 1983 年第一版

《谪麐堂遗集》　戴望撰　宣统三年归安陆氏印会稽赵氏本

《礼经通论》　邵懿辰撰　宣统辛亥上海国学扶轮社排印本

《康有为自编年谱》　楼宇烈整理　中华书局 1992 年版

《康有为政论集》　汤志钧编　中华书局 1981 年版

《春秋左传读》　章太炎撰　潘景郑覆印本

《驳箴膏肓评》　章太炎撰　稿本，上海图书馆藏

《訄书》重印本　章太炎撰　日本东京翔鸾社铅字排印本，署“共和一千七百四十五年夏四月出版”

《章太炎年谱长编》　汤志钧编　中华书局 1979 年版

《复堂日记续录》　谭献撰　民国铅字排印本

《饮冰室合集》　梁启超撰　林志钧编　中华书局 1941 年版

《翼教丛编》　苏舆辑　光绪二十四年武昌重刊本

《觉迷要录》　叶德辉辑　光绪三十一年刊本

《清实录》　清代官修　伪满影行本，本书参考《高宗纯皇帝实录》
《清史列传》　清史馆编　中华书局 1928 年 12 月版
《清朝续文献通考》　刘锦藻编　商务印书馆 1936 年版
《清儒学案》　徐世昌纂　中国书店 1990 年重印本
《清代室名别号索引》　杨廷福、杨同甫编　上海古籍出版社 1988 年版
《碑传集》　钱仪吉纂　《清代碑传全集》本，上海古籍出版社 1987 年影印本
《续碑传集》　缪荃孙纂　同上
《碑传集补》　闵尔昌纂　同上
《皇清经解》（《学海堂经解》）　阮元主编　道光九年刻本
《皇清经解续编》（《南菁书院经解》）　王先谦主编　光绪十四年刻本
《经义考》　朱彝尊撰　中华书局排印本
《武进县志》　王祖肃等修　乾隆三十年刊本
《阳湖县志》　陈廷柱等修　同上
《武进阳湖合志》　黄冕修　李兆洛等纂　道光二十二年刊本
《武进阳湖县志》　张球修　汤成烈纂　光绪五年刊本
《武进志余》　庄毓铉等纂　光绪十四年刊本
《毗陵庄氏族谱》　庄凤威等增修　光绪二年刊本
《毗陵庄氏族谱》　增订本　民国间排印本
《武进西营刘氏宗谱》　刘翊辰等修　光绪二年刊本

附录一

庄存与和汉学、宋学

经学史上的学派，在其创始之初，体系尚不严密，对其他学派并不完全排斥。只是就其主要倾向而言，却已有着新的学术迹象。

庄存与是清代今文经学的创始人，作为信奉今文经学的学者，对古文经学总是存有门户，对古文经籍也会判若冰炭。

清初，山右阎若璩撰《古文尚书疏证》，证实东汉梅赜所献《古文尚书》为伪，流风所及，考据渐兴，古文经学盛行，庄存与以为"辨古籍真伪，为术浅且近者也"①。但他也写有《毛诗说》、《周官记》、《周官说》。《毛诗》、《周礼》，都是古文经籍。

《毛诗说》四卷，载《味经斋遗书》，他说《小雅·白驹》曰：

> 诸侯之士，不贡于王，不见征于天子，则不可以仕于王室。天子之大夫，可以适诸侯，不可以仕于诸侯。于周不可则去之鲁，未之前闻也。于焉（原注：读于虔反）逍遥，其去而不仕，未可知也。于焉嘉客，其去而为诸侯客，亦未可知也。若将往仕于诸侯之国，则无宁来仕于天子之朝矣。尔公也，尔侯也，若之何为其陪隶臣乎？诚欲优游事外，则长守此不仕之志矣。既而遵迹以求焉，则见白驹在空谷矣，且见其生刍一束矣，不为嘉客为逍遥矣。贤哉此大夫其人，不见其德如玉，不见其人乐闻其音，毋更舍此而适远焉。然后知场苗场勒藿何幸为白驹食，今朝今夕，信不为暂而为永也。②

他虽"详于变雅，发挥大义"，但《毛诗》毕竟是古文经籍。

《周官记》、《周官说》，《味经斋遗书》不载，见《皇清经解续编》卷一六一至一七〇。他在《序冬官司空记》中说：

---

① 龚自珍：《资政大夫礼部侍郎武进庄公神道碑铭》，见《龚自珍全集》，142页。

② 庄存与：《味经斋遗书·毛诗说》卷二。

《周官》礼经六篇，遭暴秦灭学，《司空篇》亡。汉兴，购千金不得，纪录《考工》以备大数。自是以来，《考工记》上系《冬官》，而《司空》之典遂亡矣。……《仪礼》十七篇，有经复有记，盖书缺简脱，而贤者陈诵所闻。及宋刘敞为士相，见公食大夫作义，皆效往古之辞。斯学者之成法也。谨采《尚书》、《国语》，及博闻有道卫之文，宣究其意，为《周官》作记，以附于书阙有间之义。①

说明他写《周官记》，是为了补《周礼·冬官》之缺，以为"《仪礼》十七篇，有经复有记"，已启《仪礼》为"全经"之渐。《周礼》是古文经典，说明他对古文经籍也经潜研；又引刘敞之语，说明他对宋儒也不废弃。末后署"乾隆四十有八年龙集昭阳单阏六月上旬，武进庄存与纂"，知撰于乾隆四十八年，时庄氏六十五岁，任礼部左侍郎，在上书房行走。

庄存与去世后，其孙绶甲辑其遗稿，成《周官记》三卷，见《皇清经解续编》卷一六八至一七〇，撰有《周官记跋》曰：

先大父之治经也，最先致力于《礼》，病《周官》礼经六篇，《冬官·司空》独亡。以为周家制度莫备于《周官》，式法根氐，皆在《冬官》。《冬官》存，举而错之，天下无难也。欲为《冬官》补亡，而缺失不可理，遂原本经籍，博采传记、诸子，为《周官记》五卷。……次《周官说》二卷，一则择其要者释之，一则合二《礼》以究大义。通前书凡七卷，皆手定之。先大人手录其副。岁癸亥，仲父以授绶甲校刊于吴门。今于遗稿中检得零章断句，及批注简端者，并录而编之，成三卷，补刊附后，都为十卷。

先大父治《礼》，本郑氏学，又遍举晋、唐、宋、明以来说经之书，择善而从，为郑氏拾遗补阙，如六天五帝本之谶纬，五服九州无借拓大……此等皆为疏通其指，一衷于经焉。

跋语撰于"道光七年，岁在丁亥六月"。

根据跋文，知庄存与"最先致力于《礼》"，"欲为《冬官》补亡"，则《序冬官司空记》虽撰于晚年，而《周官记》实为早年之作，晚年始

① 庄存与：《序冬官司空记》，见《皇清经解续编》卷一六一。

行补“记”。至于《周官记》原定二卷，另一卷则为庄绶甲在庄存与“遗稿中检得零章断句，及批注简端者，并录而编之”。《跋》又谓庄存与“治《礼》，本郑氏学，又遍举晋、唐、宋、明以来说经之书”，知他治经并不专治一家，但采用谶纬，谶纬却是今文学者所用。

庄存与对东汉古文经学和古文经籍曾经援用，对宋学和宋人撰著也曾诵奉。他的父亲庄柱，字书石，号南邨，“自幼及长，手录者成帙，不乙一字，尤好朱子、小学，一言一动，皆遵之”①，庄存与当然受到影响。事实上，清代学者，一般都在科举中式后从事专门著述，科举考试以朱熹等所注为范本，多少都受过宋学的影响，庄存与也不例外。

学派在初创时，一般体例并不严谨，对其他学派的说解也会援引，到了它的继承者才逐渐体例日严，门户渐兴，清代今文学派也不例外。

---

① 庄勇成：《南邨公传》，见《毗陵庄氏族谱》卷二十《传记·家传》。

庄存与的尊《春秋》、崇《公羊》

庄存与以《春秋》为“五经之筦钥”，《春秋》大义存乎《公羊》，他之所以尊奉《春秋》、独崇《公羊》，有下述几点值得注意：

一、庄存与以为《春秋》是“经世之书”、“礼义之大宗”，“法可变，《春秋》之道则不穷”①。它“举往以明来，传之万世而不乱”②。

庄存与以为《春秋》，孔子所笔削，孔子回到鲁国而作《春秋》，是他的“不得已”。《春秋》中存有微言大义，它不是“纪事之史”，而“约文以示义”。《春秋》所书均有“所表”，有其“书法”。以文公五年记“秦人入鄀”为例，《春秋》本来“录大略小，录近略远”，而《春秋》之所以载这“微国”、“远国”，是因为“秦人之好兵”，所以记此专条。他说：“《春秋》之法，苦民尚恶之，况伤民乎？伤民尚痛之，况杀民乎？民者，《春秋》之所甚爱也；兵者，《春秋》之所甚痛也。”“秦人好用兵，而先见其端于天下，于入鄀然后见之也。”又如文公十年记“春王三月辛卯，臧孙辰卒”，庄存与认为所以记载“辛卯”日期，是因为臧孙辰为鲁国所崇敬，所以“书之，志以日”。这是否是“贬义”？说是“义不得无贬而辞无贬”，因为臧孙辰“自知弗如柳下惠”，而“蔽之俾不通然后已”，这是“蔽贤”，所以“辞无贬”而“义在指矣”③。《春秋》“书法谨严”，义有所指，“举往明来”，是《春秋》笔法，所以作为臣民，一定要知道《春秋》，必需尊奉《春秋》的大义。

二、庄存与以为《春秋》的大义，存乎《公羊》，其中有“通三统”、“张三世”等条例，辨名分，定尊卑，明外内，举轻重，都有一定笔法，所以要明确《春秋》，必须深入研究《公羊》义例。

---

① 庄存与：《春秋正辞》卷十《诛乱辞》。

② 庄存与：《春秋要指》。

③ 庄存与：《春秋正辞》卷五。

儒家言必称三代，以尧、舜、禹、汤、文、武为“至治盛世”。周平王东迁以后，王室衰微，浸为“乱世”。今文学者以为夏、商、周三代各有其“统”，夏为黑统（人统），商为白统（地统），周为赤统（天统）。夏、商、周三代制度各有因革损益，不是一成不变的。庄氏外孙刘逢禄推衍其旨，说是《春秋》“立百王之制，通三统之义，损周之文，益夏之忠，变周之文，从殷之质”，于是“百世以俟圣人而不惑”①。清代离开商、周虽已古远，但“继体守文”，能“深明《春秋》之法以制驭其政”，则“三代之治未尝不可复，其乱未尝不可弭”②，援用《春秋》的微言，根据当今的实际，才能“后王有作”。

春秋时代，已为“乱世”，诸侯征伐，周天子名存实亡，孔子作《春秋》，“于所见（昭、定、哀）微其辞，于所闻（文、宣、成、襄）痛其祸，于所传闻（隐、桓、庄、闵、僖）杀其恩”，“异其书法，寓有褒贬”。“于所传闻世见拨乱始治，于所闻世见治，廪廪进升平，于所见世见治太平”，“由是辨内外之治，明王化之渐，施详略之文，鲁愈微而《春秋》之化益广，世愈乱而《春秋》之文益治”③。那么，“《春秋》起衰乱以近升平，由升平以极太平”④，这种由“乱世”而“升平”，由“升平”而“太平”的“三世”说，是认为社会历史是进化的。然而，要进化，还应明乎《春秋》。庄存与发其端，刘逢禄阐其旨，当举世高谈三代，“世愈远而治愈甚”，以致沦为退化论泥潭之时，庄、刘独能比迹“三统”，推衍“三世”，力主“拨乱”，倡言“经世”，确属不易。

三、董仲舒发挥《春秋》“大一统”学说，儒家为之“独尊”。庄存与认为当今“盛世”，尤应“一统”，不能拘泥章句，而应“远法”《春秋》。

“三统”、“三世”，时代不同，应该随时“因革”，也只有因革损益，才能想望“太平”。悬一理想是目标，作为“太平”的倒影，时愈久则治愈甚。“大一统”才能“六合同风，九州共贯”。庄存与以为“天无二日，世无二王，国无二君，家无二尊，以一治之”⑤，必需尊亲事君，“全至尊

---

① 刘逢禄：《论语述何篇》，见《刘礼部集》卷二。

② 刘逢禄：《十七诸侯终始表序》，见《刘礼部集》卷四。

③④ 刘逢禄：《释三科例》上《张三世》，见《刘礼部集》卷四。

⑤ 庄存与：《春秋正辞》卷一《奉天辞》。

而立人纪"①。《春秋》即以"天子之事","辨名正分",正外内,定尊卑,审轻重,纪远迩,征敬怠,别同异者。为人臣子,即应忠君,应该"陈善必列其宜,匡失必举其败",不能以"无端崖之辞以溷其上,而藏其奸",不能"固奸以事君","以饰其恶",欺君是不祥的。② 照此说来,"大一统"的核心是尊君,是供奉中央王室。

庄存与认为,春秋时,王室衰微,孔子表彰齐桓、晋文,是因为他们"尊王攘夷","一匡周室"。孔子笔削《春秋》,存有"书法"。如庄公二年五月记"春,陈侯使女叔来聘",即书之以"录齐桓之功","齐桓主中国,则陈不知有楚患,国家安宁";桓公既薨,陈遂"日役乎楚"③,齐桓"存三亡国,而天下咸谕乎桓公之志,再为义王,克尽臣节,修礼诸侯,官受方物,鲁人至今以为美谈"④。这是以为齐桓公"纠合诸侯,一匡天下",尊奉周王朝,"归命周天子"以成"大一统"的。

由上可知,清代今文经学兴起时之所以力言《公羊》,是因为它存有《春秋》大义,其中"微言"重点在"大一统"。庄存与之复兴今文,也是因为维护"大一统",从而援用《春秋》作为依附,发挥《春秋》"微言"以维护"大一统"的。

---

① 庄存与:《春秋正辞》卷二《天子辞》。

② 参见庄存与:《春秋正辞》卷一《奉天辞》。

③ 庄存与:《春秋正辞》卷四《内辞》。

④ 庄存与:《春秋正辞》卷六《二伯辞》。

庄存与和《春秋正辞》

庄存与撰著的《春秋正辞》，在他生前没有刊板行世，逝世后，其孙庄绶甲录寄广东，阮元刻于《皇清经解》，并为撰序，说他“不专专为汉、宋笺注之学，而独得先圣微言大义于语言文字之外”，“所学与当时讲论或枘凿不相入，故秘不示人”①。

庄存与于诸经时有撰著，《易》则“贯串群经，虽旁涉天官分野、气候，而与汉、宋诸儒之专衍术数、比附史事有异”；阎若璩《古文尚书疏证》问世以后，流风所至，考据渐兴，庄氏于《书》则以为“辨古籍真伪，为术浅且近者也”②；《诗》则“详于变雅，发挥大义”。于诸经中研读最深、影响最广的则为《春秋》。《春秋正辞》、《春秋要指》，开清代今文经学复兴之先河，寻微言于既坠，求大义之所存，真是所谓“开天下知古今之故”。

《春秋正辞》发挥西汉今文经学“大一统”、“通三统”、“张三世”、表五行灾异等说解，宗奉《公羊》经说。如云：

> 次三曰大一统，天无二日，民无二王，郊社宗庙，尊无二上。治非王则革，学非圣则黜。次四曰通三统，三代建正，受之于天，文质再复，制作备焉。……次九曰张三世，据哀录隐，隆薄以恩，屈信之志，详略之文。智不危身，义不讪上。有罪未知，其辞可访。拨乱启治，渐于升平。十二有象，太平以成。③

言“大一统”、“张三世”曰：

> 公羊子曰：何言乎王正月？大一统也。《记》曰：天无二日，土无二王，国无二君，家无二尊，以一治之也。

---

① 阮元：《庄方耕宗伯经说序》，见《味经斋遗书》卷首，1～2叶。

② 龚自珍：《资政大夫礼部侍郎武进庄公神道碑铭》，见《龚自珍全集》，141～142页。

③ 庄存与：《春秋正辞》卷一《奉天辞》。

臣愚以为诸不在六艺之科、孔子之术者，皆绝其道，勿使并进，邪辟之说灭息，然后统纪可一，而法度可明，民知所从矣。①

言“通三统”曰：

经所不言，何故传之，不殆于诬乎？曰：乌！是何言欤？天有五行，地有五行，陈天之五，合地之五，明天道也，重皇极也。……天无不覆，地无不载，各以五配而不能为六也。②

说是“《春秋》之义，务全至尊而立人纪”，“君父忧勤，臣子安乐”。“为国者慎毋弃先王之经”③。

《春秋正辞》对《左传》也有批评，如说“公羊家有所受之，彼徒据左丘经，将以何明之？经鲜不乱，传且失之诬矣”④。在文公十年“臧孙辰卒”下说：

卒，何以日？辰，鲁之崇也。得无贬乎？义不得无贬，而辞无贬也。……臧孙辰，闻人也，以其言为鲁大夫师，自知弗若季，则护其故以蔽之，俾不通然后已。以王者之法正之，蒙显戮者，辰其首也，辞乌得无贬乎？曰：义在指矣，曷不学乎《春秋》，庄公季年迄于兹，辰也日在卿位，告籴之外无见焉，鲁人皆崇之矣，圣人皆削之矣。季友卒，僖政衰，仲遂恣，宣慝伏，鲁无人焉。孰知辰之至是始卒也。享卿禄者又五十年矣，不为不久矣。噫！后之君子，钦念之哉！以臧孙辰之为良大夫，当世谓之不朽，而闵、僖、文之《春秋》削之，无一事已录者，则知蔽贤之罪大，而小善不足以自赎也。甚绝之也，义在指矣，曷不读乎《春秋》。⑤

他着重发挥《春秋》大义，以为臧孙辰的“蔽贤”，《春秋》义有所指，他重在“大义”，与《左传》之重在记事自有不同。

庄存与阐述“三世”，谈“贵贱”，论“贵近略远”，以为“为人君父而不通于《春秋》之义者，必蒙首恶之名”，如在隐公七年“滕侯卒”下说：

---

①② 庄存与：《春秋正辞》卷一《奉天辞》。

③④⑤ 庄存与：《春秋正辞》卷五《内辞》。

滕，微国也，所闻之世始书卒，所见之世乃书葬。曷为于所传闻之世称侯而书卒？以其子来朝，恩录其父，王者所不辞也。[①]

讲《春秋》笔削大义，讲“三世”不同“书法”。又如在文公五年“秦人入鄀”下说：“鄀者何？微国也，自我言之，远国也。”所以书，因“秦人好兵”而志之。“《春秋》之法，苦民尚恶之，况伤民乎？伤民尚痛之，况杀民乎？民者，《春秋》之所甚爱也；兵者，《春秋》之所甚痛也。”[②]“滑也，鄀也，非秦所以通道于东诸侯者乎？苟有桓、文之君，则知所以示权于中国矣，而况王者兼国二十，开地千里，皆于是乎见之，而犹未止也，远矣哉！”[③] 以“微国”、“小国”的鄀国所以书，指出《春秋》“笔法”。

庄存与治经不拘汉、宋，发挥“微言”，重“取法致用”，贵经世，于汉学、宋学有资经世者曾予采纳，于汉学、宋学无助经世者则予废弃。探究汉学、宋学的精神，一切以经世为指归。基于经世，特别重视经书中的大义。自从汉武帝“定儒术于一尊”以来，士大夫浸渍经义，推衍经术，依托儒经，阐发议论。但东汉以后，这种重“义”的今文经学就渐渐衰落了。庄存与却在“乾嘉盛世”，“独得先圣微言大义于语言文字之外”，以至有人称他是“开天下知古今之故”，成为清代今文经学复兴的创始人。《春秋正辞》也成为探究庄存与经学思想的主要著作。

---

① 庄存与：《春秋正辞》卷七《诸夏辞》。

②③ 庄存与：《春秋正辞》卷八《外辞》。

庄存与和和珅

庄存与“研经求实用”，在清乾隆间和珅“骎骎向用”，“怙宠贪恣，欺君枉法”，吏治日坏之时，发挥《春秋》微言，复兴今文经学，成为常州今文学派的创始人，“翻腾一度，裒然成家”。然而，也有人对此存有疑义，认为他的创导今文，与和珅无关；并以《春秋正辞》为庄存与于1786年辞官回常州后所写，他“讥刺和珅”，“间接也就是指责乾隆”，从而否定他的揭橥今文与和珅有关。

其实，持庄存与与和珅无关的论据，还很不足。我认为，他的潜研今文，著书立说，是与和珅的欺君枉法有关的。

首先，说庄存与“发愤慷慨”与和珅怙宠欺君有关，是有文献记载的。魏源《武进庄少宗伯遗书序》说：

> 武进庄方耕少宗伯，乾隆中以经术傅成亲王于上书房十有余载，讲幄宣敷，茹吐道谊，子孙辑录成书，为《八卦观象》上下篇、《尚书既见》、《毛诗说》、《春秋正辞》、《周官记》如干卷，崒乎董胶西之对天人，醰乎匡丞相之述道德，肫乎刘中垒之陈今古，未尝凌杂釽析，如韩、董、班、徐数子所讥，故世之语汉学者鲜称道之。呜呼！君所为真汉学者，庶其在是；所异于世之汉学者，庶其在是。《易》“童观，小人无咎，君子吝”，言“贤者识大，不贤者识小”，致远恐泥，是以君子不为焉。
>
> 君在乾隆末，与大学士和珅同朝，郁郁不合，故于《诗》、《易》君子、小人进退消长之际，往往发愤慷慨，流连太息，读其书可以悲其志云。①

魏源于嘉庆十九年甲戌（1814年）二十岁入京，“学《公羊》于刘申

① 魏源：《武进庄少宗伯遗书序》，见《魏源集》，237～238页。

受先生逢禄”，并与龚自珍等切磋。这时，距庄存与去世不过二十六年，刘逢禄是庄存与的外孙，受过庄的教导，宗奉《公羊》，当他和龚、魏讲究《公羊》时，对庄存与的《公羊》学说引录见告，应该是很自然的。尽管魏源看到《春秋正辞》是此后的事，但在从刘逢禄问学《公羊》时，应该听到庄存与其人其说的。魏源说他“与大学士和珅同朝，郁郁不合”云云，应有所据。在没有其他确凿反证说他与和珅无关之时，不能轻易否定。

其次，庄存与“与大学士和珅同朝”，系事实。查和珅于乾隆四十年（1775 年）值乾清宫，擢御前侍卫兼副都统。次年，授户部侍郎，命为军机大臣兼内务府大臣。四十五年（1780 年）八月，赠双眼花翎，充国史馆正总裁。① 乾隆五十一年丙午（1786 年）闰七月起任文华殿大学士兼吏部尚书，掌管户部及吏部。② “和珅在位时，命奏事者具副本送军机处”，“怙宠贪恣，欺君枉法”。庄存与则于乾隆十年乙丑（1745 年）二十七岁时，联捷胪传一甲第二，授翰林院编修。乾隆十八年（1753 年），擢翰林院侍读学士。乾隆二十七年（1762 年），补内阁学士。乾隆三十三年（1768 年），在上书房行走。乾隆三十八年（1773 年），仍补礼部右侍郎。乾隆四十四年（1779 年）署礼部左侍郎，旋补礼部右侍郎。乾隆四十九年（1784 年），转礼部左侍郎。乾隆五十一年，庄存与六十六岁时，以“精力就衰，难以供职”为由，“原品休致”③，“静气凝精，手不释卷”④。他除一度担任湖南学政、浙江学政、山东学政，主持顺天乡试，以及丁父忧、丁母忧返里离京外，居住京师的时间很久，和珅不断擢升时，他也在京师，魏源说他“与大学士和珅同朝”，是事实。

庄存与为人正直，初入京就职，“不甚当掌院意，散官名次不前”⑤。此后，久任礼部，又授课南书房、上书房，对内廷情况，时有见闻，对和珅“骎骎向用”，“怙宠贪恣”，不会没有见闻。

劾参和珅的是王念孙。王念孙和庄存与相识，他们虽然治学所宗不

---

① 参见《清史稿》卷三二五《和珅传》。

② 参见《清史稿》卷一八〇《大学士年表》一。

③ 《清高宗纯皇帝实录》卷一三四七，6 页。

④⑤ 庄勇成：《少宗伯养恬兄传》，见《毗陵庄氏族谱》卷二十《传记·家传》。

同，但都是精研经书的。为王念孙作墓志铭的是阮元[①]，为庄存与《味经斋遗书》作序的也是阮元，这虽然和阮元编纂《皇清经解》有关，但他在《庄方耕宗伯经说序》中谓庄存与：

> 于六经皆能阐抉奥旨，不专专为汉、宋笺注之学，而独得先圣微言大义于语言文字之外，斯为昭代大儒，心窃慕之。……
>
> 公通籍后，在上书房授成亲王经史垂四十年，所学与当时讲论或枘凿不相入，故秘不示人。[②]

指出庄存与"所学与当时讲论或枘凿不相入"，为什么"不相入"呢？正由于庄存与的治经，和汉学家的注重文字训诂、章句饾饤不同，和宋学家的高唱性理也不同，而是重"独得先圣微言大义于语言文字之外"，他是"通经致用"的。然而，在当时的情况下，不便公开，因此"秘不示人"。

然而，由于庄存与撰著"秘不示人"，有人说《春秋正辞》是他在晚年退休返里后所写，从而否定他和和珅有关。

庄存与退休返里后，是将过去的撰著整理定稿的，但不能说他的撰著就是晚年退休回里后所写的。清代学者每于晚年将过去撰著修订结集，但结集的日期，决不是每篇文章、每部著作的撰写日期。庄存与的著作，身前"秘不示人"，晚年阅订，这是很自然的。但他的著作，却不都是晚年所写。举例来说，庄存与的《序冬官司空记》，末后署"乾隆四十有八年龙集昭阳单阏六月上旬"[③]。然而，在庄存与去世后，他的孙子绶甲在《周官记跋》中则说：

> 先大父之治经也，最先致力于《礼》，病《周官》礼经六篇，《冬官·司空》独亡。以为周家制度莫备于《周官》……通前书凡七卷，皆手定之。[④]

那么，《序冬官司空记》虽撰于晚年，而《周官记》实为早年之作，晚年始行补"记"。至于《周官说》，原定二卷，另一卷则为庄绶甲在庄

① 参见阮元：《石臞先生墓志铭》，见闵尔昌：《碑传集补》卷三九。

② 阮元：《庄方耕宗伯经说序》，见《味经斋遗书》卷首，1～2叶。

③ 《皇清经解续编》卷一六七。

④ 《皇清经解续编》卷一六五。

存与“遗稿中检得零章断句，及批注简端者，并录而编之”。可知他的撰著，有的到晚年还未结稿。照此说来，庄存与早年所撰，到晚年再行整理，有的还未结集，他寓居京师时所撰，“秘不示人”，自然有未及定稿的，但不能由此推定它是晚年所作。

至于庄存与之所以“秘不示人”，或者由于未曾定稿，或者因为影射时政，容易嫁祸。《春秋正辞》与当时讲论“枘凿不相入”，其中自有经世言论。它不是辞官返里后而撰，而是旅居京师，目睹朝政失纲有感而作，是潜研《公羊》，发挥微言而作。它不是庄存与 1786 年辞官回常州后所撰，而是其旅居京师与和珅共事时所拟。

庄存与与和珅共事，史书有记载，也是事实，在没有其他确凿证据论证之前，否定他和和珅共事的关系，是不符合事实的。

附录二

庄、刘和龚、魏

庄存与是清代今文经学的开创者，刘逢禄是清代今文经学的奠基人。龚自珍和魏源先后从刘逢禄问学，他们的思想均受到庄、刘的影响。但是，也有一些学者认为，龚、魏在刘逢禄处学到的是“今文学文献知识”，龚、魏的重点则在“社会现实问题，而这正是刘逢禄极力回避的，不敢接触的”。龚、魏是否只从刘逢禄处学习今文经学的文献知识？刘逢禄是否“极力回避”、“不敢接触”社会现实？龚、魏的社会改革思想是否和今文经学无关？如何正确认识庄、刘和龚、魏的关系？这些正是本文想要探讨的问题。

一

清代今文经学，是在乾隆、嘉庆年间，宋学高踞堂庙、汉学“如日中天”之际异军突起、“翻腾一度”的。它的创始人是庄存与（字方耕），奠基者是刘逢禄，庄、刘都是常州人，后人称这一学派为常州学派。

庄存与的代表作是《春秋正辞》，以为“《春秋》非记事之史，不书，多于书，以所书知所不书”，“《春秋》治辞必表其微，所谓礼禁于未然之前也，凡所书者有所表也，是故《春秋》无空文”①。明确指出，《春秋》不是单纯记载历史事实之书，而是“治辞必表其微”。“微”即“微言大义”之“微”。“《春秋》无空言”，它“举往以明来”，“传之万世而不

① 庄存与：《春秋正辞·春秋要指》，见《味经斋遗书》，第6册，2叶，清光绪八年(1882年)阳湖庄氏藏板。

乱"[①]。它的大义，存乎《公羊春秋》，通三统、张三世诸例，辨名分、定尊卑、明外内、举轻重，拨乱反正，都可以从《公羊春秋》中看到。他还希望"推行《春秋》"，使"六合同风，九州共贯"[②]。可知他诵读《春秋》，并不只是探寻今文经籍的"文献知识"。

庄存与以为《春秋》是经世之书，"法可穷，《春秋》之义则不穷"[③]。"举往以明来"，"传之万世而不乱"[④]。"举往"，是为了"知来"。求索《春秋》的往事，推行《春秋》的义理，欲使"六合同风，九州共贯"，"全至尊而立人纪"[⑤]。人们称他"研经求实用"，从而寻其旨意，发其微言。本来，今文经学所贵在其"大义"，尽管庄存与这时对汉学（古文经学）、宋学未曾树帜对立，但他的贡献是将久经衰落的今文微言揭橥出来。

刘逢禄是文渊阁大学士、军机大臣刘纶之孙，庄存与之外孙。十一岁时，"从母归省"，庄存与"叩以所业，应对如响。叹曰：此外孙必能传吾学"[⑥]，并说："家学不可废也"[⑦]。十三岁，"求得《春秋繁露》，益知为七十子微言大义，遂发愤研《公羊传》何氏《解诂》，不数月尽通其条例"。不久，堂舅庄述祖自济南归，逢禄从之受业。清嘉庆十九年（1814 年）中进士，改翰林院庶吉士，散馆授礼部主事。道光四年（1824 年），补仪制司主事。

刘逢禄于各经都有撰述。在《易经》上，主虞翻，与同里张惠言相切磋，将八卦与天干、五行、方位相配合，推论象数。在《尚书》上，主庄氏，自称："后从舅氏庄先生（庄述祖）治经，始知两汉古文今文流别。"[⑧] 撰《尚书今古文集解》，以为孙星衍"好古"、王鸣盛"祖郑（玄）"，是"支离杂博，皆浅涉藩篱，未足窥先王之渊奥"[⑨]。在《诗经》

---

① 庄存与：《春秋正辞·春秋要指》，见《味经斋遗书》，第 6 册，2 叶。

② 庄存与：《春秋正辞·大一统》，见《味经斋遗书》，第 5 册，4 叶。

③ 庄存与：《春秋正辞·诛乱辞》，见《味经斋遗书》，第 5 册，17 叶。

④ 庄存与：《春秋正辞·春秋要指》，见《味经斋遗书》，第 6 册，2 叶。

⑤ 庄存与：《春秋正辞·正天子辞》，见《味经斋遗书》，第 5 册，4 叶。

⑥ 刘承宽：《先府君行述》，见《刘礼部集》卷十一附，清光绪十八年（1892 年）延晖堂重刊本。

⑦ 刘逢禄：《先妣事略》，见《刘礼部集》卷十。

⑧ 刘逢禄：《跋杜礼部所藏汉石经后》，见《刘礼部集》卷九。

⑨ 刘承宽：《先府君行述》，见《刘礼部集》卷十一附。

上，初治《毛诗》，后好齐、鲁、韩三家。在《礼》上，主张以"《公羊》议礼"，有《春秋公羊议礼序》。刘逢禄致力最深、"自发神悟"的则为《春秋》，认为"《春秋》垂法万世"，"为世立教"，是"礼义之大宗"，能"救万世之乱"[①]。在《春秋》三传中，"知类通达，微显阐幽"的是《公羊传》。"《春秋》之有《公羊》也，岂第异于《左氏》而已，亦且异于《穀梁》"，撰《公羊春秋何氏释例》。

刘逢禄以为《左传》经过刘歆之徒增饰附会。东汉时，古文盛行，《左传》虽未立于学官，但"刊于经传"已久，"左氏以良史之材，博闻多识，本未尝求附于《春秋》之义，后人增设条例，推衍事迹，强以为传《春秋》，冀以夺《公羊》博士之师法，名为尊之，实则诬之"，应该"审其离合，辨其真伪"，"以《春秋》归之《春秋》，《左氏》归之《左氏》，而删其书法凡例及论断之谬于大义，孤章断句之依附经文者，冀以存《左氏》之本真"[②]，于是作《左氏春秋考证》。

刘逢禄为《公羊》"释例"，以《左传》经刘歆伪饰，类列彰较，有破有立，所撰之书，"条例精密"，"不欲苟为恢诡"，有例证，有判断，故以章太炎的信从古文，也以刘逢禄为"辞义温厚，能使览者说绎"[③]。清代今文经学，到了刘逢禄，对儒家各经有了比较全面的阐述，也有了比较系统的理论，刘逢禄可说是清代今文经学的奠基者。

值得注意的是，庄存与和刘逢禄都崇拜董仲舒，庄存与在乾隆甲子科"大考翰詹"时，试题为"拟董仲舒天人册第三篇"，他"素精董氏《春秋》，且于原文'册曰'以下四条，一字不遗"，乾隆大为嘉赏，"即擢侍讲"[④]。刘逢禄十三岁"求得《春秋繁露》，益知为七十子微言大义"，从而"发愤研读"，也是"研精《公羊》，探源董生"[⑤]。今文可贵之处在其大义，董仲舒强调"天人感应"、"君权神授"，提出三纲五常，维护封建秩序，将《公羊春秋》大义尽情发挥，援经论政，和政治的关系极为

---

① 刘逢禄：《先妣事略》，见《刘礼部集》卷十。

② 刘逢禄：《申左氏膏肓序》，见《刘礼部集》卷三。

③ 章太炎：《訄书·清儒》，见《訄书详注》，156页，上海，上海古籍出版社，2000。

④ 刘逢禄《记外王父庄宗伯公甲子次场墨卷后》，见《刘礼部集》卷十。

⑤ 李兆洛：《礼部刘君传》，见《养一斋文集》。

密切；他推衍《公羊春秋》，发挥微言，制定了一套维护封建秩序的条例。庄存与、刘逢禄宣扬《春秋》，宗法董仲舒，自然不会“极力回避”社会问题，不能因为他们没有直接议政的专书而说庄、刘的复兴今文和政治无关，也不能说庄、刘传授龚、魏的只是“今文经学的文献知识”。

二

龚自珍和魏源，都曾从刘逢禄问学，魏源在先，龚自珍稍后。

魏源是在嘉庆十九年甲戌（1814 年）侍父入都，从刘逢禄学习《公羊春秋》的。魏著《邵阳魏府君事略》记：“是时，问宋儒之学于姚敬塘先生学塽，学《公羊》于刘申受先生逢禄，古文辞则与董小槎太史桂敷、龚定庵礼部自珍诸公切磋焉。”① 由于他也提到龚自珍，因而有人认为龚自珍也是在这时从刘逢禄学《公羊春秋》的，其实不然。查吴昌绶《定庵先生年谱》嘉庆十九年记：龚自珍于是年“三月，携段宜人柩归杭暂厝。……遂由杭州往徽郡。”② 没有去北京，当然不会见到居住北京的刘逢禄。他的从刘氏学《公羊春秋》，应在嘉庆二十四年己卯（1819 年）。龚自珍在《己亥杂诗》中注：“年二十有八，始从武进刘申受受《公羊春秋》，近岁成《春秋决事比》六卷。刘先生卒十年矣。”③ 明确说是在二十八岁“始从”。《定庵先生年谱》在“嘉庆二十四年己卯，二十八岁”也记：“春，应恩科会试，不售。留京师，始从武进刘申受礼部逢禄受《公羊春秋》，遂大明西京微言大义。”④

魏源从刘逢禄学今文经说后，七八年间，先后写成《董子春秋发微》、《两汉经师今古文家法考》、《书古微》、《诗古微》诸书。这些书很多没有撰期，但他写于从刘逢禄受今文学后，则无疑问。即以其中使“复于西汉”的几部专著而言：《诗古微》据胡承珙《与魏默深书》：“自丙戌奉书后，旷焉三载。……前承示大著《诗古微》一册。”⑤ 自丙戌再

---

① 《魏源集》，848 页。

②③④ 《龚自珍全集》，598、514、603 页。

⑤ 胡承珙：《求是堂文集》卷三。

推三载为己丑，即道光九年（1829年）。又，刘逢禄《诗古微序》谓，魏源“于《诗》则表章《鲁》、《韩》坠绪，以匡《传》、《笺》”①。刘逢禄卒于道光九年，是《诗古微》当成于道光九年以前。《书古微》则据魏源自称：“予既成《诗古微》二十二卷，复致力于《尚书》。”《书古微序》撰于咸丰五年（1855年）正月，而刘逢禄却已经见到初稿，那么他初稿自写于刘氏谢世以前。《董子春秋发微》则今存序言，谓：“《董子春秋发微》七卷，何为而作也？曰：所以发挥《公羊》之微言大谊，而补胡母生《条例》、何邵公《解诂》所未备也。”“今以本书为主，而以刘氏《释例》之通论大义近乎董生附诸后，为《公羊春秋》别开阃域，以为后之君子亦将有乐于斯。”② 特别提到刘逢禄的《释例》，可知它也撰于刘逢禄逝世以前。刘氏《诗古微序》中说：

> 邵阳魏君默深治经，好求微言大义，由《董子书》以信《公羊春秋》，由《春秋》以信西汉今文家法，既为《董子春秋述例》以阐董、胡之遗绪，又于《书》则专申《史记》、伏生《大传》及《汉书》所载欧阳、夏侯、刘向遗说，以难马、郑。于《诗》则表章《鲁》、《韩》坠绪，以匡《传》、《笺》，既与予说重规叠矩；其所排难解剥，钩沉起废，则又皆足干城大道，张皇幽眇，申先师则绩失据之谤，箴后汉好异矫诬之疾，使遗文湮而复出，绝学幽而复明，其志大，其思深，其用力勤矣。③

这些书都是受了刘逢禄今文经说以后撰述，企图使《诗》、《书》复于西汉的。他的著作，都以“古微”提名，还自号“古微堂”，“古”指西汉，“微”指“微言大义”，魏源受刘逢禄影响之深可知。清末黄象离在《重刊〈古微堂集〉序》中就说：

> 考魏氏之《诗古微》之作，所以发挥齐、鲁、韩三家之微言大谊，而揭周公、孔子制礼作乐之用心于来世也；《书古微》之作，所

① 《刘礼部集》卷九。

② 《魏源集》，134～135、135页。

③ 《刘礼部集》卷九。

以发明西汉《尚书》今古文之微言大谊，而辟东汉马、郑古文之凿空无师传也。①

龚自珍受刘逢禄的影响也很明显，他是在嘉庆二十四年（1819 年）即二十八岁参加会试、落第留京，从刘逢禄习公羊学的。自称："昨日相逢刘礼部，高言大句快无加。从君烧尽虫鱼学，甘作东京卖饼家。"② 可见服膺之深。这年，又有题画诗："素王张三世，元始而麟终。文成虽数万，太平告成功。"③用《公羊春秋》"微言"渗入诗句。此后，写了《资政大夫礼部侍郎武进庄公神道碑铭》，推誉庄存与为"学足以开天下，自韬污受不学之名，为有所权缓亟轻重，以求其实之阴济于天下，其泽将不惟十世；以学术自任，开天下知古今之故，百年一人而已矣"④。刘逢禄去世后，他又作诗志感："端门受命有云礽，一脉微言我敬承。宿草敢祧刘礼部，东南绝学在毗陵。"⑤ 称今文经学为"绝学"，并"敬承"微言。龚自珍受今文经学的影响，服膺庄、刘是很明显的。至于说什么龚自珍从刘逢禄学"公羊学"是在二十八岁以后，断然说他与"公羊无关系"，那是不对的。

龚自珍受庄、刘影响之深既如上述，刘逢禄对龚、魏也是期望殷切。当道光六年丙戌（1826 年）他分校礼闱，见邻房有浙江、湖南二卷，"经策奥博"，以为必龚自珍、魏源，"急劝力荐，仍不售，还赋诗惜之"⑥。那么，"龚、魏的重点在社会现实问题"，刘逢禄是否只是传授他"今文经学的文献知识"，而对社会现实问题却极力回避、"不敢接触"呢？也不是的。乾隆晚期，政治腐败，土地兼并，灾民遍野，农民反抗不断发生，"山雨欲来风满楼"，"盛世"背后隐伏着新的危机。庄存与久宦京师，入值南书房、上书房，对当时的政治情况自有接触。当他看到"大一统"存有危机，而最高统治者也曾高诵儒经，颁有谕旨，"镕范群言，

① 黄象离：《重刊〈古微堂集〉序》，见《魏源集》，843 页。

②③④ 《龚自珍全集》，441、439、141 页。

⑤ 龚自珍《己亥杂诗》自注："年二十有八，始从武进刘申受受《公羊春秋》，近岁成《春秋决事比》六卷。刘先生卒十年矣。"见《龚自珍全集》，514 页。

⑥ 《刘礼部集》卷九。

去取精审，麟经之微言大义，炳若日星，朕服习有年”[①]，言“微言大义”，举“属辞比事”。乾隆当然力图维护“大一统”，然其晚年，“中央权落，臣工顺意”，危机隐伏，与“大一统”实不相符。乾隆四十七年(1782年)，命皇子及军机大臣等订正《通鉴纲目续编》，以为此书“于辽、金、元事多有偏谬”，谓是孔子作《春秋》就没有“肆口嫚骂”，过去《通鉴辑览》“书法体例有关大一统者，均经朕亲加订正，颁示天下”，“使天下后世晓然于《春秋》之义”。命皇子等对《续编》“量为删润，以符孔子《春秋》体例”[②]。特别提到孔子《春秋》，提到“大一统”。

今文经学是尊孔子“笔削”，言《公羊春秋》微言的，庄存与对此自有所知，龚自珍称庄存与以为“儒生遭世极盛，文名满天下，终不能有所补益时务，以负庥隆之期。自语曰：辨古籍真伪，为术浅且近者也”(见前)。魏源在《庄少宗伯遗书序》中更说：“君在乾隆末，与大学士和珅同朝，郁郁不合，故于《诗》、《易》君子、小人进退消长之际，往往发愤慷慨，流连太息，读其书可以悲其志云。”[③] 龚、魏都是在京师从刘逢禄学《公羊春秋》，所言自有渊源。

至于刘逢禄，比庄存与晚了四五十年，这半个世纪中，清朝的衰败迹象日呈，他的“经世”之念也较庄存与为尤切。如果说，庄存与只是把“大一统”揭橥的话，那么刘逢禄就已经直接援以论政了。他官礼部多年，“据古礼以定今制，推经义以决疑问”[④]，“又断诸史刑礼之不中者”为《议礼决狱》四卷。他的甲戌（嘉庆二十年，1815年）朝考为《尚德缓刑疏》，据“董子《春秋》显经隐权、先德后刑之义”加以发挥，阐扬“御制明慎用刑说”[⑤]。嘉庆二十五年（1820年），嘉庆“升遐”，刘逢禄成《庚辰大礼记注长编》十二卷，“自始事以至奉安山陵，典章备具，体例谨严，其后承修官礼，遂全用其稿”[⑥]。道光初，越南贡使陈请为其国王母乞人参，“得旨赏给”，而谕中有“外夷贡道之语”，使臣请将“外夷”改为“外藩”。但“诏书难更易”，刘逢禄根据经书，说是“夷服去

---

① 《清高宗纯皇帝实录》卷五六八，22页。

② 《清高宗纯皇帝实录》卷一一六八，14～15页。

③ 《魏源集》，238页。

④⑤⑥ 《刘礼部集》卷十一、卷十。

王国七千里，藩服去王国九千里"，是"藩远而夷近也"。"我朝六合一家，尽去汉、唐以来拘忌嫌疑之陋，使者无得以此为疑"，他"据经决事"，当时称之为"有先汉董相风"①。可知他是适合当时统治阶级的需要的，"复兴"的今文经学和政治的关系是密切的。

庄存与、刘逢禄在"乾嘉盛世"背后存有危机的情况下提倡今文，旨在维护"大一统"，是和当时的政治、经济有关的，不能说他们"极力回避，不敢接触"，也不能因为他们没有议政的专著而说与"重点则在社会现实问题"的龚、魏无关。

三

龚自珍、魏源对社会现实问题的抨击，确比庄存与、刘逢禄更胜一筹，但这是时代使然，而不能说龚、魏"以《公羊》义讥切时政"与庄、刘无关。

龚自珍在清政府日益衰落、入京应试不第的刺激下，深感"纵使文章惊海内，纸上苍生而已，似春水干卿何事?"② 现实的刺激，落第的感怀，腐朽的"衰世"，把他推上社会批判之路。刘逢禄的启示，使他"说经崇庄、刘"，"指天画地"，"规天下大计"③，所撰之文，援三统、三世以言变革，说："观其制作曰：成矣！求之《春秋》，则是存三统、内夷狄、讥二名之世欤？三统已存，四夷已进，讥仅二名，大瑞将致，则和乐可兴，而太平之祭作也。"④ 又说："古之王者存三统，国有大疑，匪一祖是师，于夏于商，是参是谋。"⑤ "弊何以救？废何以修？穷何以革？《易》曰：'穷则变，变则通，通则久。'恃前古之礼乐道艺在也。"⑥ 认为夏、商、周因革损益"前古之礼乐道艺"，可以"是参是谋"。讲乱世、

① 《刘礼部集》卷十一、卷十。

② 龚自珍：《金缕曲（癸酉秋出都述怀有赋）》，见《龚自珍全集》，565页。

③ 梁启超：《清代学术概论》，见《饮冰室合集·专集》之三十四，53页。

④ 龚自珍：《五经大义终始论》，见《龚自珍全集》，44页。

⑤ 龚自珍：《古史钩沈论一》，见《龚自珍全集》，23页。

⑥ 龚自珍：《古史钩沈论四》，见《龚自珍全集》，28页。

升平、太平三世，以为“易世而变”，由乱世而升平，由升平而太平，社会是向前发展的，对“三统”、“三世”等今文“古义”还加探赜。

魏源曾说：“乾嘉间经师有武进庄方耕侍郎，其学能通于经之大谊，西汉董、伏诸老先生之微淼，而不落东汉以下。”① 他自己认为，历史往而不可复，古今情况不同，不能泥古不变，更不能以为“世愈古而治愈甚”，而是“变古愈尽，便民愈甚”②，认为历史愈变愈好，后胜于前。

魏源曾在多种场合宣传他的变易思想，如说“天下无数百年不弊之法，无穷极不变之法，无不除弊而能兴利之法，无不易简而能变通之法”③，应该“应时而当变”。这对泥古守旧、坚持“祖宗之法”不能变的是一个严重的冲击。

如上所述，魏源对“社会现实问题”的抨击，更法变易理论的提出，非但超越了庄、刘，而且较龚自珍也有发展，这些，应是所处时代不同使然，而不能据此说是庄、刘“不接触政治”。

庄存与于乾隆五十三年（1788 年）逝世，刘逢禄却经历了乾隆末、嘉庆朝，于道光九年（1829 年）逝世，相差四十一年。他们都治今文，言“经世”。但在这四十年中，和珅虽已罢废，清政府的社会危机却依然严重，刘逢禄直接接触政治的论断，虽主要在礼制方面，却较庄存与又进了一步。龚自珍是在道光二十一年（1841 年）逝世的，较刘逢禄又晚了十二年，这时清政府衰朽日露，鸦片战争已经爆发，一场新的风暴即将来临，改革现状，抵制外敌，已为当务之急。

龚自珍受过今文经学的影响，但他研讨今文，又不囿于经书，与拘守今文的经师有别，这正是他的可贵之处。他之成为近代启蒙思想家并非偶然，梁启超在《清代学术概论》中所说“晚清思想之解放，自珍确与有功焉”，也非溢美。

魏源是咸丰七年（1857 年）去世的，较龚自珍晚逝十六年，不但经历了《南京条约》的签订，还目睹了太平天国起事。他竭力呼吁改革、发愤

① 魏源：《武进李申耆先生传》，见《魏源集》，361 页。

② 魏源：《默觚下·治篇五》，见《魏源集》，48 页。

③ 魏源：《筹鹾篇》，见《魏源集》，432 页。

图强，提出“五帝不沿礼，三王不袭乐”[①]。在《海国图志叙》中明确指出：“为以夷攻夷而作，为师夷长技以制夷而作。”[②] 提出学习西方长技，使中国走向富强。

魏源考察西方资本主义国家的历史，号召人们学习“西洋之长技，尽成中国之长技”[③]，对封建专制制度批判，但他没有摒弃旧学，他的历史进化论还是脱胎于儒家今文的“三统”说。尽管如此，他的思想却已超越了龚自珍，因为他又经历了风云激荡的近代中国。

龚、魏来自庄、刘，却又超越庄、刘；受到西汉今文经说的影响，却又与之不同，即和庄、刘“复兴”的今文经学也有差异。这主要表现在：

首先，西汉的今文经学以至清代复兴的今文经学，是以经书为指归，根据经书立论，围着经书转，使“经学幽而复明”的，龚自珍则主张“不必泥乎经史”，要“通乎当世之务”，其目的是“救裨当世”；魏源敢于和尸位素餐、笃守儒经的封建顽固派作斗争。他们没有迷恋历代相传的儒经，而是借用“出没隐显”的“微言”。例如，龚自珍虽以“《公羊》义讥切时政”，却不奉《公羊》为金科玉律。他着眼当世，即使宗奉《公羊春秋》，对《公羊春秋》大师何休也敢提出异议，“公羊氏失辞者二，失事实亦二，何休大失辞者一”[④]。魏源也不泥于古训，探求“微言”。他们都不泥乎经史，异于拘守今文的经师，正是其可贵之处。

其次，西汉董仲舒强调“君权神授”、“天人感应”，他的“大一统”学说，把汉王朝的中央集权封建专制制度说成是天授的、永恒不变的制度。清代复兴的今文经学也揣摩圣旨，仰承帝训，强调尊亲事君，“全至尊而立人纪”，以拱奉中央王室，成其“一统”。龚、魏则呼唤风雷，期待变革，不是仰承封建统治者的鼻息，而是关心国家民族的危亡，一旦民族矛盾上升，就坚决主张反抗侵略。他的“大一统”，是为了维护国家的统一，而不是过去经学家的妄自尊大，乱弹“诸夏辅京师，蛮夷辅诸夏”的陈词滥调。他们是带着反封建的时代使命跨入中国近代历史的。

---

① 魏源：《圣武记·雍正西南夷改流记》。

② 魏源：《海国图志叙》，见《魏源集》，207页。

③ 魏源：《道光洋艘征抚记上》，见《魏源集》，186页。

④ 龚自珍：《春秋决事比答问第三》，见《龚自珍全集》，59页。

最后，龚、魏不同于过去今文经学之处，还在于他们不只是从经书中寻找“微言”，议政言事，而是用自己的体会来解释经书，并把外面新的因素加到经学里的。龚自珍从刘逢禄学《公羊春秋》以后，援用《公羊春秋》，“指天画地”，“规天下大计”[①]；魏源受今文影响，对“饾饤为汉，空腐为宋”[②] 攻击备至。他们汲取的是今文经学中的“微言大义”、“变”的历史进化论和“大一统”精神，根据社会感受，羼入自己见解，浏览东西有用之书，挹注新的内容，不守绳墨，不守家法，和正统的为经学而治经的迥然有别。

龚、魏和庄、刘的不同，主要因为时代在发展，社会在变迁。“乾嘉盛世”，已存有危机；道光中叶，外国侵入，本来对政治比较敏感的今文经学，也在不同时期生发出不同的感受、起着不同的作用。此后，伴随中法战争、中日战争的失败，康有为由尊周公、崇《周礼》而尊孔子、崇《公羊春秋》，以至于发动“公车上书”，进行变法维新，那就较龚、魏更加发展，转为全国性的政治运动了。

龚、魏受庄、刘的影响，又随着时代的发展而关心社会现实。所以，庄、刘对社会现实并不是“极力回避”、“不敢接触”的。可以说，龚、魏的经学具有近代中国的特色，他们是近代的启蒙思想家，但不能忽视乃至排斥他们和庄、刘的继承关系。

原载《学术月刊》，2007 年二月号

---

① 梁启超：《清代学术概论》。

② 魏源：《武进李申耆先生传》，见《魏源集》，361 页。

龚自珍与经今文

龚自珍是我国著名的思想家，是影响晚清一代的重要人物。长期以来，对龚自珍“以《公羊》义讥切时政”，受到今文经学的影响，似乎异议不多；但对龚自珍和传统经学的关系，和清代复兴的今文经学的联系与区别，却很少有人论列。本文准备就此提出自己的看法。

一

龚自珍，字瑟人，号定庵，生于乾隆五十七年（1792年），卒于道光二十一年（1841年），浙江仁和人。出身于封建官僚地主家庭，生活在我国由封建社会沦入半封建半殖民地社会的转折时期。他从小受到传统的儒家教育，十二岁时，从外祖父段玉裁学习《说文》。段玉裁是皖派开创人戴震的及门弟子，皖派的治学方法是以文字为基点，从训诂、音韵、典章制度等方面阐明经典的大义和哲理的。段玉裁授以《说文》，成为龚自珍“平生以经说字、以字说经之始”，自称：“张、杜西京说外家，斯文吾述段金沙。导河积石归东海，一字源流奠万哗。”① 在他的文集中，也有多处“闻之外王父段先生”的记载，如《最录尚书古文序写定本》、《最录段先生定本许氏说文》②，就多次称引段说。

然而，清代乾、嘉以后，政治败坏，社会“痹痨”，衰败迹象日益呈露，农民起义起伏不已，这使隐忧国事、少有大志的龚自珍，不沾沾为文字考据所囿，好读王安石《上仁宗皇帝言事书》，“慨然有经世之意”。1813年，天理教在河北、山东、河南等地起义，震动了清朝统治集团，龚自珍也在这年进京，应顺天乡试未中，“纵使文章惊海内，纸上苍生而

① 龚自珍：《己亥杂诗》，见《龚自珍全集》，514页。

② 参见《龚自珍全集》，244、258～260页。

已，似春水干卿何事?”[①] 现实的刺激，落第的感慨，黑暗腐朽的“衰世”，把龚自珍推上了社会批判之路。他指斥那些官僚士大夫都是醉心利禄、谄媚无耻之徒，“以为苟安其位一日，则一日荣；疾病归田里，又以科名长其子孙，志愿毕矣。且愿其子孙世世以退缩为老成，国事我家何知焉?”[②] 愤慨地说：这种“居廊庙而不讲揖让，不如卧穹庐；衣文绣而不闻德音，不如服橐鞬；居民上、正颜色而患不尊严，不如闭宫庭；有清庐闲馆而不进元儒，不如辟牧薮”[③]。

龚自珍认为当时的社会，好比“日之将夕，悲风骤至”真是“痺痨之疾，殆于痈疽；将萎之花，惨于槁木”[④]。而陈陈相因的旧传统、旧礼教，迫人“卧之以独木，缚之以长绳，俾四肢不可以屈伸”[⑤]。以至积习日深，也只是“冥心息虑以置之”，已经毫无生机。

龚自珍目睹封建制度的腐朽和社会危机的深重，预感到“乱亦竟不远矣”[⑥]。在《尊隐》一文中，把统治者所在的“京师”和与之相对的“山中”对立起来立论，“京师之气泄，则府于野矣”。“京师如鼠壤，则山中之壁垒坚矣。京师之日苦短，山中之日长矣。”“朝士寡助失亲，则山中之民，一啸百吟，一呻百问疾矣。”[⑦] 这不是龚自珍的凭空构思，正是鸦片战争前夜社会矛盾激化的客观现实的反映。

龚自珍勇于揭露政治和社会的矛盾，主张打破现状，改例更法。他向清朝统治者提出警告说：“一祖之法无不敝，千夫之议无不靡，与其赠来者以劲改革，孰若自改革?”[⑧] “仿古法以行之，正以救今日束缚之病。矫之而不过，且无病，奈之何不思更法，琐琐焉，屑屑焉，惟此之是行而不虞其隙也。”[⑨] 他在《平均篇》中指出当时的基本矛盾是“浮不足之数相去愈远，则亡愈速，去相近，治亦稍速”。如果让“浮不足”长期分

① 龚自珍：《金缕曲》，见《龚自珍全集》，565 页。

② 龚自珍：《明良论》二，见《龚自珍全集》，32 页。

③ 龚自珍：《乙丙之际塾议》第二十五，见《龚自珍全集》，12 页。

④ 龚自珍：《乙丙之际箸议》第九，见《龚自珍全集》，7 页。

⑤⑥ 龚自珍：《明良论》四，见《龚自珍全集》，34 页。

⑦ 龚自珍：《尊隐》，见《龚自珍全集》，87～88 页。

⑧ 龚自珍：《乙丙之际箸议》第七，见《龚自珍全集》，6 页。

⑨ 龚自珍：《明良论》四，见《龚自珍全集》，35 页。

化下去，则“不祥之气，郁于天地之间，郁之久，乃必发为兵燹，为疫疠，生民噍类，靡有孑遗，人畜悲痛，鬼神思变置。其始，不过贫富不相齐之为之尔。小不相齐渐至大不相齐，大不相齐即至丧天下”①。以为贫富悬殊越甚，统治者的灭亡也越是接近，提出了“有天下者，莫高于平之之尚”的主张。

龚自珍的更法主张，尽管还只是想在不根本触动封建制度的前提下进行某些改革，以解除封建统治者面临的危机，但无可否认，在当时的历史条件下，在因循守旧、“率由旧章”的沉寂空气中，散发着战斗的光芒。这也说明龚自珍虽从小受到段玉裁的熏陶，但他没有饾饤文字，逃避现实，而是好言“经世”，主张变革。

“变”，是今文经学的主要特色，龚自珍的更法主张，是否受到今文经学的影响？有人认为，龚自珍从刘逢禄学公羊学是在二十八岁，上引“讥切时政”犀利的《明良论》、《乙丙之际箸议》诸文，都写在二十八岁以前，从而断然说他与“公羊学毫无关系”，我以为这是不恰切的。龚自珍从刘逢禄学《公羊》，确在他二十八岁时，《明良论》等文，也确实属稿在二十八岁以前，但不能据以否定他和今文经学的关系。因为：第一，龚自珍同时期的人和受他影响较深的人都强调他“好今文”。魏源说他“于经通《公羊春秋》”②。梁启超说“段玉裁外孙龚自珍，既受训诂学于段而好今文，说经宗庄（存与）、刘（逢禄）”，以为他是“今文学派的开拓者”③。夏曾佑赠梁启超诗也说：“璱人（龚）、申受（刘）出方耕（庄），孤绪微芒接董生（仲舒）。”④ 即所学与之殊科、学宗古文的章太炎，也说龚自珍“亦治《公羊》，与魏源相称誉”⑤。都承认他和今文经学的关系。

第二，公羊学的特点是援“三统”、“三世”以言变革，它每易为隐忧国事、期待变革的人所接受。龚自珍年轻时即有“经世之意”，不会不读《春秋》，不会不接触《公羊》，在他二十八岁以前的著作中也有迹象

---

① 龚自珍：《平均篇》，见《龚自珍全集》，78页。

② 魏源：《定庵文录序》，见《魏源集》，239页。

③④ 梁启超：《清代学术概论》。

⑤ 章太炎：《訄书》十二《清儒》。

可寻。如《乙丙之际箸议》第七，从夏、商、周三代“夷、兴”指出：“我祖所以兴，岂非革前代之败耶？前代所以兴，又非革前代之败耶？”[①]有夏、商、周因革损益的微义。《乙丙之际箸议》第九：“吾闻深于《春秋》者，其论史也，曰书契以降，世有三等，三等之世，皆观其才。才之差，治世为一等，乱世为一等，衰世别为一等。”[②] 谈到“三世”。不能说它和《公羊》毫无渊源。

第三，乾隆、嘉庆年间，今文经学异军突起，“翻腾一度”。庄存与揭橥于前，刘逢禄、宋翔凤推衍于后，形成“常州学派”。庄、刘久宦京师，里第也与龚自珍相迩。龚自珍十一岁随父到京，此后屡来京、苏，对复兴的今文经学和庄、刘行事应有所闻。1817 年，当龚自珍二十六岁时，写有《江子屏所著分序》：“《传》不云乎？三王之道若循环，圣者因其所生据之世而有作。”“不以文家废质家，不用质家废文家，长悌有序，胪以听命，谓之存三统之律令。”[③] 有其讲三统循环论的迹象，他还批判宗古文的江藩为“非其任”。同年冬至，看了江藩的《汉学师承记》后，认为以清代经学为“汉学”，“名目有十不安”，其中一条：“本朝别有绝特之士，涵泳白文，创获于经，非汉非宋，亦惟其是而已矣，方且为门户之见者所摈。”[④] 宜指清代经今文学的开创者庄存与而言。[⑤] 他对“创获于经”的“绝特之士”是有所知的。就在遇到刘逢禄的前一年，庄存与之孙绶甲馆于龚家，为龚自珍“言其祖事行之美”，龚自珍即拟为写碑铭。次年，从刘逢禄受公羊学，并识宋翔凤。如果他对今文经学毫无品味，不会一遇到刘逢禄，即从之受学。也正由于从小有“经世之意”的思想基础，从而甫经遇刘，即从之受学，誉今文经学为“开天下知古今之故”[⑥] 之学，并在自己的著作中，显露了今文的“微言”、《公羊》的“奥义”了。

---

①② 《龚自珍全集》，6 页。

③ 《龚自珍全集》，193～194 页。

④ 《与江子屏笺》，见《龚自珍全集》，346～347 页。

⑤ 参见龚自珍《己亥杂诗》：“经有家法夙所重，诗无达诂独不用。我心即是四始心，沉寥再发姬公梦。”自注：“予说《诗》以涵泳经文为主，于古文毛、今文三家，无所尊，无所废。”庄存与有《毛诗说》，可知“涵泳经文”指庄。

⑥ 龚自珍：《资政大夫礼部侍郎武进庄公神道碑铭》，见《龚自珍全集》，141 页。

二

龚自珍是在二十八岁时参加会试，落第留京，从刘逢禄学习《公羊》学的。自称："昨日相逢刘礼部，高言大句快无加。从君烧尽虫鱼学，甘作东京卖饼家。"① 可见服膺之深。这年，又有题画诗："素王张三世，元始而麟终。文成举数万，太平告成功。"② 用《公羊》"微言"，渗入诗句。此后，写了《资政大夫礼部侍郎武进庄公神道碑铭》，推誉庄存与为"学足以开天下，自韬污受不学之名，为其所权缓亟轻重，以求其实之阴济于天下，其泽将不惟十世；以学术自任，开天下知古今之故，百年一人而已矣"。对刘逢禄更屡为称道，"从君烧尽虫鱼学，甘作东京卖饼家"，表示摒弃"虫鱼"服膺"高言"。刘逢禄死后，他又作诗志感："端门受命有云礽，一脉微言我敬承。宿草敢祧刘礼部，东南绝学在毗陵。"③ 称今文经学为"绝学"，并"敬承"微言。对庄存与的另一弟子宋翔凤也示钦佩，有《投宋于庭》："游山五岳东道主，拥书百城南面王。万人丛中一握手，使我衣袖三年香。"④《己亥杂诗》："玉立长身宋广文，长洲重到忽思君。遥怜屈、贾英灵地，朴学奇材张一军。"⑤ 他还写了《常州高材篇》："乾、嘉辈行能悉数，数其派别征其尤。《易》家人人本虞氏，毖纬户户知何休。声音文字各窔奥，大抵钟鼎工冥搜。学徒不屑谈贾、孔，文体不甚宗韩、欧。""珠联璧合有时有，一散人海如凫鸥。噫！才人学人一散人海如凫鸥，明日独访城中刘（申受丈）。"⑥ 说是"天下名士有部落，东南无与常匹俦"，以示对常州学派的向往。

---

① 龚自珍：《杂诗，己卯自春徂夏，在京师作，得十有四首》之六，见《龚自珍全集》，441页。

② 龚自珍：《题吴南芗东方三大图，图为登州蓬莱阁，为泰州山，为曲阜圣陵》，见《龚自珍全集》，439页。

③ 龚自珍《己亥杂诗》，自注"年二十有八，始从武进刘申受受《公羊春秋》，比岁成《春秋决事比》六卷，刘先生卒十年矣"（《龚自珍全集》，514页）。

④ 《龚自珍全集》，462页。

⑤ 《龚自珍全集》，522页。

⑥ 《龚自珍全集》，494～495页。

龚自珍为什么向往清代复兴的今文经学？庄、刘、宋又怎会引起龚自珍的注视？他们的思想特点是什么？搞清这点将有助于对龚自珍思想渊源的探讨。

清代今文经学是在土地兼并剧烈、阶级矛盾激化、国势下降的情况下“复兴”的，是在宋学余焰未熄、汉学（古文经学）“如日中天”之际异军突起的。[①] 它的开创者庄存与主张不拘汉、宋门户之见，重在剖析疑义；发挥《春秋》“微言大义”，借以“取法致用”。他探索过汉学、宋学，而以“经世”为依归。庄存与的外孙刘逢禄于各经都有著述，而致力最深，“自发神悟”的则为《春秋》。认为《春秋》“垂法万世”，“为世立教”[②]，“是能救万世之乱”[③] 之书，而《春秋》三传中，“知类通达，微显阐幽”的则是《公羊传》。他曾“寻其条贯，正其统纪”，为《释例》三十卷。又认为《左传》经过“刘歆之徒增饰”，应该“审其离合，辨其真伪”，指出其“书法凡例及论断之谬于大义”。至于宋翔凤，也以为要求《春秋》之义，“舍今文末由”，“当用《公羊》”[④]，他们都重《春秋》，崇《公羊》，其理由是《春秋》为“经世之书”[⑤]，而其“大义”则存乎《公羊》，例如大一统、通三统、张三世诸例，辨名分、定尊卑、明内外、举轻重诸义，都在《公羊》，所以要懂得《春秋》，就必须深研《公羊》义例。

本来，董仲舒曾经发挥《春秋》的“大一统”理论，以符合西汉王朝的政治需要；他也阐述“三统”、“三世”义例，说什么夏是黑统（人统）、殷是白统（地统）、周是赤统（天统），夏、商、周三代的制度各有因革损益。说什么“于所见微其辞，于所闻痛其祸，于所传闻杀其恩，与情俱也”[⑥]，东汉的何休又以“传闻世”为“衰乱”，“所闻世”为“升平”，“所见世”为“太平”[⑦]。刘逢禄继承汉代今文经说，说是“《春秋》

---

① 作者另有《清代经今文学的复兴》一文论列，已收入本书。

② 参见刘逢禄：《释九旨》中，见《刘礼部集》卷四，3叶。

③ 刘逢禄：《释内事例》上，见《刘礼部集》卷四，35叶。

④ 宋翔凤：《过庭录》卷四，“元年春王周正月”条。

⑤ 庄存与：《春秋要指》。

⑥ 董仲舒：《春秋繁露·楚庄王》。

⑦ 何休：《公羊解诂》，“隐公元年，公子益师卒”下。

起衰乱以近升平，由升平以极太平”[①]。这种谈因革损益，由乱世到升平、由升平到太平的经说，对那些侈谈三代，“世愈远而治愈盛”，以致陷入退化论泥潭的儒生来说，不能说不是进步；而比迹“三统”，推演“三世”，也易为主张“拨乱”，倡言经世之士所汲取。

庄存与、刘逢禄依附《春秋》，阐发《公羊》，其目的是为了“大一统”，是为了维护危机隐伏、衰败迹象渐呈的清政府，是为了巩固封建专制的中央集权。所谓“天无二日，士无二王，国无二君，家无二尊”的《春秋》“微言”，正是迎合“乾纲独断”的乾隆的政治需要，从而庄存与会“以经学受主知”[②]。刘逢禄的“据经决事”，“有先汉董相风”，也由于他“尽去汉、唐以来拘忌嫌疑之陋”，倡导“我朝六合一家”[③]。因为乾隆下过明谕，反对“政权旁落”，“各持门户之见”[④]，自称“对麟经之微言大义”，“服习有年”[⑤] 的。庄、刘的不拘汉、宋，崇奉《春秋》自有所本，于是既以汉学的“辨古籍真伪”为“浅且近”，又以空谈性理的宋学为“疏且远”，而以“学术开帝”。那么，清代复兴的今文经学，其本旨是维护封建专制的。

龚自珍晚于庄、刘，他生活的时代，已是鸦片战争前夕，一场新的风暴即将来临，他的“经世”主张，和庄、刘自有不同（详后）；而讲究“经世”的今文经学却可援用。因为今文经学和政治的关系比较密切，这种“非常异义之论”，正可依托儒经，假借“微言”，减轻“非圣无法”的压力。龚自珍早有“经世之意”，又不满清朝腐朽黑暗的“衰世”，从而向往常州学，注目庄、刘、宋，而“一脉微言我敬承”了。

这样，龚自珍从刘逢禄学《公羊》以后，所撰各文，援《公羊》“三统”、“三世”以言变革也益显著。如：“观其制作曰：成矣！求之《春秋》，则是存三统、内夷狄、讥二名之世欤？三统已存，四夷已进，讥仅

---

① 刘逢禄：《释三科例》上《张三世》，见《刘礼部集》卷四，2 叶。

② 朱珪：《春秋正辞序》，见《春秋正辞》卷首，《味经斋遗书》本。

③ 刘承宽：《先府君行述》，见《刘礼部集》卷十一附。

④ 《清高宗纯皇帝实录》卷五七六，5 页。

⑤ 《清高宗纯皇帝实录》卷五六八，122 页。

二名，大瑞将致，则和乐可兴，而太平之祭作也。”[①] 又说：“古之王者存三统，国有大疑，匪一祖是师，于夏于商，是参是谋”[②]，“弊何以救？废何以修？穷何以革？《易》曰：‘穷则变，变则通，通则久。’恃前古之礼乐道艺在也”[③]。认为夏、商、周因革损益，“前古之礼乐道艺”，可以“是参是谋”。他说：“古者开国之年，异姓未附，据乱而作，故外臣之未可以共天位也，在人主则不暇，在宾则当避疑忌。是故箕子朝授武王书，而夕投袂于东海之外，易世而升平矣，又易世而太平矣，宾且进而与人主之骨肉齿。”[④] 讲据乱、升平、太平三世，以为“易世”而“变”，由据乱而升平，由升平而太平，认为社会是向前发展的。当他从赵在翰所辑《七纬》中读了《春秋元命苞》后，又“最录遗文”，谓：“《春秋纬》于七纬中，最遇古义矣。《元命苞》尤数与董仲舒、何休相出入。凡张三世，存三统，新周故宋，以春秋当兴王，而托王于鲁，诸大义往往而在，虽亦好言五行灾异，则汉氏恒疾，不足砭也。”[⑤] 对“三统”、“三世”等今文“古义”，还加探赜研讨。

龚自珍“以《公羊》义讥切时政”，是为了“讥切时政”，而汲取《公羊》“微言”的，他并不着眼于经书章句，而是注目“经世”。他有关今文经学的著作并不多，他的友人江藩、陈奂劝他“写完《易》、《书》、《诗》、《春秋》”，也“卒不能写定”[⑥]。然而，他也不是没有经说，试举数例：

龚自珍对古文经籍是有诽议的。今文重《公羊》，古文则言《左传》、《周礼》。龚自珍“于《左氏春秋》，审为刘歆窜益显然有迹者，因撰《左氏决疣》一卷”[⑦]。以《左传》经“刘歆窜益”，也是延伸刘逢禄《左氏春秋考证》的余绪，对古文经传集矢攻击的。至于《周礼》，他认为“《周官》晚出，刘歆始立。刘向、班固灼知其出于晚周先秦之士掇拾旧章所

① 龚自珍：《五经大义终始论》，见《龚自珍全集》，44页。
② 龚自珍：《古史钩沉论》二，见《龚自珍全集》，23页。
③ 龚自珍：《古史钩沉论》四，见《龚自珍全集》，28页。
④ 同上书，27页。
⑤ 龚自珍：《最录春秋元命苞遗文》，见《龚自珍全集》，250～251页。
⑥ 龚自珍：《古史钩沉论》三，见《龚自珍全集》，25～26页。
⑦ 张祖廉：《定庵先生年谱外纪》，见《龚自珍全集》，641页。

为，附之于《礼》，等之于《明堂》、《阴阳》而已。后世称为经，是为述刘歆，非述孔氏”[①]。又说，“吾生恶《周礼》，《考工》特喜诵”[②]，“《周官》之称经，王莽所加”，应该“正名”[③]。

龚自珍在经学方面也有专文或专著，如《说中古文》，对《汉书》所说“以中古文《易经》校施、孟、梁丘《易》”，“以中古文（《尚书》）校欧阳、大小夏侯三家经文”表示怀疑。本来，“中古文”相传是汉代皇帝秘府的古文经籍，龚自珍却不轻信，说是“《汉书》刘向一传，本非班作，歆也博而诈，固也侗而愿”[④]。所撰《太誓答问》和《春秋决事比》，还收入阮元所编《皇清经解》。《太誓答问》，对“《太誓》后得说”提出意见，认为今文《尚书》二十九篇中并无《太誓》，“孔安国既上古文五十五篇，而秘府取民间本《太誓》合并数之（时析为三），兼三事言，因曰五十八矣”[⑤]。他对今文、古文的名实还提出新的看法，认为“今文、古文同出孔子之手”，由于“读者人不同，故其说不同。源一流二，渐至源一流百”[⑥] 的。特别是《春秋决事比》，显然是以刘逢禄受学后所撰，《自序》从董仲舒以“《公羊》决狱”，何休的“数引汉律”，说到自己“既治《春秋》”，“乃独刺取其微者”，“凡建五始、张三世、存三统、异内外、当兴王，及别月日时、区名字氏，纯用公羊氏；求事实，间采左氏，求杂论断，间采穀梁氏，下采汉师，总得一百二十事。独喜效董氏例，张后世事以设问之。以为后世之事，出《春秋》万万，《春秋》不得而尽知之也。《春秋》所已具，则真如是”[⑦]。可知他和汉代以至清代复兴的今文经学是有渊源关系的，他的经说，也曾远绍董、何，近延庄、刘，而《公羊》“微言”，渗透在他“讥切时政”的论文中。

---

① 龚自珍：《六经正名》，见《龚自珍全集》，37页。

② 龚自珍：《同年生胡户部集同人祀汉郑司农于寓斋，礼既成，绘为卷子，同人为歌诗，龚自珍作祀议一篇质户部，户部属檃括其指，为韵语以谐之》，见《龚自珍全集》，483页。

③ 龚自珍：《六经正名答问》一，见《龚自珍全集》，39页。

④ 龚自珍：《说中古文》，见《龚自珍全集》，126页。

⑤ 龚自珍：《太誓答问》第一四，见《龚自珍全集》，71页。

⑥ 龚自珍：《太誓答问》第二四，见《龚自珍全集》，75页。

⑦ 龚自珍：《春秋决事比自序》，见《龚自珍全集》，234页。

三

龚自珍继承过去今文经学家阐释经书的方法论，形成其治学方法上的一定共同点，反映了经学范围内意识形态的相对独立性。但是，思想体系的变化决定于基础的变化，龚自珍所处的时代较庄、刘为晚，仕途较庄、刘为坎坷，而社会危机较庄、刘时尤为严重，这样，龚自珍又从前人对经书的阐释中找出符合本阶级利益的思想材料，累积适应其特点的各种观点和思想，为自己的阶级服务。在“继承”关系中，又深深地存在着阶级性，和时代的特点密切关联。他尽管受到今文经学的影响，却与西汉今文经学不同，即和庄、刘复兴时的今文经学也有区别。这主要表现在：

第一，西汉的今文经学以至清代复兴的今文学，是以经书为指归，根据经书立论，围着经书转，使“经学幽而复明”的。龚自珍则主张“不必泥乎经史”，要“通乎当世之务”，其目的是，“救裨当世”。他不是迷恋历代相传的儒经，而是借用“出没隐显”的“微言”。

龚自珍称：“人臣欲以其言裨于时，必先以其学考诸古。不研乎经，不知经术之为本源也；不讨乎史，不知史事之为鉴也。不通乎当世之务，不知经史施于今日之孰缓、孰亟、孰可行、孰不可行也。”① 又说：“至夫展布有次第，取舍有异同，则不必泥乎经史。”② 尽管他以“西京风俗，最为近古”，对西汉今文经学也曾宣扬，却不盲目信奉。对他们的恋栈儒经，空言说教，还持批判。如西汉好言五行灾异，龚自珍就主张根据科学知识剖析天象，不能“矫诬上帝以说经”。他说，“自古以阴阳五行占诠灾异，与推步家术绝不相同，不能并为一家之言。梓慎、裨灶之流，无能推日食者，况月食！近世推日月食精矣，惟彗星之出，古无专书，亦无推法”，建议“取钦天监历来彗星旧档案汇查出，推成一书”，以

① 龚自珍：《对策》，见《龚自珍全集》，114 页。

② 同上书，117 页。

"摧烧汉朝天士之谬说"[①]。又说:"汉人有一种风气,与经无与,而附于经,谬以禅灶、梓慎之言为经,因以汩陈五行,矫诬上帝为说经,《大易》、《洪范》,身无完肤,虽刘向亦不免,以及东京内学,本朝何尝有此恶习。"[②] 所谓"东京内学",即指东汉时用谶纬迷信附会经义,把一切说是"圣人所造"。龚自珍则反是。

又如庄存与、刘逢禄以《春秋》为"五经之筦钥",龚自珍虽以"《公羊》义讥切时政",却不奉《公羊》为金科玉律。他着眼当世,即使是《公羊传》,即使是"《公羊》大师"何休,也敢于提出异议,说:"公羊氏失辞者二,失事实亦二,何休大失辞者一。庆父弑二君,罪百于牙,酖牙也是,则逸庆父也非;逸庆父是,则酖牙也非。二者安所据?赵盾匿穿,何以书弑?二者安所别?周公诛管、蔡,季友得匿庆父,二者安所正?一以为道,一以为律,皆异吾所闻。"[③] 他汲取的是《公羊》"微言"的精神,而不胶着于师法家法。这不能说龚自珍不受《公羊》的影响,而是他研讨《公羊》,又不泥乎经史,异于拘守今文的经师的可贵之处。

第二,西汉今文学家董仲舒强调"君权神授","天人感应",他的"大一统"学说,把汉王朝的中央集权的封建专制制度说成是天授的永恒不变的神圣制度。清代复兴的今文经学,也揣摩圣旨,仰承帝训,强调尊亲事君,"全至尊而立人纪"[④],以拱奉中央王室,成其"一统"。龚自珍则是呼唤风雷,期待变革,不是仰承封建统治的鼻息,而是关心国家民族的危亡,一旦民族矛盾上升,就坚决主张反抗外来侵略。他的"大一统",是为了维护国家的统一,是为了建设边疆、严守海防,遏制资本主义国家的侵华野心,有着鲜明的反侵略性质。而不是过去今文经学家的妄自尊大,乱弹"诸夏辅京师,蛮夷辅诸夏"的陈词滥调。他是带着反帝反封建的时代使命跨入中国近代历史的。

在龚自珍的著作中,曾有接触西方资本主义国家的迹象,为过去经

① 龚自珍:《与陈博士笺》,见《龚自珍全集》,346页。
② 龚自珍:《与江子屏笺》,见《龚自珍全集》,347页。
③ 龚自珍:《春秋决事比答问》第三,见《龚自珍全集》,59页
④ 庄存与:《春秋正辞》卷二《天子辞》。

学家所未有。如他借别人之口，对和西方资本主义国家“互市”提出看法：“今法，洋米至，则税以拒之，又空反以窘之，米益少，客益多，主客皆饥，是与外夷市，勇于招来淫巧，而怯于筹食也。宜蠲其税之入，而许其货之出。夷商大悦，则反害而为利。”① 特别是到了鸦片战争将要爆发，林则徐离京赴粤之际，龚自珍作《送钦差大臣侯官林公序》，分析鸦片输入的危害，阐明严禁鸦片的意义，并详阵战守之策，“此行宜以重兵自随”，“火器宜讲求”，“如带广州兵赴澳门，多带巧匠，以便修整军器”。至于和资本主义国家之间的贸易，主张鸦片宜绝，“宜并杜绝呢羽毛之至，杜之则蚕桑之利重，木棉之利重，蚕桑、木棉之利重，则中国实。又凡钟表、玻璃、燕窝之属”的奢侈品，也都是“不急之物”，“宜皆杜之”②。他对内主张维护“蚕桑、木棉之利”的民族经济，对外主张抵制外国的经济掠夺，不仅有其反抗外敌的爱国意义，而且透露“师夷长技以制夷”的萌芽。等到鸦片战争爆发，清政府革林则徐职，以琦善为钦差大臣，龚自珍扼腕痛惜：“今之中国，以九重天子之尊，三令五申，公卿以下，舌敝唇焦，于今数年，欲使民不吸鸦片烟而民弗许，此奴仆踞家长，子孙箠祖父之世宙也。即使英吉利不侵不叛，望风纳款，中国尚且可耻而可忧，愿执事且无图英吉利。”③ 《送钦差大臣侯官林公序》、《与人笺》分别写于 1838 年和 1840 年，龚自珍 1841 年就去世了，如果不是早逝，他也会像林则徐、魏源一样，认真研究西学的。那么，龚自珍在动荡的清代，从传统的儒家今文学说中汲取“微言”，又曾借鉴西方之学。这样，他的思想就不为今文经学所囿，不同于过去的经今文，而有着新的内容了。

第三，龚自珍和过去今文经学家不同之处，还在于他不只是从经书中寻找“微言”，议政言事，而是用自己的体会来解释经书，并把外面新的因素加到经学里去。如上所述，他在“从刘逢禄学《公羊》”以前，已经揭露清政，倡言更法；“从刘逢禄学《公羊》”以后，更援引《公羊》，

---

① 龚自珍：《书番禺许君》，见《龚自珍全集》，178～179 页。

② 龚自珍：《送钦差大臣侯官林公序》，见《龚自珍全集》，169～170 页。

③ 龚自珍：《与人笺》八，见《龚自珍全集》，341 页。

“指天画地”，“规天下大计”①。他汲取的是今文经学中的“微言大义”、“变”的历史进化理论和“大一统”精神，根据社会感受，羼入自己的见解，浏览东西有用之书，挹注新的内容，不守绳墨，不守家法，和“正统派之为经学而治经学者”迥然不同。

庄存与、刘逢禄在乾、嘉年间，借经言政，还只是从经书中找出经世致用的方案，作为他们政治改革的理论依附。而龚自珍则不然。举例来说，道光十年，越南贡使请“为其国王母乞人参”，得旨赏给，而谕中有“外夷贡道”之语，使臣请将“外夷改为外藩”，但“诏书难更易”。刘逢禄就根据经书“藩远而夷近”，“据经决事”，以迎合当时统治阶级的需要。他的立论是从经书上找出来的。而龚自珍呢？他对新疆设省以及边疆“议迁议设，撤屯编户，尽地力以剂中国之民”②，却是根据当时形势，切身体察，参考载籍，延伸发挥的。他的立论，援用了《公羊》“大一统”之旨，却又把新的因素加到“大一统”里去。因此，龚自珍不是拘守家法的今文经师，而是援用过《公羊》的思想家。如果只是说他“以《公羊》义讥切时政”，其实是贬低了龚自珍的作用。

正由于这样，后来的今文经师对龚自珍是有过责难的，皮锡瑞就是一个。龚自珍在《六经正名》中说：“仲尼未生，先有六经，仲尼既生，自明不作，仲尼曷尝率弟子使笔其言以自制一经哉？”③《六经正名答问》也说：“仲尼之生，不作一经。”④ 皮锡瑞驳斥说：“如龚氏言，不知何以解夫子之作《春秋》，是犹或于刘歆、杜预之说也。”⑤ 他以今文学家的眼光，不承认龚自珍是今文，为什么呢？今文学家是认为孔子之前不得有经的，而龚自珍所说却非今文所宗。殊不知龚自珍不泥今文，自有奥义。他以为：“孔子述六经则本之史。史也，献也，逸民也，皆于周为宾也，异名而同实者也。”⑥ 什么叫“宾”？“生乎本朝，仕乎本朝，上天有不专

---

① 梁启超：《清代学术概论》。
② 龚自珍：《上镇守吐鲁番领队大臣宝公书》，见《龚自珍全集》，312页。
③ 龚自珍：《六经正名》，见《龚自珍全集》，38页。
④ 龚自珍：《六经正名答问》，见《龚自珍全集》，39页。
⑤ 皮锡瑞：《经学历史》。
⑥ 龚自珍：《古史钩沉论》四，即《宾宾》，见《龚自珍全集》，28页。

为其本朝而生是人者在也”，这种人是“宾”，学的是史，所等待的则是后起的新王，表示了对清统治的抵制。他激而写《宾宾》之文，“自韬污受不学之名”，自非今文经师所能预料。

四

梁启超在《清代学术概论》中说：“晚清思想之解放，自珍确与有功焉。”可见龚自珍影响之深。

在我国漫长的封建社会中，作为中国封建文化主体的是儒家经学。历代封建地主阶级知识分子和官僚，总是以孔子为代表的、经过中国封建专制政府法定的儒家书籍进行阐发和议论。他们的主要特点：一是“唯经”，就是引经据典，本本是从；一是“唯上”，就是皇帝怎么讲，就怎么阐释。

就清代来说，不管学术界占统治地位的“汉学”、“宋学”，还是乾、嘉“复兴”的今文经学，都是围着经书转，非圣人之言不敢言，即欲有所作为，也要说成古有明训，拼命到经书中去找寻根据。就以刘逢禄来说，他官礼部多年，“议礼决狱”，无非“据古礼以定今制，推经义以决疑难”①。经书的权威是不能动摇的。龚自珍却是为了“当世之务”而借鉴古代经史，不是“唯经”；是用自己的感受来发挥经书，不是单纯捧着经书据经言事。

经学家又是每每揣摩皇帝意旨言事，乾隆为了统一思想，御纂钦定各经，大都杂采诸家，兼用汉、宋，庄存与治学也曾不拘汉、宋。乾隆赞扬董仲舒“天不变，道亦不变”为“涉经之藩”②，庄存与也以《董子春秋》“受主知”。皇帝的权威是不能动摇的。龚自珍却向清朝统治者提出警告：“大不相齐即至丧天下。”

一不“唯经”，二不“唯上”，这是龚自珍的过人之处，他的促使“晚清思想之解放”亦在此。

---

① 刘承宽：《先府君行述》，见《刘礼部集》卷十一附。

② 《清高宗纯皇帝实录》卷一四六三，415页。

当然，龚自珍“救裨当世”，还要援用儒经“微言”，注意“当世之务”，也“先以其学考诸古”，这就说明他还没有挣脱传统儒家经学的羁绊，也说明经学思想在一些知识分子中浸渍甚深，即使是进步的思想家，也蒙上一层封建的翳障。然而他不是惑经崇上，而是利用经书，利用当时知识分子对经书的迷信心理；他的“考诸古”，也想借用古人的语言，“慷慨论天下事”，注视着中国进入近代时正在发生的重大事变。这对晚清思想的解放，确曾起了作用，“光绪间所谓新学家者，大率人人皆经过崇拜龚氏之一时期”，也非虚语。龚自珍是可以称之为启蒙思想家的。

此后，外患日深，民族危亡，龚自珍关心国事，主张谈政治的“今文说”，也为主张变法维新的人所接受。中法战后，康有为隐忧时事，冥思苦索，把今文经说的“三统”、“三世”结合，成为要救国、要“太平”，就需因革改制，只有因革改制，才能进步，才能达到“太平（大同）”的愿望；希望中国有一个不根本改变封建制度而可以发展资本主义的宪法，要求保护民族工商业，予资本主义以适当的发展，领导了具有进步意义的戊戌维新运动。康有为诋斥伪经，托古改制，破坏传统儒学，不是唯经是从；猛烈抨击当权的顽固守旧派，热烈宣扬“西学”，不是唯上是听。龚自珍可说是他的先驱。

那么，探究龚自珍与传统经学的关系，辨明他和清代今文经学的联系和区别，对于研究中国近代思想的渊源、发展，无疑也是必要的。

魏源的“变易”思想和《诗》、《书》古微

一

和龚自珍齐名，可称为维新思想先驱的，是魏源。他比龚自珍晚去世十多年，经历了鸦片战争和第二次鸦片战争，其著作的内容，在“学习西方”方面，确较龚自珍发展了一步。魏源的“变易”思想，受今文经学影响也较明显，他对经籍专书进行了缜密研讨，写了《诗古微》和《书古微》。

魏源在清朝封建制度腐朽、社会危机严重的情况下，敢于揭露矛盾，倡导改革。本来，这时一些学者总是鼓吹退化论，说什么“三代”是人类的盛世，先秦不如三代，隋唐不如两汉，以后每况愈下，变成“一代不如一代”的颂古非今的复古思想。魏源却与此相反，他认为：其一，“时愈古则传愈少”，不能迷恋往古。说：“三皇之事，若有若无；五帝之事，若存若灭；三王之事，若明若昧。时愈古则传愈少，其与天地不朽者果何物乎?”（《魏源集》，3页。下引同书，只注页码）其二，“后世之事”，有“胜于三代者”。如“文帝废肉刑，三代酷而后世仁也；柳子非封建，三代私而后代公也；世族变为贡举，与封建之变为郡县何异？三代用人，世族之弊，贵以袭贵，贱以袭贱，与封建并起于上古，皆不公之大者”（60页）。因此，历史往而不可复，古今情况不同，不能泥古不变，更不能以为“世愈古而治愈盛”，而是“变古愈尽，便民愈甚”（48页）。

魏源认为“言必称三代”的人，是“读周、孔之书，用以误天下”，只能说是“庸儒”，流毒无穷。他说：“庄生喜言上古，上古之风必不可复，徒使晋人糠秕礼法而祸世教；宋儒专言三代，三代井田、封建、选

举必不可复，徒使功利之徒以迂疏病儒术。”（49 页）不能守旧泥古，而要变古因革。

魏源认为历史越变越好，后胜于古，这种变易思想、进化学说，对那些颂尧舜、言三代，认为三代以后历史每况愈下的历史退化论者是有力的批判。

魏源是在多种场合宣传他的变易思想的，如说：“天下无数百年不弊之法，无穷极不变之法，无不除弊而能兴利之法，无不易简而能变通之法。”（432 页）“求诸末者烦而难，反其本者顺而易。”（443 页）又说“法无久不变，运无往不复”（468 页），应该“因时而当变”（473 页）。

鸦片战争的失败，魏源目睹外敌入侵，竭力呼吁改革时弊，发愤图强，提出“五帝不沿礼，三王不袭乐”（《圣武记》卷七），由过去的专注票盐、漕运、水利等内政的改革，扩展到国防、军事以至外交方面；并运用进化观点考察各国情况，主张向西方学习。在《海国图志序》中明确指出“为以夷攻夷而作，为师夷长技以制夷而作”，提出学习西方的“长技”，使中国走向强盛。

魏源认为：“夷之长技三：一战舰，二火器，三养兵练兵之法。”中国应学过来，为我所用，抵抗侵略。主张在广东建设造船厂、火器厂，聘请法、美技师传授技术，选送中国工匠学习制造；另编练精锐水师，延请西洋人教练驾驶、演炮、作战之法。造船厂、火器厂除修造军用船炮外，也可制造民用商船等。那么，他设想的，不仅是发展新式的军事工业，对民用工业也曾注意，在当时确是先进的思想。

魏源考察西方资本主义国家的历史，号召人们学习“西洋之长技，尽成中国之长技”（186 页），对封建专制制度进行批判，是否摒弃旧学呢？没有。他的历史进化论还是脱胎于儒家今文经学的“三统”说。关于“三统”，简单说来，是指每一个朝代都有一“统”，“统”是受之于天的，旧王朝违背天命，便由另一新王朝“承应天命”来代替，新王朝就必须“改正朔，易服色”。他颂扬“三统”，是想利用“三统”的变易学说作为政治改革的理论依据。夏、商、周三代有因革损益，那么，当前的政治为什么不能改革呢？魏源认为：“以三代之盛，而殷因于夏礼，周因于殷礼，是以《论语》‘监二代’，荀卿‘法后王’，而王者必敬前代二王之后，岂非以法制因革损益，固前事之师哉!”（161页）清朝的前朝是明朝，清因明制，也不能悉仍其旧，而应针对时弊，更张改革，“凡中外官制、律例、赋额、兵额，大都因明制而损益之，故其流极、变迁、得失、切劘之故，莫近于明”（161页）。

在泥古守旧的顽固派看来，“祖宗之法”是不能变的；对今文的“三统”说，也视为不是《公羊》本义，不是孔子旧文，而是东汉何休的“臆造”。魏源探赜发微，认为董仲舒、胡母生、何休都曾说过，“三统”是“公羊先师七十子遗说，不特非何氏臆造，亦且非董、胡特创”（133页）。他敢于和尸位素餐、笃守儒经的封建顽固派作斗争，无疑是进步的，但依附的还是儒家学说，把朝代的更替归之于“三统”的循环。“太古之不能不唐、虞、三代，唐、虞、三代之不能不后世……故忠、质、文皆递以救弊，而弊极则将复返其初。”（257页）这种往复递嬗的历史循环论，并不科学。魏源看到历史的不断变易，却不能理解历史上的重大变革及其发展规律，陷入了“气化递嬗，如寒暑然”的唯心论泥潭。

二

今文“三统”说，是魏源变易思想的主要来源。他在学术思想上，是反对汉学（古文经学）、宋学，尊崇今文经学的。他之所以反对汉学和宋学，又是因为其或脱离实际，或空疏无用，不能援以经世，用以变革。而今文学说，却自有“微言大义”。

魏源对“饾饤为汉、空腐为宋”（361页）是反对的。他对清代“汉学”皖派的奠基人戴震，即就《水经注》问题上大做文章，说是赵一清《水经注》“为戴氏所剿”。他认为，“赵氏书未刊以前，先收入《四库全书》”，戴震“在四库馆时先睹预窃”，并“臆改经注字句，辄称《永乐大典》本”（225页）。对戴可说是攻击备至。对戴震的弟子段玉裁，也认为“于《尚书》经师家法不明，专据马、郑本为真古文，因以《史记》之不同马、郑者，皆武断为今文”（562页）。可知他对乾嘉学风颇表不满。同时，魏源在《书〈宋名臣言行录〉后》一文中，对四库馆编纂人员纪文达等人讥弹宋儒，也深表不满（参见217页）。

尽管如此，这并不意味着他赞同宋儒。他对宋儒同样讥讽。如以《小学》、《大学》“同表章于朱子”为“不可解者”（136 页）。以朱子对《大学》“未悟古本分章之条理，而误分经传，加以移补，遂留后人之疑，以为不格心、意、身之物，而泛言即凡天下之物”（138 页），以“正宋儒之僭乱”。对宋儒“鬼神之说”，也认为“矫枉过正，而不知与六经相违”（3 页）。他对汉学、宋学都有批评。

他认为汉学（古文经学）、宋学都不能“辅道”，只有西汉今文经学，才能“承七十子微言大义”。但它经过刘歆的篡乱，东汉古文盛行，“郑（玄）、许（慎）之学综六经”，于是“经术卑，儒术绌”了。他说：

余读《后汉书·儒林传》，卫、杜、马、贾诸君子承刘歆之绪论，创立费、孔、毛、左古文之宗，土苴西京十四博士今文之学，谓之俗儒，废书而喟！

夫西汉经师，承七十子微言大义，《易》则施、孟、梁丘皆能以占变知来，《书》则大小夏侯、欧阳、兒宽皆能以《洪范》匡世主，《诗》则申公、辕固生、韩婴、王吉、韦孟、匡衡皆以三百五篇当谏书，《春秋》则董仲舒、隽不疑之决狱，《礼》则鲁诸生、贾谊、韦玄成之议制度，而萧望之等皆以《孝经》、《论语》保傅辅道，求之东京，未或有闻焉。其文章述作，则陆贾《新语》以《诗》、《书》说高祖，贾谊《新书》为汉定制作，《春秋繁露》、《尚书大传》、《韩诗外传》、刘向《五行》、扬雄《太玄》，皆以其自得之学，范阴阳，矩圣学，规皇极，斐然与三代同风，而东京亦未有闻焉。

今世言学，则必曰东汉之学胜西汉，东汉郑、许之学综六经。呜呼！二君惟六书、三《礼》并视诸经为闳深，故多用今文家法。及郑氏旁释《易》、《诗》、《书》、《春秋》，皆创异门户，左今右古。其后郑学大行，骎淫遂至《易》亡施、孟、梁丘，《书》亡夏侯、欧阳，《诗》亡齐、鲁、韩，《春秋》邹、夹、公羊、穀梁半亡半存，亦成绝学，谶纬盛，经术卑，儒术绌。晏、肃、预、谧、赜之徒，始得以清言名理并起持其后。东晋梅赜《伪古文书》遂乘机窜入，并马、郑亦归于沦佚。西京微言大义之学，坠于东京；东京典章制

> 度之学，绝于隋、唐；西汉诂训声音之学，熄于魏、晋；其道果孰隆替哉？（151～152页）

这是魏源对西汉以来学术变迁的看法。可知他赞美的是西汉，而对“今世言学”，以“东汉之学胜西汉”则示反对。他以为六经“皆圣人忧患之书”（38页），西汉经学“以经术为治术”，“通经致用”。后世以诂训声音、名物器服“蔽经”，“无一事可验诸治”。说：

> 士之能九年通经者，以淑其身，以形为事业，则能以《周易》决疑，以《洪范》占变，以《春秋》断事，以《礼》、《乐》服制兴教化，以《周官》致太平，以《禹贡》行河，以三百五篇当谏书，以出使专对，谓之以经术为治术。曾有以通经致用为诟厉者乎？以诂训音声蔽小学，以名物器服蔽三《礼》，以象数蔽《易》，以鸟兽草木蔽《诗》，毕生治经，无一言益己，无一事可验诸治者乎？（24页）

那么，他对治经是主张“致用”，主张“以经术为治术”的，从而对西汉的借经决狱、借经言事加以推誉。而西汉微言，坠于东汉，东汉典章，又绝于隋、唐。西汉的诂训声音之学，又熄于魏、晋。怎么办呢？他说：

> 且夫文质再世而必复，天道三微而成一著。今日复古之要，由诂训声音以进于东京典章制度，此齐一变至鲁也；由典章制度以进于西汉微言大义，贯经术、政事、文章于一，此鲁一变至道也。（242页）

就是说，由训诂声音“复”到东汉，再由典章制度“复”到西汉。清代中叶，正是乾嘉学派训诂声音、典章制度盛行之时，魏源认为应是“复”到西汉的时机了。这也是基于他的循环往复、“再世必变”的“三统”变易思想的。

魏源的要“复”到西汉，是要“复”西汉的“微言大义”，要“贯经术、政事、文章于一”，这样再能“变至道”。可知，他的“变”是为了“经世”，为了要以“经术为治术”，为了要运用西汉的“微言大义”，以“救裨当世”。

正由于这样，他对清代复兴的常州今文经学深为赞扬，认为常州今文学派的开创者庄存与"崒乎董胶西之对天人，醰乎匡丞相之述道德，肫乎刘中垒之陈今古，未尝凌杂釽析，如韩、董、班、徐数子所讥"，并称之为"真汉学"（238 页）。以常州今文学派的奠基人刘逢禄为"潜心大业之士"，能"由董生《春秋》以窥六艺条贯，由六艺以求圣人统纪，旁搜远绍，温故知新，任重道远，死而后已"，是"明允笃志"的"君子"（242～243 页）。

庄存与、刘逢禄以《春秋》是"经世"之书，认为《春秋》大义，存乎《公羊》，要懂得《春秋》，就必深研"通三统"、"张三世"诸例，魏源也是如此。他的变易思想，即源于今文"三统"说。还以为"史家正统之例，实《春秋》通三统之义"，说：

> 太史公作《五帝本纪》，列黄帝、颛顼、高辛、尧、舜，而不数少昊氏。斯义也，本之董生论三统，孔子论五帝德，《国语》柳下惠论祀典。盖少昊氏之衰，九黎乱德，颛顼修之，故柳下、孔子、董生、太史公论列五帝，皆祧少昊一代于不言，视《月令》郯子所论，识殊霄壤。此正统本于三统之明征，岂徒胪列纪载，体同胥史，遂并董狐乎？（131～132 页）

也有人"以为通三统之人不见于传文，止见何氏《解诂》，疑非《公羊》本义"，魏源又为解释：

> 无论经、传有元年文王、成周宣榭之明文，且何氏叙明言依胡母生条例，又有董生、太史公之书，皆公羊先师七十子遗说，不特非何氏臆造，亦且非董、胡特创也。无三科、九旨则无《公羊》，无《公羊》则无《春秋》，奚微言之与有！（133 页）

魏源认为，《春秋》之有《公羊》，不但异于《左氏》，亦且异于《穀梁》，"春秋因鲁史以明王法，改周制而俟后圣"，"立百王之法"，而不是"为一事一人而设"（134 页）。所以治经必治《春秋》，治《春秋》必通《公羊》。西汉时，董仲舒"上下古今，贯五德、五行于三统，可谓穷天人之绝学"。魏源为撰《董子春秋发微》，以"发挥《公羊》之微言大谊，而补胡母生条例、何邵公《解诂》所未备"，而以刘逢禄《公羊释例》之"通论大义近乎董生附诸后"（134～135 页）。可知，魏源是远绍西汉今文经学董仲舒，而近宗常州今文经学家庄存与、刘逢禄的。

但是，魏源和庄存与、刘逢禄却有其不同之处。

第一，庄存与、刘逢禄是在清朝“乾嘉盛世”危机隐伏之际，为了维护封建专制，巩固中央集权而阐扬《春秋》，发挥“微言”的。魏源则是在道光中叶，外国资本主义侵入之时倡言变易，提倡经世。因此，魏源除承袭了今文“三统”以言因革外，又主张“师夷长技以制夷”，主张“以经术为治术”。

第二，庄存与是常州今文经学的开创者，主今文，也有《周官记》、《毛诗说》等关涉古文之书，家法还不严密；刘逢禄进了一步，但也以《公羊》、《毛诗》并言，言《公羊》也以东汉何休《注》为主。魏源则既斥《毛诗》，又尊董仲舒，说是“曲阜孔氏（孔广森）、武进刘氏（刘逢禄）皆《公羊》专家，亦止为何氏拾遗补缺，而董生之书未之详焉”（135 页）。董仲舒是西汉人，而何休则是东汉人，他要“由典章制度以进于西汉微言大义，贯经术、政事、文章于一”。

第三，魏源要“由典章制度以进于西汉微言大义”，所以并不拘于传注，他说：“经有奥义，有大义，研奥者必以传注分究而始精，玩大者止以经文汇观而自足。……自明以来，学者争朱、陆，自本朝以来，学者争汉、宋，今不令学朱学陆而但令学孔、孟焉。夫何诤？然近日治汉学者，专务记丑，屏斥躬行，即论洙、泗渊源，亦止云定、哀间儒者之学如是，在子思、孟子以前；其意欲托尊《论语》以排思、孟，甚至训一贯为壹行，以诂经为生安之学，而以践履为困勉之学。”（145～146 页）魏源主张，摆脱传注，直求经文。

常州今文经学，至龚自珍、魏源而一“变”，魏源比龚自珍晚去世，他的“变易”思想以及“学习西方”的主张，就较龚自珍为进；他在经学问题上更明确提出要由东汉的训诂声韵“复”到西汉的“微言大义”，晚年，自己也致力于此，寻求西汉今文的家法。这些，都是历史条件决定的。

三

魏源对经籍专门讨论，欲使之由东汉“复”于西汉的主要著作，是

《书古微》和《诗古微》。

《书古微》和《诗古微》，都收入《皇清经解续编》，对近代经学起了很大震荡。

魏源在《书古微序》中开宗明义地提出，他写作此书，是“所以发明西汉《尚书》今、古文之微言大谊，而辟东汉马、郑古文之凿空无师传也”。他认为伏生得《尚书》二十九篇于屋壁，欧阳氏和夏侯氏传授其学，这是《今文尚书》。孔安国又得《古文尚书》四十五篇于孔壁，校今文多出十六篇，但孔安国从欧阳生受业，曾以今文读古文，以古文考今文。司马迁也尝从孔安国问故，所以西汉今、古文本来是一家，“大同小异不过什一，初非判然二家”。到了东汉，杜林说是得到漆书《古文尚书》，传到卫宏、贾逵为之作训，马融作传，郑玄注解，于是古文“遂显于世，判然与今文为二。动辄诋今文欧阳、夏侯为俗儒，今文遂为所压”。等到东晋伪古文晚出，“而马、郑亦废”。清代儒生考证出东晋晚出的《古文尚书》是伪书，又“以马、郑本为真孔安国本，以马、郑说为真孔安国说，而不知如同马牛之不可相及”。他列举五例，以明其不可信：

（一）《后汉书·杜林传》说“林得漆书《古文尚书》一卷”，但漆书竹简，“每简一行，每行二十五字或二十二字。若四十五篇之《书》漆书于简，则其竹简必且盈车，乃谓仅此一卷”，不可信。

（二）孔安国“以今文读古文之训，以古文考今文之本，未尝别自成家”。“十六篇既无师说，则其二十九篇之师说，既不出于今文，又出自何人?”“何以史迁问故，不传一字，而卫、贾、马、郑传古文者，即十六篇亦不传一字?”

（三）司马迁“为安国真古文之传”，“今马、郑《尧典》、《皋陶谟》、《微子》、《金縢》、《无逸》诸篇，无一说不与史迁相反”。“岂史迁所传安国之古文，反不如杜林、卫宏杜撰之古文?”

（四）西汉重师法、家法，“若东汉古文则不然，马融不同于贾逵，贾逵不同于刘歆，郑玄又不同于马融”。“郑师马而异于马，马师卫、贾，而《酒诰》‘成王若曰’异于卫、贾；贾、马、卫、杜古文应本刘歆，而‘六宗’异于刘歆。孰真古文，孰非古文乎?”魏源怀疑这种“无师传、家法”的做法，只是“乡壁虚造，随臆师心，不知传受于何人?”

（五）孔安国之传授，与杜林、卫宏“迥不相承”。“不知杜林所得之本，即安国壁中之本乎，抑别自一本乎？”“何以杜林本不言得自何所，其师说亦不言授自何人？”（110～112页）

从而《书古微》“尽发马、郑之覆，而阐西汉伏、孔、欧阳、夏侯之幽，使绝学复大光于世”（115页）。

魏源认为西汉今、古文“既厄于东汉马、郑之臆说”，但“至今存什一于千百，而微言大谊绵绵延延，竟能回千钧于一发，使古谊复还”的，“全赖有《史记》、《汉书》及伏生《大传》残本、《汲冢周书》佚本三者为之命脉”（118页）。

于是他一方面根据《史记》等书以及欧阳、夏侯诸说以驳斥马、郑，申张旧说，如对九族的解释，他主张《白虎通》所引欧阳、夏侯《今文尚书》说，以为九族是父族四、母族三、妻族二；而反对郑玄所说“高祖至玄孙为九族”之说。以为“郑氏解书，凡人君自修己德之事，皆必移之于臣下，虽与其《礼注》矛盾而不顾”，而欧阳、夏侯，“是推广伏生师说”（《书古微》卷一，5页，见《皇清经解续编》）。

另一方面，他又力辟伪古文，力反马、郑。认为“伪古文之臆造经、传”，“上诬三代，下欺千载”；“至马、郑传注之故背今文、臆造古文”，“亦不足以相代”。当时对伪古文已“昌言排击，尽发症结”，“不至于惑世诬民”；而马、郑古文说“之臆造无师授”却尚待辨明。“黜东晋梅赜之伪以返于马、郑古文本”，只是“齐一变至鲁”；还应“辨马、郑古文说之臆造无师授以返于伏生、欧阳、夏侯及（司）马迁、孔安国问故之学”，才是“鲁一变至道”（114～115页）。从而对清代学者江声、王鸣盛之“多祖马、郑”，段玉裁《古文尚书撰异》之“凡史迁本之异于马、郑者皆挤为今文说”、“谓今文之说皆不如古文”（112～113页）也加反对。

这样，他“致力于《尚书》”，“旁搜远绍”，对《书古微》做了四项研究，自谓是“得于经者”。其一，“补亡”，“补《舜典》而并补《汤诰》，又补《泰誓》三篇、《武成》二篇、《牧誓》一篇，以及《度邑》、《作雒》为《周诰》之佚篇”。其二，“正伪”，“如正《典》、《谟》‘稽古’为‘通三统’，正‘放勋’、‘重华’、‘文命’为‘有天下之号而非名’，正‘毋若丹朱教’为‘帝舜戒禹教子之训’”等。其三，“稽地”，“如考禹河而知有千年不决之渎”等。其四，“象天”，是对《尚书》天文星象的探讨。自称，欲“尽黜伪古文十六篇，并尽黜马、郑之说，而颁西汉古谊于学宫”（113～114页）。

照此说来，《书古微》是主要反对马、郑古文，而崇西汉伏生、欧阳、夏侯旧说，使《尚书》“复”于西汉的。

魏源的另一专著《诗古微》，则是“发挥齐、鲁、韩三家诗之微言大谊”，“以豁除《毛诗》美、刺、正、变之滞例，而揭周公、孔子制礼正乐之用心于来世”（119～120页）。

《诗古微》上篇六卷并卷首一卷，“通语全经大谊”；中编十卷，“答问逐章疑难”；下篇三卷，“其一辑古序，其二演外传”。他以为西汉齐、鲁、韩三家诗盛行，《毛诗》晚出，未立博士。东汉末年，郑玄“少习《韩诗》，晚岁舍韩笺毛。及郑学大昌，毛遂专行于世”（《诗古微》卷一，1页，见《皇清经解续编》）。此后，《齐诗》亡于魏代，《鲁诗》亡于西晋，《韩诗》亦仅存《外传》。于是学者“矫诬三家”，说是“齐、鲁、韩皆未见古序”，“《毛诗》与经传诸子合，而三家无证”，“《毛序》出子夏、孟、荀而三家无考”，《诗古微》就此“三端”，“一一破其疑，起其坠”（《诗古微》卷一，1页）。认为“毛不见三家古序则有之，三家乌用见《毛序》为?”司马迁、贾谊、刘向都是“宗鲁而不宗毛”，郑玄注《礼》还显用《韩诗》，《说文》引《诗》，又是“什九皆三家”。《汉书·楚元王传》言浮邱伯传《鲁诗》于荀卿，《唐书》载《韩诗》卜商序，那么三家也出于荀子、子夏。不能“专己守残，党同门，妒道真”（《诗古微》卷一，5页）。

《诗古微》对《毛诗》的“美、刺”说也认为是“一家之例”，“与三家燕越”。三家诗“特主于作诗之意，而《毛序》主于采诗编诗之意”。认为“风之美、刺，出于王朝之庆让；雅之美、刺，别于王政之隆替，非必诗人之意，篇篇此美此刺”（《诗古微》卷一，6页）。

《诗古微》认为，齐、鲁、韩、毛异同，“自《诗序》而外，尚有三端：一曰篇名，二曰章句，三曰训诂”。认为“《史》、《汉》儒林传、艺文志皆言鲁申公为训诂，且《汉书·楚元王传》及《鲁国先贤传》皆言申公始为《诗传》。且《汉志》明载《鲁故》、《鲁说》，皆《鲁诗》传之明证”。至于“《毛传》多用古训，亦不尽合古训，如以终风为终日风，缉熙敬止以为语词之类”（《诗古微》卷一，10页）。

《诗古微》对孔子删《诗》之说以为“不可通”，“秦汉学者，侈言非实”。《史记》所谓“孔子去其重，取可施于礼义者，凡三百五篇”，魏源说是“去其重者，谓重复倒乱之篇，而非谓乐章可删，列国可黜”，“三家之本有同异”，但“三百之外，不尽逸诗”，所以孔子“有正乐之功，无删《诗》之事”（《诗古微》卷一，22页）。

《诗古微》对后人“误信《毛传》变雅终于幽王，而谓西周无风，东周无雅”；“误信《续序》以《王风》有桓王、庄王之诗，而谓王风始于平不终于平”；“误信《毛诗》以厕卫、郑之间，而谓夷于列国，且以《黍离》作于王朝大夫，亦不得为雅”也提出异议（参见《诗古微》卷三，38页）。

魏源不但《诗》主三家，“豁除《毛诗》”，他还要“揭周公、孔子制礼正乐之用心于来世”。认为“《诗》之道，必上明乎礼、乐，下明乎《春秋》”（120页）。他说，孔子说过：“文王既没，文不在兹乎?”又说：“吾不复梦见周公。”“凡赞《易》、删《书》、修《春秋》，正礼乐，罔不奉以周旋，而《诗》则始之以四始，终之以《豳》、《王》、《鲁颂》。盖欲法文王而不可得，则于周公制作中求之；欲行周公之道于东周而不可得，则寓之空文以垂来世云尔。《诗》亡而后《春秋》作，文似元年，武似春王，公似正月，圣之与圣，犹规之相周，矩之相袭也”（《诗古微》卷二，19页）。

又说：“故以《王风》居列国之终，示《风》终于平王，与《雅》亡同也。故《春秋》始于《王风》。二《雅》所终之年，明王迹已熄，不复以列国之变风为存亡也。后人以美、刺无邪为《毛诗》之大义者，则《春秋》二百四十年中，列国美、刺之民风，何尝一日废乎？《诗》何尝一日亡乎？《春秋》何必作乎？何不裒辑民风之美、刺以续《诗》而代《春秋》乎？明乎《诗》亡《春秋》作之义，而知王柄、王纲不可一日绝于天下，而后周公、孔子二圣人制作以救天下当世之心，昭昭揭日月，轩轩揭天地。”（《诗古微》卷三，41页）

照此说来，魏源要昭明周公、孔子“制作以救天下当世之心”，昭明“古圣忧患天下来世之心”。正由于如此，他的撰注，实欲摆脱传注，直求经文，并追寻其中的微言大谊。因此，他认为“《诗》有作诗者之心”，“三家特主于作诗之意”，《毛诗》则“主于采诗、编诗之意”。他说：

> 夫《诗》有作诗者之心，而又有采诗、编诗者之心焉。有说《诗》者之义而又有赋诗、引诗者之义焉。作诗者自道其情，情达而止，不计闻者之如何也。即事而咏，不求致此者之何自也；讽上而作，但祈上寤，不为他人之劝惩也。至太师采之以贡于天子，则以作者之词而谕乎闻者之志，以即事之咏而推其致此之由，则一时赏罚黜陟兴焉。国史编之，以备矇诵，教国子，则以讽此人之诗存为讽人人之诗，又存为处此境而咏已咏人之法，而百世劝惩观感兴焉。（《诗古微》卷一，6页）

但是，“三家虽主作诗之意，而亦间及编诗、奏诗之意”，“《毛序》虽以采诗、编诗之意为主”，“而推其义例，可见序《诗》者与作诗之意绝不相蒙。作《诗》者意尽于篇中，序《诗》者事征于篇外，是《毛传》仍同三家，不以序《诗》为作《诗》，似相抵而非相抵也”。然而，三家诗“之得者在原诗人之本旨”，而“《毛诗》之得者在《传》与《序》各不相谋”（《诗古微》卷一，6～10页）。这种推原“诗人之本旨”，“取义微妙”，“借词证明”，是“无声之礼乐志气塞乎天地，此所谓兴、观、群、怨可以起之《诗》，而非徒章句之《诗》也”（120～121页）。

《诗》既有作诗之意，齐、鲁学者说《诗》“以意逆志”，不必“执一切断章之义为本义”。他说：

> 自国史讽诗述志，于是列国大夫有赋诗之事。自夫子录诗正乐，于是齐、鲁学者有说《诗》之学。然说《诗》者旨因《诗》起，即旁通触类，亦止依文引申。盖《诗》为主而义从之，所谓以意逆志也。赋《诗》与引《诗》者，《诗》因情及，虽取义微妙，亦止借词证明。盖以情在主而《诗》从之，所谓兴之所之也。以意逆志者，志得而意愈畅，故其后为传注所自兴。兴之所至者，兴近则不必拘所作之人、所采之世，故其后为词赋之祖。（《诗古微》卷二，11页）

魏源探究“作诗之意”，推崇齐、鲁学者之说《诗》，昭明周公、孔子“制作以救天下当世之心”，这种直求经文，反对“断章取义”，和当时学风迥不相同。他是重微言大义，重经术政事，从而撰《诗古微》、以《诗》“复”于西汉的。

四

魏源撰述《书古微》、《诗古微》，使《书》、《诗》“复”于西汉，是从《书》、《诗》的剖析，以明西汉的“微言”；但他的“复”于西汉，又不是单纯的“复古”，而是以“复古”为“革新”，所谓“鲁一变至于道”。

或者要问：魏源不是说“变古愈尽，便民愈甚”，不是反对守旧泥法，主张变古因革吗？为什么《书古微》、《诗古微》又要“复”于西汉，岂不自相矛盾？曰：并不矛盾。魏源是主张“变古”的，主张改革的，他的使《书》、《诗》“复”于西汉，也是“变”当时汉学、宋学之旧，变当时学者信奉马、郑《尚书》、《毛诗》之古，复古是名，革新是实。

那么，魏源既然要“变革”，为什么又以“复古”为革新呢？这和中国封建社会的长期持续有关，和儒家思想的长期垄断有关，要在思想界撼动汉学（古文经学）、宋学的统治地位，谈何容易。东汉以来，古文经学一直居于优势，郑玄、朱熹的经注也列于庙堂，颁于学宫，要革新，还有赖于“复古”。你说东汉的马、郑古文《尚书》说可靠，它确和东晋的伪古文《尚书》不同，但伏生、欧阳、夏侯的今文《书》说却还要近“古”，还要“可靠”；你说《诗》仅存《毛诗》，但西汉原有齐、鲁、韩三家《诗》说，《毛诗》却是晚出的。这样，他就以“复古”为手段，以“革新”为目的。

魏源之以“复古”为革新，又是和他的变易思想、社会改革主张相结合的。他要“复”到西汉，又是因为西汉今文说中有“微言大谊”，这种“微言大谊”，也正是他“革新”的理论依据。西汉定儒学于一尊，是根据董仲舒的建议，董仲舒能“抉经之心，执圣之权，冒天下之道”，最能通“《公羊》之微言大谊”。董仲舒《春秋繁露》中的“《三代改制质文》一篇，上下古今，贯五德、五行于三统，可谓穷天人之绝学”（135页），从而他除撰《董子春秋发微》七卷外，在《书古微》、《诗古微》

中，也发挥董仲舒的“三统说”，如以《典》、《谟》“稽古”说是“通三统”，他说：

> 至于帝王三统，古谊莫精于董生，其《春秋繁露·三代改制质文》篇曰：“凡有天下者皆称王，惟三统以上始推为帝，同时称帝者五，称王者三，所以昭五端，通三统也!”……按此七十子所口受于夫子，微言大谊，传之董生与《书大传》，舜乃称王而入唐，与尧、舜独称曰若稽古，若合符节，明为周初乃命五史所书五帝之蛊事，皆所谓由百世之后，等百世之王。太史公问故于孔安国，又问《春秋》于董生，略如斯谊，故《五帝本纪》首黄帝，至帝舜且皆著其有天下之号，曰轩辕，曰太昊、少昊、高阳、高辛，曰放勋、重华文命，而冠二典谟以稽古，此《尚书》微言大谊，西汉惟伏、孔董生得闻之，岂东汉马、郑诸儒所闻乎?（《书古微》卷一，4页）

又释“有扈氏威侮五行，怠弃三正”曰：“按《书大传》曰：三正者，正色三而复也。三正之相承，若顺连环也。王者一质一文，据天地之道”，“夏启数有扈之罪曰怠弃三正，谓不守三统迭王之义，而思自僭号也”（《书古微》卷六，1页）。他在书中特阐“三统”，一方面说明董仲舒明“微言”之谊，要“复”于西汉；另一方面更是利用“三统”的变易学说作为政治改革的凭借。因此，他不是单纯的“复古”，而是以“复古”为“革新”。

这样，魏源的不据传注，直求微言，较庄存与、刘逢禄所谈，就有发展。庄、刘还不斥《毛诗》，魏源却直探三家；刘逢禄为东汉何休《释例》，魏源更直探西汉，使《诗》、《书》“复”于西汉，以“至于道”。这样今古文的壁垒也就森严了。

当然，庄存与、刘逢禄的利用今文，旨在维护封建统治；而魏源的“变易”与“革新”，有其新的时代内容，上面已论，兹不再赘。

然而，魏源主张摆脱传注，直求经文，但《诗古微》、《书古微》好多地方还是罗列考据，混合糅杂，甚至有自相抵牾之处，致为章太炎所讥，说是“思治今文为名高，然素不知师法略例，又不识字，作《诗》、《书》古微，凡《诗》今文有齐、鲁、韩，《书》今文有欧阳、大小夏侯，故不一致，而齐、鲁、大小夏侯，尤相攻击如仇雠，源一切混合之，所不能通，即归之古文，尤乱越无条理”（章太炎：《訄书》重印本第十二）。他还专门写了《驳〈书古微〉》，说是“无知妄作”（《章太炎全集》第一册，158 页，上海）。章太炎对魏源的批评是中肯的，考证诠释，也本非言今文的魏源所长。

然而，魏源撰《书古微》、《诗古微》，“使《诗》、《书》复于西汉”，言三统以明变革。他用的是今文“微言大谊”，而想望的又是政治“革新”，他“以经术为治术”，欲“贯经术、政事、文章于一”，在“近代经学”中，还是占有重要地位的。其对近代思想界的影响，不能低估。

原载《求索》，1984（5）

重论康有为与今古文问题

康有为利用今文经学，宣传维新变法，已为人所公许；康有为早年“酷好《周礼》”，尊事周公，却未为人注视。

康有为是1888年第一次上书之后，才“崇奉”今文的，并不是一开始就师承有绪。他的由尊周公到尊孔子，由好《周礼》到好《公羊》，有着一番冥思苦索的艰辛过程，也有一番上书不达的痛苦经历。他和经学中的今古文问题，又和其“救亡图存”的政治实践有关。

本文旨在探讨19世纪80年代康有为和今古文的关系，1891年《新学伪经考》出书以后，不属于本文的讨论范围之内，即康有为和廖平、皮锡瑞的牵连和异同，以及他继承今文经学哪些传统和影响，已另详《康有为和今文经学》一文，兹不赘言。

一

梁启超在《清代学术概论》中说：“有为早年，酷好《周礼》，尝贯穿之著《政学通议》（‘政’应为‘教’），后见廖平所著书，乃尽弃其旧说。”证以康有为《自编年谱》，他早年确曾“酷好《周礼》”，不信《公羊》。康有为记：

> 光绪四年戊寅（1878年），二十一岁：“在九江礼山草堂从九江先生学，大肆力于群书，攻《周礼》、《仪礼》、《尔雅》、《说文》、《水经》之学。”《周礼》是古文经籍，《尔雅》、《说文》也是古文经学家“通经之邮”。
>
> 光绪五年己卯（1879年），二十二岁：“于是舍弃考据帖括之学，专意养心。既念民生艰难，天与我聪明才力拯救之，乃哀物悼世，以经营天下为志，则时时取《周礼》、《王制》、《太平经国书》、《文

献通考》、《经世文编》、《天下郡国利病全书》、《读史方舆纪要》，纬划之，俯读仰思，笔记皆经纬世宙之言。”他“以经营天下为志”，所读书籍，大体关涉政治制度、经国利病，而首列《周礼》。

光绪六年庚辰（1880 年），二十三岁：“是岁治经及公羊学，著《何氏纠缪》，专攻何劭公者，既而自悟其非，焚去。”《公羊》是今文主要典籍，何休是东汉今文大师，康有为著《何氏纠缪》，标明他这时并不信奉《公羊》，“既而自悟其非”，则为 1888 年以后。

光绪八年壬午（1882 年），二十五岁：“九江先生卒，奔视与诸子营丧视葬焉。吾故夙事三《礼》者，故与简君竹居论议为多。”

光绪十二年丙戌（1886 年），二十九岁：“又著《教学通议》成，著《韵学卮言》，既而弃之。”

根据康有为自述，他在 1886 年前，好《周礼》，攻何休，并“贯穿之著《教学通议》”，后又弃去。那么，《教学通议》将是证实康有为与经今古文问题的重要著作，由于此书迄未露布，致论者无从阐明。

《教学通议》，曾见稿本，列目二十：《原教》，《备学》，《公学》，《私学》，《国学》，《大学》，《失学》，《亡学》，《六经》，《经亡》，《春秋》，《立学》，《从今》，《尊朱》，《幼学》，《德行》，《读法》，《六艺》上（礼）、中（射御）、下。内《六艺》下有目无文。另“缺目”三，即《言语》、《师保》、《谏教》。《言语》、《师保》“缺目”有文，正文另有“敷教”一篇，或即“缺目”中的“谏教”。全书约三万八千字，上署“光绪十二年正月辑定”。

康有为在《教学通议序》中，标明撰书的目的是“今天下治之不举，由教学之不修也”，“教学之不修”，“患其不师古也”。而所学只是“师古之糟粕，不得其精意”。认为“善言古者必切于今，善言教者必通于治”。《教学通议》的宗旨就是言教通治，言古切今。

“言教通治”，周公是典范。康有为认为，经书中的典章，都是“周公经纶之迹”。“周公以天位而制礼，故范围百世，万民无不曲备。”（《六经》）“言古切今”，周公也是典范，他“熔铸一时”，“以时王为法”，从而“制度美密，纤悉无遗，天下受式，遏越前载，人自无慕古之思也”（《从今》）。

周公“言教通治”、“言古切今”，是因为他不是空洞说教，而是“有德有位”，用以“纲维天下”。“周公兼三王而施事，监二代以为文”，“制作典章”，“因时更化”，从而“大周之通礼会典一颁，天下奉行”（《从今》），“教学大备，官师咸修”。

《周礼》是古文经典，周公是古文经学家崇拜的偶像，康有为讲《周礼》官守，崇周公权威，并从周公“有德有位”着眼，恰恰是古文经师的立论所在；至于今文经学家则是尊《公羊》、崇孔子的。康有为既在1880年著书批判何休，《教学通议》中对孔子也作如是评价：“孔子虽圣，而绌于贱卑，不得天位以行其损益百世、品择四代之学，即躬行明备，亦不过与史佚之徒佐翊文明。况生丁春秋之末造，天子失官，诸侯去籍，百学放黜，脱坏大半矣。孔子勤勤恳恳，远适宗周，遍游列国而搜求之。”（《六经》）认为孔子“不得天位”，只是“搜求”遗文，退而讲学。

周公、孔子对六经的关系也有不同，康有为认为，如今的六经“虽出于孔子”，而其典章皆“周公经纶之迹”，过去六经都有官守，“以官为师，终身迁转不改”，“如《易》出于太卜，《春秋》出于外史，《诗》出于太师，《论语》、《诗经》出于师氏”（《私学》）。但“自夷、懿以降，王迹日夷，官守渐失”，孔子就是生于“失官之后，搜括文、武、周公之道，以六经传其徒，其徒尊之，因奉为六经”的（《失官》）。那么，六经本是“周公之制”，孔子只是“搜括文、武、周公之道”，“宪章祖述，缵承先王”（《亡经》）。它和古文经学家之以孔子“述而不作，信而好古”，又何其相似！

以周公为“有德有位”，以六经为“周公经纶之迹”，康有为是尊崇周公的。至于孔子，他对经书的功绩，则在于：一是传授六经，讲明六经之道。孔子之时，“六经之言治虽不宣用，而六经之言道则讲之日精，使后世学者犹幸存六经、《论语》，犹知理道”（《六经》）。二是孔子曾经“制作《春秋》”。然而，孔子处“王官失守”之时，“六经之治扫地”之际，他只是“缵承先王”，讲明其道。他的写《春秋》，也是因“六经之治扫地”，从而“感乱贼，酌周礼，据策书，明制作，立王道，笔则笔，削则削”的。其中，自有所谓“微言大谊”，而“孔子微言，质之经传皆合”，他讲《春秋》之治，也只是“继周”，尊的还是周公。

康有为之所以尊周公，是因为他“有德有位”，制《周礼》以“范围后世”（《六艺》上），有“言治”的“经纶之迹”。他在这几年中，钻研经史，涉猎西学，“时时取《周礼》、《王制》、《太平经国书》、《文献通考》、《经世文编》、《天下郡国利病全书》、《读史方舆纪要》，纬划之，俯读仰思，笔记皆经纬世宙之言”①。又“读《东华录》、《大清会典则例》、《十朝广训》及国朝掌故”，并“欲辑《万国文献通考》”②，注意历朝政制，“以经营天下为志”，想从古代经籍中汲取一些可资运用的东西。他还以为过去典章“存之于官”（《从今》），“周制以时王为法，更新之后大势转移，大周之通礼会典一颁，天下奉行，前朝典礼，废不可用”（《从今》）。要“天下奉行”，就要“上出其宪章以为教，下奉其宪章以为学”（《从今》）。也就是要根据周公的“经纶”，“言古切今”；根据“时王”的典制，“言教通治”。

周制既以“时王”为法，可知典章制度不是因袭不变的，可以“酌古今之宜”，“定新制以宜民”（《六艺》上《礼》）。“由今之学，不变今之法，而欲与之立国牧民，未之有矣”（《立学》），不必“泥于古，以可行于今者为用”（《从今》）。有其“经世”含义，“变”的哲学。而崇奉的还是周公、《周礼》。渴望能够有“有德有位”如周公那样的人，以“时王为法”，颁行新制，“天下奉行”，敷教言治，“易民观听”。

康有为尊周公，崇《周礼》，是否他就算是古文经学家呢？不是。他这时“忧患百经未闻道”，还未形成完整的思想体系。例如，他对古文经学派的开创者刘歆，也以为“变乱于汉歆”（《尊朱》），但远不是像后来《新学伪经考》那样对刘歆的全面攻击，还以为刘歆得观“秘藏”；只是对后来的“烦琐经学，粗习成风”（《六艺》上《礼》）表示不满而已。他对宋学也不摒弃，以为朱熹“讲求义理”，“使学者人人皆有希圣希贤之路”，是“孔子之后，一人而已”（《尊朱》）。他对汉、宋还未专主，也未偏废，想在各种学说中抉择汲取；只是尊周公、崇《周礼》，在他这时的思想上，确占重要地位。

康有为尊周公、崇《周礼》，是捧出周公的偶像，渴望有“以时王为法”、“颁行天下”的政典，注目于“时王”，依托自周公，而其实际要求

① 《康南海自编年谱》，“光绪五年己卯，二十二岁”。

② 《康南海自编年谱》，“光绪九年癸未，二十六岁”。

是“变”，是要从周公的“敷教言治”以“言古切今”，从六经的“经纶”之言以“言教通治”。然而，周公既不是康有为时代的“时王”，《周礼》也不合康有为时代的政制，怎么办呢？俯读仰思，冥思苦索，康有为在追求探索，寻找真理。

二

康有为在传统的经籍中冥思苦索，也从翻译的西书中穷搜细探。1879 年，他“薄游香港”，亲眼看到英国侵略者所建立的殖民地秩序，“乃始知西人治国有法度，不得以古旧之夷狄视之”①。由此，“渐收西学之书，为讲西学之基”，开始了向西方寻找真理的历程。1882 年，道经上海，“益明西人治术之有本”，“大购西书”。次年，“大攻西学书，声光化电重学及各国史志、诸人游记皆涉焉”。自感“新识深思，妙悟精理，俯读仰思，日新大进”②。据《自编年谱》，他在 1884 年，“始演大同之义”；1885 年，以几何著《人类公理》；1886 年，“作《内外康子篇》，又作《公理书》，依几何为之者”，《教学通义》也是在这年 2 月（光绪十二年正月）辑定，“既而弃之”的。

《人类公理》未见手稿，《公理书》的修订稿《实理公法全书》和《内外康子篇》尚有存留。③《实理公法全书》包括《凡例》、《实字解》、《公字解》、《总论人类门》、《夫妇门》、《父母子女门》、《师弟门》、《君臣门》、《长幼门》、《朋友门》、《礼仪门》、《刑罚门》、《教事门》、《治事门》、《论人公法》、《整齐地球书籍目录公论》等十六目（目录中落《公字解》），前有《万身公法书籍目录提要》和《公法会通》。此书有明显受到西方资本主义国家思想影响的迹象，如说：“如今日地球上某教士用某法教人，则人乐从，且可获益。”（《实字解》）“按西历一千八百九十一

---

① 《康南海自编年谱》，“光绪五年己卯，二十二岁”。

② 《康南海自编年谱》，“光绪八年壬午，二十五岁”。

③ 《实理公法全书》和《康子内外篇》，未刊，原藏康同璧先生处，1947 年美国斯坦福大学胡佛图书馆制成显微胶片，蒙美国加州大学刘广京教授将该片影印本复制见赠，特此致谢。又《康子内外篇》共十五篇，前九篇曾在《清议报》发表，拙编《康有为政论集》也辑入。

年，巴黎版籍所列是年法京等处夫妻离异之案共有五千七百五十二起。”（《总论人类门》）“万国公法、各国律例、各国字典，讲求万身公法之人，但整齐其目录而已。”（《整齐地球书籍目录公论》）它是康有为“学习西方”后的撰著。

他在《凡例》中说：“凡天下之大，不外义理、制度两端。义理者何？曰实理，曰公理，曰私理是也。制度者何？曰公法，曰比例之公法、私法是也。实理明则公法定，间有不能定者，则以有益人道者为断，然二者均合众人之见定之。”他以为几何公理是“一定之法”，如一、二、四、八、十六、三十二（《公字解》），是必然之实（《实字解》），但它“不足于用”，于是“不能无人立之法”。“人立之法”，“其理较虚”，只是“两可之实”（《实字解》），本来没有“定则”，只是“推一最有益于人道者，以为公法而已”（《公字解》）。什么是“最有益于人道”的“公法”呢？那就是平等。

康有为认为人类平等是“几何公理”，所以要“以平等之意，用人立之法”（《总论人类门》）。要“以互相逆制立法”，使之平等。他认为现实不合几何公理，如“人不尽有自主之权”（《总论人类门》）；如“君民共主，威权无限”；如“君主威权无限”（《君臣门》）等，认为“实理公法”是“天地生人，本来平等”的。

这种“平等”思想，在康有为《自编年谱》、《康子内外篇》中也有反映，如说：他要“奉天合地，以合国、合种、合教一统地球”，“又推一统之后，人类语言、文字、饮食、衣服、宫室之变制，男女平等之法，人民通同公之法，务致诸生于极乐世界”①。如说：“中国之俗，尊君卑臣，重男轻女，崇良抑贱”，明明是不平等，却认为是“义”。“习俗既定以为义理，至于今日，臣下跪服，畏威而不敢言，妇女卑抑不学而无所识”，这种“抑”之极的不平等现象必须改变，“物理抑之甚者必伸，吾谓百年之后必变三者，君不专臣不卑，男女轻重同，良贱齐一”②。那么，所谓“公理”，实际就是平等，也就是所谓“平等公同，

① 《康南海自编年谱》，“光绪十年甲申，二十七岁”。

② 《康子内外篇·人我篇》。

以致诸生于极乐世界”。这里，有其沾染佛教哲学的迹象，但佛教讲“出世”，康有为却要“入世”，要讲“经世”，于是“参中西之新理”，拟出“平等公同”的图景，从事《公理书》的撰述。这样，他这时的著述，除存有封建学说外，还渗透着西方资本主义的东西，康有为《公理书》、《内外篇》的酝酿和撰述，象征着一个封建知识分子走向资产阶级改良派的历程。

康有为为什么要在这时提出“人类公理实理公法”呢？

康有为“发明大同之义”，是在1884年，亦即中法战争那年，到了1886年，作《康子内外篇》和《教学通议》，也就是说，它是列强侵略、“兵警羊城”时的产物。

这时，在帝国主义的疯狂侵略下，康有为感到“山河尺寸堪伤痛，鳞介冠裳孰少多”①。沧海惊波，外患日迫，这使从小“慷慨有远志”，夙有远大抱负的康有为忧愤填膺，难道帝国主义侵略中国，是“平等公同”、“人类公理”吗？难道中国人民备受帝国主义蹂躏，是“平等公同”、“人类公理”吗？

1887年前，康有为两赴香港，一游上海，曾引起对资本主义制度的向往，但“欢来独惜非吾土”②，帝国主义宰割中国领土，进行殖民统治，难道这是“平等公同”、“人类公理”吗？

外患日深，民族危亡，而清朝封建统治阶级“酣嬉偷惰，苟安旦夕”，以致“官不择才，而上且鬻官；学不教士，而下患无学”，难道这是“平等公同”、“人类公理”吗？河决不塞，水旱流行，官吏则“游宴从容”，小民则“荡析愁苦”，难道这是“平等公同”、“人类公理”吗？

照此说来，《人类公理》、《康子内外篇》，是在外患日迫、内政不修的社会背景下撰述的。康有为“日日以救世为心，刻刻以救世为事”，而“忧国忧民”，思“悲哀振救之”，它是具有爱国意义的。

问题是，康有为提出“平等公同”、“人类公理”的同时，为什么又

---

① 康有为：《闻邓铁香鸿胪安南画界撤还却寄》，见拙编《康有为政论集》，28页，北京，中华书局，1982，下简称《政论集》。

② 康有为：《八月十四夜香港观灯》，见《政论集》，34页。

在 1886 年写了《教学通议》，注目于周公、《周礼》呢？

如上所述，康有为认为“天地生人，本来平等”的，这是“几何之理”、“一定之法”，但它“不足于用”，于是“不能无人立之法”，不能不“推一最有益于人道者以为公法”。鉴于周公“有德有位”，“纲维天下”，他又能“因时更化”、“以天位而制礼”，使官有所守，“天下奉行”。当今世变日急，民族危亡，也望有周公那样的人“立国牧民”，“酌古今之宜”，“定新制以宜民”，从而“易民观听”，言教通洽。换句话说，他是借用周公的故事，渴望能够“颁行新制”，革故图新。

周公是“以时王为法”、“颁行新制”的，近代中国公理不明，平等不见，就得参酌古今，权衡中外，“推行万身公法”。《周礼》“熔铸一时”，“范围后世”，以官为守，天下奉行，近代中国官失其守，教失其法，人类无公理，万身无公法，就要逆“义”变革，“平等公同”，“以致诸生于极乐世界”。那么，《教学通议》虽说的是周公、《周礼》，讲的是传统儒学，实际是康有为“学习西方”后的撰著，它是和《公理书》、《内外篇》相辅相成的。它是康有为在帝国主义侵略日深、渴望改革背景下的早期作品。它不是像古文经学家那样斤斤争经学真传、经籍真伪，而是为了要求改革现状而一度尊周公、崇《周礼》的。

三

康有为描绘“平等公同”、“人类公理”，举出周公、《周礼》，是渴望政治改革，挽救民族危亡。然而，第一次上书的政治实践，使他对经学中今古文问题的理解起了很大转变。

1888 年，康有为趁入京应试的机会，第一次向光绪皇帝上书，请求变法，提出“变成法，通下情，慎左右”三条纲领，这是资产阶级改良派第一次向清政府提出的建议，但这次上书为顽固派所阻，光绪皇帝没有看到，康有为且备受顽固守旧分子的嘲笑和攻击。

康有为不是尊周公、崇《周礼》吗？过去成王年幼，周公摄政，“制礼作乐”，“天下奉行”。当前光绪年幼，也未亲政，康有为曾代屠仁守上折，请求光绪生父醇亲王奕譞归政，“预远嫌微”，“予以暮岁优游之乐”[①]，希望光绪能有成王那时的郅治。康有为也企求能有周公那样辅佐成王的大臣。还在中法战争时期，他听到左宗棠“以老病请开缺”，即“意枢垣有掣肘者”。认为“左相国一柱承天，所谓身系安危者，若去则中外失望，国无与立。昔林文忠既革，夷酉伯麦等皆举酒贺，今又将使西夷举酒称贺耶?”[②]在第一次上书时，对在朝的大臣，更是多方奔走，寄以厚望。

光绪皇帝的师傅翁同龢时掌户部，康有为曾托盛昱上封事代递。《翁文恭公日记》“光绪十四年十月二十六日”记：“盛伯羲以康祖诒封事一件来，欲成均代递，然语太讦直无益，只生衅耳，决计复谢之。”

康有为向曾任军机大臣、时任工部尚书的潘祖荫两次上书，用了周公“吐哺握发”的故事，希望“闻尊主庇民之略，俾足副沧海大塞之观”[③]。大声疾呼：“失此不图，后虽欲为之，外夷之逼已极，岂能待十年教训乎?”指出“感悟之法，在一二元老面对直陈”[④]。

他向吏部尚书徐桐上书，“陈大计而责之”，望其“牵裾痛哭，感悟上意”，“忧国如家”、“翻然图治”[⑤]。

他还向都察院左都御史祁世长上书，以为祁“以大儒总台纲”，望能“扶士气而维国家”[⑥]。

然而，这些活动，没有达到康有为预期的效果，位处高位者既没有周公那样“吐哺握发”的接待，康有为且饱受各种各样的讥讽。据说除翁同龢书中有“谗言中于左右数语”，感到“语太讦直无益”，故不为代递，“意在保全”[⑦]；潘祖荫“垂接颜色”，“教以熟读律例”[⑧]；祁世长“雅不喜西法，门下士有愿为总署司员者，公闻之辄蹙额，相见必力阻

① 康有为：《请醇亲王归政折》，代屠侍御作，光绪十四年，见康同璧编：《万木草堂遗稿》卷三，油印本。

② 康有为：《致邓给谏铁香书》，见《万木草堂遗稿》卷四。

③ 康有为：《与潘宫保伯寅书》，光绪十四年，见《万木草堂遗稿》卷四。

④ 康有为：《与潘文勤书》，光绪十四年，见《万木草堂遗稿》卷四。

⑤ 康有为：《与徐荫轩尚书书》，光绪十四年，见《政论集》，50～51页。

⑥ 康有为：《上祁子和总宪书》，光绪十四年，抄稿。

⑦ 徐勤：《南海先生四上书杂记》。

⑧ 康有为：《与潘文勤书》，见前。

之”，看到康有为上书，自然“不纳”。以顽固著称的徐桐，更“以狂生见斥”①。衮衮诸公，“龌龊保位”，欲求如周公其人，又何其难也？

第一次上书不达的教训是大臣阻格，格不上达，不但无“吐哺握发”的周公，并且尸位素餐，壅塞隔闭。尽管翁同龢对康有为心目中有印象，但在后党的掣肘下，也乏实际权柄。上书不达的另一教训是，“虎豹狰狞守九关，帝阍沉沉叫不得”②，且遭“朝士大攻”，视为“病狂”。他曾一度消沉，退治碑版，然而“治安一策知难上，只是江湖心未灰”③，怎么办呢？这曾促使他去找寻新的理论依附。

由于中国封建社会的长期性，封建顽固势力在政治上、学术上都占统治地位，要找寻新的思想武器，除“向西方学习”外，还需从中国传统的封建学说中去探寻。因为西方资本主义国家的那些东西固然可以学习，但举朝上下，或者“视新法如仇”，深闭固拒；或者“奉之如帝天”，媚外辱国，要使大家认识“变”的必要性和迫切感，在封建思想笼罩下，仍得向封建学说中求索，使之“言古切今”、“言教通治”。只有这样，才能“耸上者之听”，才能“鸣其友声”，才能实现他变法图强的政治目的。

本来，康有为幼年接受严格的封建教育，当时古文经学（汉学）风靡一时，程、朱理学（宋学）高踞堂庙，他总感到考据家著书满家，究复何用？理学空疏，也无补时艰。故一度“由阳明学以入佛学”，探讨儒佛之书，仍然“偶有遁逃思学佛，忧患百经未闻道”，陆、王心学佛教哲学，没有使他找到出路。上书不达前，对“有德有位”的周公、“奉行天下”的《周礼》是崇奉的，而对烦琐经学却认为“学而无用”。为了避免缴绕，他把古文经学的烦琐，归之于许慎、郑玄，不拉扯到“经纶天下”的周公。他泛览百家，尚无归宿，这在他1888年写给黄绍箕的信中可以看到，信中说：“仆尝谓词章如酒能醉人，汉学如短饤能饱人，宋学如饭能养人，佛学如药能医人。”④“醉”、“饱”、“养”、“医”，既似褒词，又含贬义，对这些不同学术流派，都曾探讨，却未找到出路。

---

① 康有为：《与徐萌轩书》，后有康有为亲笔注语，见《政论集》，51页。

② 康有为：《己丑上书不达出都》，光绪十五年，见《政论集》，75页。

③ 康有为：《感事》，光绪十五年，见《政论集》，62页。

④ 康有为：《与黄中弢编修书》，光绪十四年，抄稿。

就在第一次上书不达，回到广州时，康有为晤见了廖平，廖平是今文经学家，今文经学讲微言大义，主张通经致用。康有为鉴于“外患日深”而上书不达，又受了廖平的启示，觉察陆、王心学虽“直捷明达，活泼有用”，但不及今文学的“灵活”；佛教哲学虽讲“慈悲普度”，但“与其布施于将来，不如布施于现在”。这样，便想从今文经学中汲取可资运用的东西进而议政，在他的撰著中，也就有了前所未有的今文内容。

四

康有为为什么要“明今学之正”？今文经学中究竟有哪些可资运用的理论？原来今文经学在西汉时和政治的关系本来很密切，它主张“变”，认为《易经》说过：“穷则变，变则通，通则久。”孔子说：“齐一变，至于鲁；鲁一变，至于道。”政治制度不是一成不变的，而是可变的。

在今文经说中，有所谓“三统”、“三世”。所谓“三统”，是说每一个朝代都有一个“统”。“统”是受之于天的，旧王朝违背天命，便由另一新王朝“承应天命”来代替，新王朝就必须“改正朔，易服色”。他们把朝代的交替，归之于“黑统”、“白统”、“赤统”三个“统”的循环。得到哪一“统”而为天子的，其“礼乐征伐”就得按照哪一个“统”的定制去办理。以夏、商、周三代而言，夏是“黑统”（也叫“人统”），商是“白统”（也叫“地统”），周是“赤统”（也叫“天统”）。也就是说，夏、商、周三代的制度，各有因革损益，不是不变的。那么，“三统”说的实质，实际是一种历史循环论。但这种历史循环论，却为西汉皇帝信奉，并在中国封建社会中有其较为久远的影响；它的“因革损益”，“因时制宜”，也正是资产阶级改良派维新变法的理论借口。

所谓“三世”说，源于《公羊》学。以为孔子“笔削”《春秋》，分鲁国的十二世为三等：昭、定、哀时的史事，是孔子“所见”的，叫“所见世”；文、宣、成、襄时的史事，是孔子“所闻”的，叫“所闻世”；隐、桓、庄、闵、僖时的史事，是孔子“所传闻”的，叫“所传闻世”。孔子以时代的远近而异其书法，或者“微其辞”，或者“痛其祸”，或者

“杀其恩”。东汉何休更以“所传闻世”为“衰乱”，“所闻世”为“升平”，“所见世”为“太平”。这样，便有了衰乱（康有为叫做“乱世”）、升平、太平的三世名词。假如以古代为衰乱、近代为升平、现代为太平的话，那么，社会历史是向前发展的，乱世之后进以升平，升平之后进以太平，“愈改而愈进也”。所以，三世说的实质，实际是一种历史进化论（庸俗进化论），其与“三统”说相结合，就成为要救国，要“太平”，就要“因革”、“改制”，只有“因革”、“改制”，才能进步，才能达到“太平”的愿望。

康有为正是汲取了今文经学“变”的哲学，糅合了“三统”、“三世”学说，基本上构成一个比较完整的思想体系的。

这样，康有为就一改过去的尊周公、崇《周礼》为尊孔子、崇《公羊》。1891 年，他在广州长兴里讲学，撰《长兴学记》以为学规，提出“勉强为学，逆乎常纬”。所谓“常纬”，指“积习”，实际是对当时学术界占统治地位的古文经学（汉学）和宋学进行抨击。他还主张在义理、考据、词章之外，增加“经世之学”。同年，刊行《新学伪经考》，以为东汉以来经学多出刘歆伪造，“始作伪，乱圣制者，自刘歆；布行伪经，篡孔统者，成于郑玄”，以古文经籍为伪经，以古文经学为刘歆“饰经佐篡，身为新臣”的新莽一朝之学。他的攻击新学，指斥伪经，是为了推翻古文经学的述而不作，打击顽固派的“恪守祖训”，从而扫除变法维新的绊脚石。接着，又“选徒助纂，立例编括”，开始编纂《孔子改制考》，说什么孔子的托古，是为了改制，孔子为了改制，又依赖托古，把孔子视作“制法之王”，尊孔子为教主，用孔教名义提出变法维新的主张。

过去，康有为以为周公“有德有位”，“经纶天下”，而孔子既无其位，也未“经纶天下”，又将如何解释？他在汲取今文学说后说：周室东迁以降，“天下无王。天下无王，斯赖素王”①。孔子有治理天下的才能而不居帝王之位，是“制法之王，所谓素王也”②。孔子在“王迹衰亡”之

① 康有为：《孟子诗亡而后春秋作解》，见《万木草堂遗稿》卷一。

② 康有为：《孔子改制考》，196 页，北京，中华书局，1958。

时，“抱救世之心”，“改制作而救衰败”[1]，以“布衣改周之制，本天论，因人情，顺对变，裁自圣心”[2]。又说：六经是孔子所作，孔子为制法之王，三代盛世是孔子“托之以言其盛”，事物是发展的，应该向前看，远的旧的必将败亡，近的新的终将兴起，旧者必败，就不能泥守旧法，新者必兴，就得变法维新。孔子不是述而不作，而是作六经以言改制，尊奉孔子就是因为孔子创立儒家，托古改制。由尊周公而尊孔子了。

过去，康有为是崇奉《周礼》的，现在却以为“传经只有一《公羊》”，因为《公羊》着重阐释《春秋》“大义”，“三统”、“三世”、“大一统”等说，《公羊》都有发挥。他说：孔子还根据时王之制，“将修《春秋》，损益《周礼》而作《王制》。王者，谓素王；《王制》者，素王改制之礼”，是“沿制度之大一统”[3]。“《王制》为孔子改制之书，以其一与《公羊》同也。”[4] 由尊《周礼》而尊《公羊》，并将《王制》与《公羊》相合了。

康有为这种转变，确有些迥异寻常，他的转变，是在第一次上书不达以后。他对经学中今古文问题的转变，是和其变法维新的政治实践密切相连的。

*　*　*　*　*

经学，是中国封建文化的主体，是封建政府用来进行思想统治的工具。1840年鸦片战争以后，中国一步一步地变成了一个半殖民地半封建的社会，情况变了，经学的传统地位没有变，内容变了，经学的形式没有变。在民族危机严重、清朝封建统治腐朽的情势下，康有为学习西方，又借用儒家学说。早先，他曾想望能有“有德有位”如周公其人者辅佐光绪，革旧图新；也想望能有如《周礼》其书者颁行天下，言教通治。然而，通过第一次上书的实践，使他觉察到要维新，要变法，就要有一套维新变法的理论；要创造一套维新变法的理论，单用西方的不行，单讲新的也不行，在封建思想笼罩下的中国，还需从旧的儒家经学中找寻

① 康有为：《孟子诗亡而后春秋作解》，见《万木草堂遗稿》卷一。

② 康有为：《孔子改制考》，341页。

③ 康有为：《改定王制经文序》，光绪二十年，抄稿。

④ 康有为：《讲王制》，在桂林和丁酉广州万木草堂讲学时口说，抄件。

依据，制造舆论。这样，他终于选中了讲“变”、讲“微言大义”的今文经学，重新塑造孔子的偶像。把孔子视作“制法之王”，乔装打扮，拼命神化，使迷信孔子的人，信奉改装了的孔子的神，为他的变法维新事业服务。康有为在经学中今古文问题上，由彼及此，由古入今，是和其政治实践密切相连的。因为康有为是政治家、思想家，而不是经师，如果单纯从经籍传授得失、经学派别异同来看，就不能剖析其症结所在。

原载《近代史研究》，1984（5）

附录三

从“家学”到“显学”

——清代经今文学的复兴与和珅专权

今文经学，讲“微言大义”，与政治的关系比较密切。清代乾、嘉年间，庄存与、刘逢禄复兴的今文经学，与乾隆晚年和珅专权是否有关，学术界对此存有不同意见。本文准备就此提出自己的看法。

一

清代今文经学，是在乾隆、嘉庆年间，宋学余焰未尽、汉学（古文经学）“如日中天”之际复兴的，是庄存与在前，刘逢禄、宋翔凤接踵于后，形成常州学派的。

还是80年代初，我在《清代经今文学的复兴》一文中指出：

> 乾隆是力图加强专制，“维护大一统”之局的。然而，就是这个严防门户、堵塞朋党的乾隆，却在晚期专任和珅，中央权落，“臣工顺意”，这和“大一统”实不相容。庄存与在乾隆末，与大学士和珅同朝，郁郁不合，“故于《诗》、《易》君子、小人进退消长之际，往往发愤慷慨，流连太息，读其书可以悲其志云”①。庄存与隐忧国事，仰承“大一统”之旨，“又不刊板行世，世是以无闻”②。等到“和珅一倒，嘉庆吃饱”，刘逢禄遂得发挥庄氏“家学”，公开阐扬了。《记董文恭公遗事》，就是借董诰以斥和珅擅权的。③ 然而，危机已伏，“盛世”不再，这就使关心“经世”的今文学家，对提倡“大一统”

① 魏源：《武进庄少宗伯遗书序》，见《魏源集》，238页。

② 董士锡：《易说序》，见《味经斋遗书》第一册卷首，3叶，光绪八年重刊本。

③ 参见刘逢禄：《记董文恭公遗事》，见《刘礼部集》卷十，10～11叶，光绪壬辰年刊本。

的《春秋》钻研更深。①

刘逢禄的《记董文恭公遗事》中，提到庄存与复兴的今文经学与和珅的关系。

对清代今文经学复兴与和珅进行全面考察，并写成专书的，是美国普林斯顿大学东亚研究与历史系教授艾尔曼（Benjamin A. Elman）。他在1990年，由加利福尼亚大学出版社出版，并经1998年由赵刚翻译的《经学、政治和宗教——中华帝国晚期常州今文学派研究》②，在《代中文版序》中就说，"今文经学兴起的政治时势是和珅事件"（代序，16页），在正文第五节更有《庄存与与和珅》专章，说：

> 作为一个从18世纪40年代起即声望显赫的人物，一个敢于冒触犯满族统治者的危险，向北京旗人应试的无能、欺蒙之习挑战的人物，庄存与在北京朝廷显赫的官位上度过了余生。他于1786年致仕。在这期间，和珅的地位正蒸蒸日上。1776年，这位26岁的英俊侍卫已进入军机处；1784年，任协办大学士，兼管礼部、户部事务；1786年，成为大学士。作为一个从40年代任私人秘书时就受到皇帝信赖的南方士子，庄存与目睹了这接二连三的变化。和珅被认为巩固了作为皇帝宠臣的地位，他凭借这种地位，建立了一个自晚明令人憎恶的魏忠贤集团消失以后无人比拟的私人政治、经济"王国"。(74页)
>
> 庄存与的见解是19世纪"清议"的先声，也是东林党人反对阉党传统的余响。庄存与透过非常适合自己的经学方式，表露出批判现实的倾向，其中包含两点内容：其一，他的政治主张使我们重新审视庄存与参与朝政时的保守态度；其二，他的变法意识为后来的龚自珍、魏源等今文经学新劲加以发挥。(79页)

艾尔曼教授的专著，特别是译本出版后，引起了国内学者的广泛关注，关于"庄存与与和珅"也有人持有不同意见，其中具有代表性的是

---

① 拙撰：《清代经今文学的复兴》，载《中国史研究》，1980（2）。

② 江苏人民出版社1998年版，以下所引，即据中译本页码。

王俊义同志的《庄存与复兴今文经学起因于"与和珅对立"说辨析——兼论对海外中国学研究成果的吸收与借鉴》[①]，主要提出下列"辨析"：

一是从时间来看，"和珅之飞黄腾达，始于乾隆四十一年"，而庄存与在乾隆五十一年即休致，五十三年就逝世。"而和珅之结党营私、排斥异见、贪赃枉法，处于权势熏天之地位，恰恰是在乾隆朝的最后十年及乾隆作为太上皇的四年。""其颐指气使、横行霸道，已至登峰造极，而这时，庄存与却早已下世十多年。"

二是从史料来说，认为魏源《武进庄少宗伯遗书序》[②]，虽然记述了庄存与与大学士和珅同朝，郁郁不合，"然而魏源这篇书序，写于1828年，距庄存与下世已近半个世纪，其对庄存与的心理多出于揣测。何况此说与实际情况也不符合，如前所论庄存与晚年在政治上并没有突然失势之事。魏源这里所说，不过是以自身经历抒发对现实的感慨，用以讽喻当世罢了"。

艾尔曼教授看到王俊义同志的论著后，"深感有必要对以往讨论的问题进行重新考察"，写了《乾隆晚期和珅、庄存与关系的重新考察》[③]，在其内容"摘要"中说：

> 近来在研究庄存与和和珅的问题时，大家多关注《清实录》的资料，由于庄存与的和《春秋》相关的手稿是乾隆中期写成的，学者们便怀疑庄存与的公羊学写于和珅案子之前，公羊学的复兴与和珅时代无关。然而，为什么庄存与的《春秋》学直到道光时代才以《味经斋遗书》之文集出版呢？为什么至今仍未找到任何与庄存与的《春秋》学相关的手稿？这些问题颇引人思考。通过考证大量资料来丰富对和珅时代的理解，作者认为，不但道光版本的春秋学是重要的依据，士大夫的作品也同样值得作具体分析，比如汪喜荀的《且住庵文集》和谭献《日记》等。从中我们可以发现，庄存与和和珅的冲突是1780年左右（乾隆晚期）爆发的。魏源在未发表的《武进

---

① 该文载《清史研究》，2007（1）。

② 参见《魏源集》，238页。

③ 该文载《复旦学报》（社会科学版），2009（3）。

庄少宗伯遗书序》文稿中也提到了这一冲突，却以庄存与的《易经》来作掩盖。同时，庄存与的经学融汇了西汉经学，尤其是《春秋》、《尚书》、《毛诗》、《易经》和《周礼》。

艾尔曼教授考察了“若干重要史料”，其中汪喜荀的《庄葆琛（述祖）家传》，以及过去未为人注视的资料，重申庄存与和和珅的关系。

究竟庄存与和和珅有没有关系？对上述“从时间来看”、“从史料来看”对他们和今文经学复兴关系的怀疑该如何看待？本文准备就此提出自己的看法。

二

我是认为庄存与“在乾隆末，与大学士和珅同朝，郁郁不合”的，除在论文中提到，在《庄存与年谱》中也言其事。至于“从时间来看”、“从史料来看”也不影响上述结论。

首先，“从时间来看”，庄存与生于康熙五十八年（1719年），和珅生于乾隆十五年（1750年），两人相差三十一岁。庄存与入值南书房并在上书房行走，擢内阁学士兼礼部侍郎。接着，充浙江乡试主考官、提督直隶学政时，和珅尚在幼年。直到乾隆四十年（1775年），和珅擢御前侍卫、值乾清宫、兼正蓝旗副都统，为乾隆所宠任。这时庄存与已五十七岁了。庄存与是乾隆五十一年（1786年）六十八岁时，才奉谕“年力既衰，难以供职”予以“原品休致”① 的。那么，他在北京和和珅“共事”，即从乾隆四十年算起，也有十一年之久，即便是“二人绝不可能矛盾”，也不会对“中央权落”没有看法。

其次，庄存与的著作，生前确未刊布，到道光年间，才稍稍刊行。道光五年，阮元始刊《皇清经解》，道光九年全书刻成，卷三七五至三八七收庄存与《春秋正辞》。道光戊戌，邑人李兆洛刊行庄氏《八卦观象篇》二卷。“道光戊戌”为道光十八年，据薛子衡《八卦观象篇跋》：“是

① 《清高宗纯皇帝实录》卷一二四七，6页。

书则今岁吾师申耆先生始刊行之。余又得先生之孙经饶先生写本校正焉。”① 申耆，李兆洛，可知此书抄本不止一件，在《味经斋遗书》刊行前已有多人传抄。《味经斋遗书》于道光间付刊，光绪八年重刊。收《易》、《书》、《诗》、《周官》、《春秋》、《乐》、《四书》七类，魏源为之撰《遗书序》，以之为“真汉学”。

《味经斋遗书》卷首，载阮元《庄方耕宗伯经说序》，录如下：

> 元少时受业于李晴川先生，先生固武进庄方耕宗伯辛卯会试所得士也。常为元言宗伯践履笃实，于六经皆能阐抉奥旨，不专专为汉、宋笺注之学，而独得先圣微言大义于语言文字之外，斯为昭代大儒，心窃慕之。
>
> 岁丙午，与公之文孙隽甲同举于乡。是时，公已解组归田，未及以通家子礼求见，亲炙其绪言也。公之弟学士本淳公之子述祖官山东，元视学时，常叹其学有本原，博雅精审，为不可及。岁辛未，公之外孙刘逢禄应春官试，馆于邸寓，公之从外孙宋翔凤亦时来讲学，益叹公之流泽长也。
>
> 元于庚寅岁建学海堂讲舍于粤东，思欲蒐采皇朝说经之书，选其精当，胪其美富，集为大成，为后学津逮。兹刘君从其外兄庄绶甲录寄宗伯公遗书凡□种。元受而读之。《易》则贯串群经，虽旁涉天官分野、气候，而非如汉、宋诸儒之专衍术数、比附史事也。《春秋》则主公羊、董子，虽略采左氏、穀梁氏及宋、元诸儒之说，而非如何邵公所讥倍经任意、反传违戾也。《尚书》则不分今古文文字同异，而剖析疑义，深得夫子序《书》、孟子论世之意。《诗》则详于变雅，发挥大义，多可陈之讲筵。《周官》则博考载籍，有道术之文为之补其亡阙，多可取法致用。“乐”则谱其声，论其理，可补古“乐经”之阙。《四书说》敷畅本旨，可作考亭争友，而非如姚江王氏、萧山毛氏之自辟门户，轻肆诋诰也。
>
> 公通籍后，在上书房授成亲王经史垂四十年，所学与当时讲论

① 薛子衡：《八卦观象篇跋》，见庄存与：《味经斋遗书》第三册《八卦观象》后跋，3叶。

或枘凿不相入，故秘不示人。通其学者，门人邵学士晋涵、孔检讨广森及子孙数人而已。文孙绶甲虑子孙之不克世守，既次第付梓行世，元复为之序其大略，刊入《经解》，以告世之能读其书者。

从阮元这篇《经说序》中，可以看到阮元与庄氏的关系及其著作的流传，阮元早从李道生（晴川）处听到庄存与“于六经皆能阐抉奥旨，不专专为汉、宋笺注之学，而独得先圣微言大义于语言文字之外”。后来又与庄氏之孙隽甲“同举于乡”（隽甲为存与次子通敏之子，进士），庄氏之孙绶甲（存与长子逢原之子）、侄述祖，以及外孙刘逢禄、宋翔凤相识，庄绶甲录寄“存与遗书”，得“受而读之”，知庄氏于各经都有著述。“《春秋》则主公羊、董氏，虽略采左氏、穀梁氏及宋、元诸经之说，而非如何邵公所讥倍经任意，反传违戾也。”还谈到庄氏“在上书房授成亲王经史垂四十年”，以及“门人有邵学士晋涵、孔检讨广森及子孙数人而已”。

阮元看到庄存与遗书，并将其中最有代表性的《春秋正辞》辑入《皇清经解》。

在阮元序文中说他“门人有邵学士晋涵、孔检讨广森及子孙数人而已”。查邵晋涵，乾隆进士，入四库全书馆，授编修，擢侍讲学士。治学宗郭璞《尔雅注》，兼采汉人旧注，撰《尔雅正义》，另有《孟子述义》。他长于训诂，和庄存与崇尚不同。孔广森，戴震弟子，官翰林院检讨，所撰《春秋公羊通义》，不专主今文经学，采集汉、晋以来注释《春秋》之书，兼取《左传》、《穀梁》，凡是经义“通于《公羊》”的，都予著录，也与庄氏所治不同。那么，庄氏之学，《春秋正辞》之“微言”，就只是庄氏子侄、孙辈及其外孙，成为“家学”。

至于阮元所说，庄存与“在上书房授成亲王经史垂四十年”，“四十年”不确。查庄存与于乾隆十年乙丑（1745 年）“联捷胪传”一甲第二，授翰林院编修，开始在北京任职，至乾隆五十一年六十八岁退休返里，也只有四十年。初入北京，既不甚当掌院意，后来又历赴湖南、浙江、顺天、山东学使、考官，又加父衰丁忧返里三年，母丧三年。在京时，还有其他任务，如《四库全书》成，庄为总阅官，不可能“四十年”专授成亲王。他在上书房行走，也在乾隆三十三年（1768年）他五十岁时。那么，阮元所说“四十年”，不是指他赴京任职，就是有误。成亲王自述也只说是“数年”。

或者根据成亲王《送庄方耕师傅提督河南全省学政序》中“先生教诲余数年……教以《周易》，谢未能也；教以《禹贡》，谢未能也；教以《春秋》，谢未能也；教以《周礼》、《仪礼》，谢未能也”。以之与后来出版的《味经斋遗书》相对照，说是“二者多有相近相似之处”，认为《遗书》是“教学之讲纲、讲义一类”。我认为即使庄存与将著作内容稍一提示，也不可能在讲课时谈到和珅。作为“闭户读书，留心经学”、“老成典型”的“大儒庄君”，是不会向亲王诉说皇帝亲信的大臣的。作为“通其学”的邵晋涵、孔广森都不曾传其经说，怎么会向皇帝之子诉讼皇帝宠信之臣呢？

如上所述，“从时间来说”，庄存与和和珅年龄虽相差三十一岁，但他们“共事”也有十一年之久。庄存与主张“大一统”，看到“中央权落”，自然不会无动于衷。他的著作出版较晚，但早有传抄流传，《八卦观象篇》就是有邑人李兆洛据抄本刊行的。阮元除为《味经斋遗书》撰序外，还将庄存与的代表作《春秋正辞》编入《皇清经解》。他在上书房行走，为成亲王讲学，时间没有四十年，讲学时也不可能向皇帝之子讲皇帝的“宠臣”。

庄氏之学，与当时高踞堂庙的宋学和风行一时的汉学（古文经学）不同，起初主要在家族中传播，初为“家学”。

三

从史料来说，我认为提到庄存与和和珅的记载是有根据的，不能说是“出于揣测”。

上面谈到，明确指出庄存与与和珅“不合”的是魏源，他在《武进庄少宗伯遗书序》中说：

> 君在乾隆末，与大学士和珅同朝，郁郁不合，故于《诗》、《易》

君子、小人进退消长之际，往往发愤慷慨，流连太息，读其书可以悲其志云。①

魏源怎么知道庄存与和和珅“同朝，郁郁不合”，怎会在其一个稿本里写到了政治方面的事情，准备稍后再议，这里且先将庄氏“家学”的流传试予求索。

庄氏经学，最初在家族中传授，兹简述如下：

庄存与，字方耕，清代常州今文经学的创始人，著《春秋正辞》。以《春秋》为经世之书，“法可穷，《春秋》之道则不穷”②，举往以明来，“传之万世而不乱也”③。其大义存于《公羊》，“通三统、张三世诸例，辨名分、定尊卑、明外内、举轻重、拨乱反正，舍《公羊》奚求”。有《味经斋遗书》。

庄述祖，字葆琛，庄存与之侄。父培因，早卒，从庄存与学，著有《珍艺宧遗书》、《夏小正考》。

刘逢禄，字申受，庄存与外孙。幼时，母亲授诗文。十一岁，从母归省，存与“叩其所读贾、董文章”，喜曰“尔子可教”，叹曰“此外孙必能传吾学”④。堂舅庄述祖自济南归，从之受业。有《公羊何氏解诂笺》、《春秋公羊经何氏释例》、《左氏春秋考证》、《刘礼部集》等，常州今文学派的奠基人。

宋翔凤，母为庄存与侄女，从舅氏庄述祖学今文经学，有《论语说义》、《论语郑注》、《孟子赵注补正》、《大学古文说》、《过庭录》等。

此外，庄存与子孙为其整理遗稿，抄校刻印，均费心力。他有三子：长子逢原、次子通敏、三子选辰。

庄逢原，举人，校刻存与《易说》。有光绪八年重刊本。子绶甲将庄氏遗著录交刘逢禄、阮元。绶甲馆于龚自珍家，“梦见公者再，若有所托

① 《魏源集》，238页。艾尔曼曾于20世纪80年代赴北京图书馆善本室查阅魏源《古微堂文稿》手稿，发现有两个稿本，“在其中一个稿本里，魏源写到了政治方面的事情”（艾尔曼：《乾隆晚期和珅、庄存与关系的重新考察》，载《复旦学报》（社会科学版），2009（3））。

② 庄存与：《春秋正辞》卷十《诛乱辞》第八，见《味经斋遗书》第五册，9叶。

③ 庄存与：《春秋要指》，见《味经斋遗书》第六册，1叶。

④ 刘承宽：《先府君行述》，见《刘礼部集》卷十一附，1叶，道光十年刊本。

状”，请龚自珍写碑铭。龚又识宋翔凤，写《资政大夫礼部侍郎武进庄公神道碑铭》。

庄通敏，进士，任文渊阁校理，四库馆分校，国史馆纂修，整理庄氏遗著。子隽甲，举人，与阮元“同举于乡”。

庄选辰，进士，曾整理庄氏遗著。

由上可知，庄氏今文经说，主要是家学，除传侄庄述祖外，刘逢禄、宋翔凤都是他的外孙，且从庄述祖学。他的子孙整理抄校，常州友好先后看到的，有臧庸、董士锡、李兆洛、洪亮吉等。可以说，今文经学最初传播，仅在家属，同乡也有看到部分遗稿的，成为“家学”。

或者问，龚自珍写有《常州高材篇，送丁若士》。[①] 丁若士又是何许人？他和常州今文经学又有什么关联？查丁若士，名履恒，武进（今常州市）人，与刘逢禄同从庄述祖学。嘉庆八年（1803 年）拔贡，选赣榆县教谕，山东肥城县知县。妻为庄逢原次女。那么，其学也可说是庄氏“家学”。

作为“家学”。庄氏子孙及其传人，除崇奉庄氏学说，尊《公羊》，言“大一统”，“以奉至尊而立中国之人纪”[②] 外，就是整理出版庄存与遗著。《味经斋遗书》中为何没有明确反对和珅的辞句？魏源又是怎样知道他与和珅“郁郁不合”呢？

我认为，作为“家学”，口耳相传，年深月久，亲朋中对一些不便形诸笔墨的事迹，不会不稍一流露，况且庄存与与和珅同朝是事实，乾隆末叶中央权落是事实，和珅的“权私蒙蔽”也是事实。

尽管如此，在字里行间，也不乏指摘和珅的词句，如《记董文恭公遗事》云：

> 太保大学士董公薨于赐第，逢禄闻之，胸臆悄悦，如有所不能言。忆……故友恽子居敬曰：“敬居京师未尝见公，闻公居，太夫人忧，常徘徊一室，若有所甚忧，或执象笏击几，笏为之裂，窃疑公与珅同居枢密，必有甚不得已者。公服阕，来京师，和珅尚沮之。

---

① 参见《龚自珍全集》，494～495 页。

② 庄存与：《春秋正辞》卷二《天子辞》第二，见《味经斋遗书》第五册，5 叶。

> 敬有族子某，微者也，公与之故，为犹子取其孤女，敬以此知公贤。敬谒选，适得富阳公先来拜曰：'余族单而守法，某在此未尝得罪闾里，想不以侵扰先垄，故烦贤大夫心也。'"
>
> 嘉庆初元，和珅势甚张，外而封疆大吏、领兵大员；内而掌铨选、理财赋、决狱讼、主谏议、持文柄之大小，臣工顺其意则立荣显，稍露风采，折挫随之。太傅朱文正公以德行、文学受两朝知遇，扬历中外，垂五十年。时以内禅礼成，例得进册，珅多方遏之。既上，珅又指摘之。纯皇帝谕曰："师傅之职，陈善纳诲，体制宜尔，非汝所知也。"旋以吏部尚书协办大学士召。今皇上作诗寄贺，属稿未竟，珅取以白上皇曰："嗣皇帝欲市恩于师傅邪?"上皇色动，顾董公曰："汝在军机、刑部之日久，是于律意云何?"公叩头曰："圣主无过言。"上皇默然良久，曰："卿，大臣也，善为朕以礼辅导嗣皇帝。"乃降旨："朱珪仍留两广总督之任。"旋又改巡抚安徽。是时，直内庭者无不色变震恐，公从容谢过，书旨而退。①

此文写于嘉庆二十三年，当1818年，距和珅被捕已有十八九年，还是借恽敬（子居）之言以斥和珅，而恽敬已于前一年去世。"董文恭公"，董诰，与庄、刘两家都是世交。在"遗事"中可以看到和珅的专横与乾隆的宠任。

值得注意的是，就在嘉庆四年（1799年），即和珅就逮之年，与刘逢禄同乡、同学的洪亮吉（实录馆纂修员）上《乞假将归留别成亲王极言时政启》，请他"上达圣听"。成亲王是庄存与学生，"以原呈进呈"。呈文力言"圣躬应勤政远佞"。因言语过激，几遭"斩立决"，"特恩免死"，发往伊犁。刘逢禄为赋《秋海棠寄洪稚存丈于伊犁》七首，今录其三："断肠犹自当春看，庭院秋深倚画阑。欲向东篱寻伴侣，晚香倚归耐霜寒。""昨夜西风昨夜霜，莫教槛外损孤芳。自含秋思无人问，一片红云堕夕阳。""华清宫里影空蒙，曾惜春阴护浅红。便遣清商动愁绪，幽魂飞入笛梦中。"② 自感"悲秋情绪画难工"，悲怀同窗，感念国事，在这样

① 刘逢禄：《记董文恭公遗事》，见《刘礼部集》卷十，10～12叶。

② 《刘礼部集》卷八，21～22叶。

近似文字狱的遭遇下，他对乾隆宠信的和珅自然不能无动于衷。即便如此，文字中也不敢多予表露。

作为“家学”，与刘逢禄同为庄氏外孙，师事亲舅庄述祖的宋翔凤，在《庄先生述祖行状》中有这样一段：

> 乾隆丁酉，以官卷中江南乡试。庚子，成进士。相国阿桂公以先生故人子，欲罗致之，避嫌不往谒。时和相用事，阿公之门下士稍稍去，亦以是疑先生。殿试卷已拟进呈，后卒置十卷后。引见，归班铨选，先生遂归，奉母以居。①

特地记载和珅压制庄述祖事，知庄氏家属对此记忆犹新。

清代今文经学之由“家学”而为“显学”，由“公羊”而探及《诗》、《书》，由常州而延及其他省县，是源自刘逢禄，他是常州今文经学的奠基人。

魏源、龚自珍，都是刘逢禄的学生，魏源在先，龚自珍在后。② 魏源从刘逢禄学今文经说后，七八年间，先后写成《董子春秋发微》、《两汉今古文家法考》、《书古微》、《诗古微》诸书。龚自珍也用《公羊》“微言”渗入诗文。此后，写了《资政大夫礼部尚书武进庄公神道碑铭》，推誉庄存与“以学术自任，开天下知古今之故，百年一人而已矣”。刘逢禄对龚、魏也极关注，《诗古微序》就是刘氏写的。道光六年丙戌（1826年），刘逢禄分校礼闱，见“邻房有浙江、湖南二卷”，“经策奥博”，以为必龚自珍、魏源，“亟劝力荐”③，仍不售，还赋诗惜之。龚、魏对刘逢禄极为尊重，刘卒后，龚自珍赋诗示感：“端门受命有云礽，一脉微言我敬承。宿草敢祧刘礼部，东南绝学在毗陵。”注云：“年二十有八，始从武进刘申受（按：即刘逢禄）受《公羊春秋》，近岁成《春秋决事比》六卷。刘先生卒十年矣。”④ 表示“敬承”“微言”。

---

① 钱仪吉：《碑传集》卷一〇八，见《清代碑传全集》，210页，上海，上海古籍出版社，1987。

② 参见拙撰：《从庄、刘到龚、魏：晚清启蒙思想生发之轨迹》，载《学术月刊》，2007（2）。

③ 刘逢禄：《题浙江、湖南遗卷》，见《刘礼部集》卷十一，17～18叶。

④ 龚自珍：《己亥杂诗》，见《龚自珍全集》，514页。

魏源是在嘉庆十九年甲戌（1814 年）侍父入都，从刘逢禄学习《公羊春秋》的，龚自珍则在嘉庆二十四年己卯（1819 年）。这时距和珅事件已久，他们和刘逢禄多年接触，感慨世事，不会不提到和珅，纵是顾全乾隆，字里行间，很少流露，但谈经论政，不会不提及。魏源所说，是有根据的。常州今文，已从“家学”而在浙江、湖南传播了。

魏源、龚自珍从刘逢禄学《公羊春秋》，距离鸦片战争已近。此后，他们一直有着往来。刘逢禄在晚年还为龚自珍《太誓答问》撰序（1828 年），为魏源《诗古微》撰序，《董子春秋发微》未成，刘氏先为写序（1829 年），就在这年八月，刘氏逝世。宋翔凤有《哭外兄刘申甫礼部二首》，其一云：

> 绝学群言寄此身，著书一室邈无邻。早衰记语同心友，将没谁为枕膝人。惜我未归秋病叶，哭居临去路荒榛。壁中科斗航头策，漠漠愁随万古尘。①

“绝学”，常州今文经学原为“家学”，经过刘逢禄传授，渐成“显学”；“群言”，刘氏著作，类列彰较，有破有立，“不欲苟为恢诡”。有例证，有判断，以章太炎的信从古文，也以刘逢禄为“辞义温厚，能使览者说绎”②。他承前启后，把常州今文由“家学”成为“显学”。

庄存与于乾隆五十三年（1788 年）逝世，刘逢禄却经历了乾隆末、嘉庆朝，于道光九年（1829 年）逝世，相差四十一年。他们治今文，言“经世”，但在这四十余年中，和珅虽已罢废，清政府的危机却依然存在。龚自珍在道光二十一年（1841 年）逝世，较刘逢禄晚了十二年。这时，清政府衰朽日露，鸦片战争已经爆发，一场新的风暴即将来临，抵制外乱，成为当务之急。魏源则是咸丰七年（1857 年）去世，较龚自珍晚十六年，不但经历《南京条约》的签订，还目睹了太平天国起事。他极力呼吁改革，发愤图强，提出“五帝不沿礼，三王不袭乐”③。在《海国图志序》中明确指出：“为以夷攻夷而作，为以夷款夷而作，为师夷长技以

① 《洞箫楼诗记》卷十三，见《浮溪精舍丛书》，8 叶。

② 章太炎：《訄书·清儒》，见《訄书详注》，第 156 卷。

③ 魏源：《圣武记·雍正西南夷改流记》。

制夷而作。”提出学习西方长技，使中国走向富强。

此后，外患日急，内政堪忧，已非“家学”的今文经说，也随社会的发展而有所改革，它和政治的关系是比较密切的，在其创始之初，是没有直接议及时政，但庄存与早年阅赵汸《春秋属辞》而善之，檃括其条，正列其义，撰《春秋正辞》。是其早有《春秋正辞》的准备，此后虽有修缮，但列例策划，由来已久。只是在“家属”中将其中不曾写、不能写的词句，稍一流露而已！后来退休返里，在《重修常州府庙记》中还说：“洪我圣朝文教隆盛，吏治肃清。”① 此碑近年始在常州某校修建时发得，已破损，末署“乾隆五十二年”，即庄存与退休返里后的次年，乾隆五十三年七月，他就无疾而终于里第了。隐忧国事，仰承“大一统”，至老不衰，“证今考古，探赜索隐”，真如龚自珍所说“以学术自任，开天下知古今之故，百年一人而已矣”。

今文经学所贵在其大义，它由“家学”而“显学”，传“微言”，讲“大义”，自与时政有关，再是考虑乾隆与和珅的关系，还是留下一些记载，这些史料是有根据的。

今文经学之由“家学”而“显学”，是随着社会的发展、清政的就衰而日益显露的。

庄存与所倡导，以至刘逢禄的传授龚、魏，地域不限于常州，经书不限于《公羊》，“家学”亦演为“显学”。未几，“清政不道，横挑强邻”，康有为上书变法，援用《公羊》，源自今文。作为由“家学”而“显学”的常州今文，溯其创始之初，重“大一统”，推衍《春秋》，欲使“六合同风，九州共贯”，“以奉至尊而立中国之人纪”②。尽管庄存与与和珅共事已在晚岁，也不能说与之无关。

原载《史林》，2009（5）

① 拙撰：《庄存与年谱》，40页，台北，学生书局，2000。

② 庄存与：《春秋正辞》卷二《天子辞》第二，见《味经斋遗书》第五册，9叶。

家世·治学·撰述

一

一个人的成长和爱好，每每和他的家庭环境、学校教育有关。

我出身于一个世代读书的仕宦人家，是江苏武进（今常州市）人。武进旧称延陵、毗陵。隋开皇九年（589年），改为府。清代分武进置阳湖县。我生于武进西庙口敬节堂。

据《毗陵汤氏家谱》，我是汤和的二十一世孙，原籍安徽凤阳。汤和随朱元璋起义，明朝建立后，封东瓯襄武王，次子鼐，守卫常州，遂入籍。我幼时，还在武进汤氏宗祠中看到高达近丈的汤和画像。

我的祖父芗艇公曾在浙江任小吏。父亲讳彝，字叙仲，以字行，自幼丧父，在清季就读于邮传部上海高等实业学堂（今上海交通大学），是唐文治先生的学生，曾任中学教师、上海商务印书馆编辑、南京《中央日报》文牍主任、校对主任。他的旧学根底很深，散文、书法都好，通英文、日文。我小时候听他说："清朝末年，如果不是科举废了，我起码可以得个举人，秀才更不成问题了。"但他从不教我，即使辞职返里，赋闲在家，也生性疏懒，贪图享受。母亲劝他教教子女，也总是搬弄"古者易子而教"、"父子之间不责善，责善则离，离则不祥莫大焉"的话语，不肯教我。倒是母亲，每在灯前月下，教些唐诗、四书，使我从小受到旧学的熏陶。

母亲庄筹，字箸成。庄氏是武进望族，清代今文经学的创始人庄存与就是她的六世族祖。她本人也是女子师范学校毕业，和表妹杨韫玉一起跟随着著名书画家吕凤子先生学国画、诗文。家中保存着不少吕凤子的课艺和母亲画页上吕凤子的批语，可惜在"文化大革命"中散失了。

所以我也可以说是出身于“书香人家”。

家中藏书很多，《十三经注疏》、《皇清经解》正续篇、十七史、《资政通鉴》正续篇、《清史纲要》都有。父亲喜欢看笔记小说，明清笔记极多。至于《红楼梦》、《水浒》、《三国演义》更有多种版本。他在商务印书馆工作过，清季民初商务出版的杂志很多从创刊号起保存完整，如恽铁樵主编的《小说月报》，自创刊号至第十一卷都是全的。还有《英语杂志》也很齐全。由于早期的商务印书馆，很多都是武进人，除恽铁樵外，庄俞是我的堂舅，许指严是父亲的业师，他也写过几篇文言短篇小说。由于家中书多，我在读小学时，家中经济状况较好，自己也订了《小学生》等杂志，还经常在书库中徘徊，翻翻明清笔记，如《明季稗史》等，自觉不自觉中，对历史发生了兴趣。

我家有自宅一所，位于常州最热闹的大街，面积很大，记得租给了一个糖厂。由于地处闹市，有的银行和大商场要求购买或调换住房，父亲都不答应，说什么“祖宗的产业不能由我而弃”。

我小时候，住在武进青果巷恽宅，里面有两个花园，经常和房东子弟在竹园中玩耍。家中有房租收入，父亲的工资也不低，除保姆外，还有一个女孩伴同弟弟游玩，妹妹出生后又增加一个奶妈。我和姐姐到小学读书，还专门包了一辆人力车接送，也可以说是“小康”人家。

后来，我们又迁到青果巷一个独家独户的新宅，进门是一个大天井，有四五十平方米，第一进三房一厅，父母和我们子女居住，第二进右面两间祖母和保姆居住，左面是书房，放了不少线装书。我买了不少连环画，上海世界书局出版的《三国演义》、《水浒》、《西游记》画得好，说明也简单明白，我最喜欢，一直等待《红楼梦》出版，但始终没有看到。还有《开天辟地》也画得不错，其他《隋唐演义》等就画得差了。每逢母亲到大街收取房租，我就要她到对门的书店买一部连环画，翻来翻去，乐在其中。这些连环画，很多是根据历史小说画出来的，我的爱好历史，或许也与之有关。

小学毕业后，考入武进著名的私立中学——正衡中学，校长陈枚丞先生办学认真，除音乐、美术、体育外，什么课都能讲得很好，对我的影响最为深刻。每逢假日，总到书店找书，看到新出的《逸经》杂志时，当中有“革命逸史”等有关辛亥革命的记载，就每期必购。

平静安宁的生活，1937 年后发生了变化。

这年 7 月，卢沟桥事变发生；8 月，上海抗战。常州地处沪宁铁路沿线，风鹤传惊，户宇不宁。这时，父亲已失业，举家迁居，搬到离城三十里的河口镇，租了两大间房子，手头只几本教科书，只可读读英文，写写日记。不久，常州沦陷，日军下乡“扫荡”，奸淫焚烧，无所不为，目睹暴行，倍增愤慨。次年春，迁回城中，自宅已毁，住房亦遭兵燹，披荆斩棘，僦居陋室。祖父、伯父、父亲珍藏的明、清以至近代书画，一些珍品，竟遭洗劫，藏书亦遭破损。由于自宅已毁，无力重建，父亲轻信市侩介绍，租给一个姓张的租地造房，内有旅馆、饭店、茶室、戏院，变成一个游食场所，取名“大观园”。由于“租地造屋”，租金就很低微，再加自宅又待清理，从而家道中落，再没有能力用保姆了，恃变卖衣饰维持，母氏勤劳，辛苦支持。

返城以后，根据日记，将日寇侵华，避居农村，以至重回故居的所见所闻，写成一稿，取名《劫后余生》，也有二三万言。

这时，中学已复校，正衡中学改名正行中学，因不愿受奴化教育，乃从贺怀伯先生读国学，从钱栗孟先生学英文、数学。贺先生是前清廪生，时已六十多岁，饱学之士，他看到我《论语》、《孟子》都已读过，乃课以《东莱博议》、《左传》，接着讲《史记》、《诗经》、《礼记》，后来讲《尚书》、《周易》。贺先生明训诂，善讲解，重背诵，每周作文一篇，两周赋诗一首，题目类似“策论”，如《齐宣公不忍杀牛解》、《公矢鱼于棠说》。他知道我喜欢历史，还叫我自学《资治通鉴》，不懂的地方问他。他对我的作文改得很认真，写得很端正，还有大小批语，使我逐渐知道作文之法。他经常说，“的、理、了、吗，不登大雅之堂”，作文当然要写文言。至于诗，只记得有一次咏项羽，内有“卿子冠军惭帐中，沉舟破釜称美雄。八千子弟今何在，万里河山不复东”，下面四句记不得了。另有咏屈原等诗，也意气风发，可惜这些课卷都已散失了。作文、试卷，都用毛笔书写，另外每周还要交书法两页，我学的是柳字。

这样，读了两年多，英文、数学大体补习到高中水平，国文则远远超过。父亲见我中文基础较好，他又是唐文治的学生，且唐先生创办的无锡国学专修学校，已在上海租界内复校，叫我前往试考，我只得只身前往，投靠程家姑母。

无锡国学专修学校前身是唐文治先生于1920年在无锡创办的无锡国学专修馆，唐先生以“正人心，救民命”为办学宗旨，勉励学生作“圣贤豪杰，为万世开太平”。

抗战开始，唐先生以七十三岁高龄，且双目失明，亲率师生，间关万里，迁校桂林。嗣以水土不服，回到上海，在公共租界内增设沪校。这时，环境恶劣，经费拮据，唐校长勉力支持，办学不辍。1939年8月，依照全国教育会议精神，经教育部批准，增设五年制，本科三年，招收高中毕业生，设文学、史地、哲学三个学科；预科二年，招收初中毕业生，结业进入本科。本科毕业生待遇与国内文科大学生相同。1940年夏，我遵照父命，以同等学力，投靠国专本科。

记得入学考试，最重要的是一篇作文，作文两题选一，一为《通天地人为儒论》，一为《论第二次世界大战之趋势》。我在常州补习，埋头故纸堆中，不看报纸，为了应付考试，虽也曾自学中外史地，也只知希腊、罗马，不知第二次世界大战，只好选第一题。但究竟出自何典，来自何书，却又茫然不解。怎么办呢？好在我四书还熟，尽量援引一些“天”、“地”、“人”之类条文，诌成文篇，倒也铿铿锵锵，抑扬顿挫。一个月后，居然榜上有名，被录取为本科一年级生。后来，我才知道，“通天地人为儒”，语出扬雄《法言》。

国专的课程，除外语外，都是国学。这时，上海已成“孤岛”。不少知名教授来校兼课，如吕思勉先生是从光华大学来兼讲历史的，夏承焘先生、胡士莹先生是从之江大学来校兼课的。国专当时校址在戈登路（江宁路），离暨南大学很近，讲中国通史的周谷城先生、讲群经概论的周予同先生、讲地理的李长傅先生，都是暨南大学的教授。教基本文选的蒋伯潜教授则由大夏大学前来兼课，唐庆诒教授是由交通大学来校兼课，专职教授很少，王蘧常先生是教务长，还在交通大学兼课，专任的仅有郝昺衡、王绍唐、钱仲联、陆修祜几位教授而已。

唐文治校长亲自开《论语》大义。他双目早盲，上课由陆修祜教授朗读疏解，唐先生随时指授，一口太仓话，声音又低，同学多数听不懂，特别是广东、福建的同学。我则坐在第一排，亲聆謦欬。考试时做一篇作文，题目是《父母唯其疾之忧》，我在“其”字上做文章，说“其”指子女，父母对子女之疾抚养照拂，无微不至，我们对父母有疾，怎能不为之“忧”呢？居然得到唐老夫子的青睐。第一学年结束，全校总评，我名列第一，得到奖状一纸，奖金三十元，当天我就欢天喜地地拿了奖金到福州路买书。

教授中，对我影响最深的是吕思勉先生和两位周先生。

吕思勉先生的史学讲座，由学生提出疑难问题，他随时讲解。有一次同学请他讲先秦庙制，这是古代史上很重要又很难弄清的问题，吕先生随时讲解，从《礼记·王制》“天子七庙”讲起，手指笔画，以太祖庙居上，左右三昭三穆，以至大宗、小宗，无不仔细疏解，一小时中，使同学得以理解。吕先生不用讲稿，随提随讲，真是博大精深，古今罕有。吕先生和我同乡，受过今文经学的影响，又学习顾炎武、王鸣盛、赵翼、钱大昕的治学方法，知识深厚，待人诚恳，有问必答，听一场课，问一句话，总会觉得受益匪浅。此后，我一直向吕先生问学，下文还将述及。

周谷城先生讲的是中国通史。这时，他的《中国通史》巨著刚由开明书店出版。第一场课，是开列参考书目，从二十四史、九通以至《资治通鉴》正续篇、《通鉴纪事本末》、各种类书、重要集部，还有外文书籍，足足写了两三黑板。我想，人生有限，怎能一一读完。一两个月的史学理论，从社会学的角度讲述，见解新，逻辑强，这在学风古老的国专，无疑是注入了新鲜空气，可惜第二学期讲了一半，他就远去内地了。

周予同先生讲群经概论，他不是照所撰《群经概论》讲授，而是讲经学流派、经学与其他学派的关系及当前经学研究的概况和影响，与一般概论群经不同。讲授清晰，层次分明，他风趣地讲，我认真地记。在一次全校大会上，他推崇唐校长和马一浮先生是当今理学和心学大师。

这时，上海已成“孤岛”，不少知名教授来校兼课，使我开阔了视野，也坚定了治学的决心。过去从贺怀伯先生受业时，就听他讲到汉、唐注疏和清儒经解，也听到“立德、立言、立功”这类教导，父亲又谆谆叮嘱，不要过问政治；不能“立德、立功”，就“立言”好了，于是油然有述作之志。又因自己是常州人，常州在清代学术鼎盛，庄家、刘家又有戚谊，就想寻庄、刘之遗绪，探今文之微言，从事清代经学，特别是常州学派的研究。

二

研究方向既经决定，就要遵循这个方向前进，尽管环境有改变、工作有更换，也应按此方向前进。只有踏踏实实按既定方向，从资料入手，详细占有，具体分析。

在国专读书时，经丁福保先生介绍，到鸿英图书馆读书。丁先生曾任京师大学堂及译书馆教习，所编《说文解字诂林》，就是广泛搜集历代注释《说文》之书，汇释而成的。我的住所和图书馆有十里之遥，经常徒步往返，不以为苦，严寒酷暑，习以为常。为了打好基础，决定从注释入手。考虑刘师培《经学教科书》第一册，谈经学历史，刘治古文，刚好与治今文的皮锡瑞异旨。此书是清政府于光绪三十一年颁谕“自明年起，废止科举”后，最早刊布的教科书之一。因借得《经学教科书》第一册，手自抄录，写有跋语：

> 右《经学教科书》第一册一卷，申叔刘师培先生遗著也。首列序例，凡三十六课，课约十七行，行二十五字，约四五万言，至编辑源起，则序例言之详矣。光绪三十一年九月二十日初版，次年五月初十日再版，国学保存会编辑。上海四马路东惠福里国粹学报社发行，线装一册，余既游学国学专修学校，借得是册，手自抄校，掩卷往复，不知东方之既白。

刘氏所撰，虽是教科书，其中却不乏独到之见，只是文字过简，语焉不详，我正可注疏补益。这样引录文献，逐句笺释，积累了百余万字资料，成为我后来研究经学史的一份基本素材。

二年级要分系科了，当时本科分哲学、史地、文学三门。我本想读文学，但看到同级个别同学，平素酒食征逐、舞厅徘徊，而咏诗填词，却又每列榜首。我想，我读书算是用功的了，但诗词却不如人，大约读文学是要有“天赋”的，我生性拙朴，还是读读史地，比较“实事求是”

吧！这样，就改攻历史，决定了我一辈子的命运。

我寓居沪上姑母家时，表姐程季贤时来省亲，她是庄俞的次媳，知道我对经学有兴趣，送给我庄大久先生的好几部遗著，我诵读后，写了《庄大久先生评传》，五十余年后，始交台湾林庆彰教授主持的《经学研究论丛》第二辑发表，末有跋语：

> 庄俞先生为余族舅，其媳程季贤，则余之表姐也。1940 年，余赴沪就读，寓程氏姑母家，季贤表姐邀往其寓（时庄俞舅氏已逝），得见大久先生遗稿，季贤表姐并以商务影行本数种见赠，余择暇诵读，随加笔记，于 1943 年写此文，忽忽已五十年。此文之迄未发表者，盖一则由经入史，由今文经学而康有为、戊戌变法，由古文经学而章太炎、辛亥革命，此文尘封已久，几已忘之。再则大久先生与庄存与同时，其信今文而不废古文同，惟经说有异，尝拟探讨常州今文经学兴起之社会政治原因及二庄异同，岁月不居，卒卒无暇。今林庆彰先生创《经学研究论丛》，征稿于余，余大病初愈，姑以旧稿相应，馀则尚有待也。

1941 年 12 月，太平洋战争爆发，日军进入上海租界，国专教授有的远徙内地，有的销声匿迹，也有个别教授误入歧途的。我在上海，吃住都在姑母家中，姑母待我极厚，视同亲出，但经济也不宽裕，不能再增加她的负担了。这样，我便辍学返乡，经友人介绍，到离城三十多里的新园中学任教。

新园中学在城南前黄镇，系游击区，日军鞭长莫及，可吸取自由空气，教农科和初二、初三语文。半年后，又到城北大坝头创设健行中学，取《周易》“天行健，君子以自强不息”之意，任校长，筚路蓝缕，筹款建校，延师创设。两年后，任明强中学教务主任。教过语文、历史、地理。1945 年 7 月，转任武进贫儿院教务主任。

在四年的教学生涯中，没有放弃学术。家道中落，不能不工作，但专业也不能放弃。经学是中国封建文化的主体，我读过经书，有的还能背诵，要治“国学”，离不开经，要研究中国历史，也离不开经。注释《经学教科书》第一册，也是为了使自己对经学史有一个较好的基础。乡间教书，图书缺乏，所幸在上海时，积累了大量资料，便利用教学闲暇，根据这些资料，认真注释，历时三年，将《经学教科书》第一册基本注完，也有数十万字。可惜在“文化大革命”中散失过半，如今只剩残页了。

从《经学教科书》第一册的注释中，我的体会是，潜研学术，必须持之以恒，先通后专，由博返约。没有通史的基础，不易学好专史；不知古代经学的发生、发展，不能找出其发展的规律和演变。我对中国经学史有兴趣，就得持之以恒，锲而不舍。

我也体会到，做一项研究，必须从资料入手，没有资料，凭空臆测，是经不起考验的。比较全面地掌握资料，才能进行实事求是的分析。搜集资料，编成长编，费时费力，但当时费时费力，以后却能省时省力。我回乡以后，工作有调动，环境有变迁，不是每个地方、每个单位都有我所需要的图书，即使家中二十四史、三通以至《皇清经解》之类书籍都有，也不能搬来搬去；即便携带，也只能略加抉择。注释《经学教科书》第一册，正是把有关经学历史的资料，抉择消化，汇为长编，为他日写作准备条件。

同时，治学还应抓住时机，力倡新猷。我在农村中学教书时，吕思勉先生也由上海返回常州，在游击区青云中学任教，辅仁中学还雇一小轿接送请他兼课。我也前往请益。后来他避居常州十子街故居，闭门写作，为开明书店编写《两晋南北朝史》，我也每于假日前往，他总是耐心教导，诲人不倦。

我在健行中学任教时，忽患副伤寒，扛抬入城，高热不退，心力交衰，卧床不起。延医服药，两月始渐康复。这时不能翻阅书籍，手执宋词，于晏同叔、梅圣俞、苏、黄诸家循诵较多，曾草一文，论北宋词，惜已早佚。后来稍能起坐，舅家《毗陵庄氏族谱》梓行，在无法外出翻书的情况下，朝夕寻检，草成《庄存与年谱》，五十年后，重予增订，2000 年，由台北学生书局出版。我在 1995 年写的序文，末尾曾记其事：

> 余与先生同里第，母氏庄，先生之族裔，训以经说，略知端绪。稍长，游学沪滨，勤读经史，注目学案。弱冠之年，养疴返里，时

《毗陵庄氏族谱》重修梓行，得以纵阅，草成先生年谱，忽忽五十年矣。旋以衣食奔走，由经入史，此谱亦久置书箧。今发已苍苍，视亦茫茫，理未竟之作，寻旧稿之绪，勉予完稿，厘为四卷，俟有志清代学术思想史者采纳焉。

人生是有限的，学问是无涯的，只有在不同环境、不同情况下，根据自己的意愿，坚持学习，才能取得应有的成就。

三

研究课题，有时也因社会或环境的关系有所改变，但原来的基础却不能废。

抗战胜利，我到了上海，先进复旦大学，又读完了国专未修课程，于1947年1月毕业。在复学期间，和同学郁慕云相识，她佩我治学勤勉，我感她纯朴无华，彼此相恋，终成眷属。切磋学谊，互有启发。如果不是她的支持和鼓励，我是不可能有那么安定的读书条件和写作勇气的。

1940年到1950年的十年间，我除注释了刘师培《经学教科书》第一册外，又写了《荀子学案》和《史汉异同举隅》，前者受了汪中《述学》的影响，后者步崔適《史记探源》的后尘。同时，《中国经学史》也写到了隋、唐，还专门写了一本《清代经今文学史》。这些书稿，虽然稚嫩肤浅，却是资料的积累，给今后的撰著，提供了有利的条件。

1951年，我又回到常州教中学，教过语文，后来专讲历史，担任市历史教研组长。这时光华大学已并入华东师范大学，吕思勉先生也调入历史系。他一度因身体不适返里养疴，我得以随时问学。他返沪后，我曾写信给他请教，至今还保存着他1952年十月十七日写给我的一封信：

玉揆老友：

睽违半载，时切驰思。忽奉手书，良慰饥渴。承下问，谨述鄙意，合否尚祈甄别。

一、孔壁传书之说，以事理揆之，总觉其不可信，略如拙撰《秦汉史》之说。惟指为一人或数人伪造，则亦不然，此势所不能。

康氏非经生，其说自不足据。至古文经之由来，纸上别无材料可得，以意度之，经本当时自可有流传之旧本或汉人写本，与通行之本文字不同，妄造来原，称出孔壁，或曰河间献王等等，孰能明质其非。刘歆见故府遗书，何以名其亲历？亦相传云如何即如何述之。此如今藏骨董者，亦据前世相传，云其如何得来即云如何得来耳。其言不必实，然亦非有意骗人也。汉人传经，重在经说，不重其经本，有异于今之说，经本与人相同，亦可自名其家，成为一家之学。有特异之经本而无特异之说，则只是有一古籍，不能成为经师，古今经说之成，由于积渐，此则今文诸家之能，本不能禁人无异说，即今文诸家同出一师者，后亦可分为数家。而古文亦非无同异。语其实，则今文与今文之异，古文与古文之异，正犹古今文之异，特其时经本既有今古文之别，言经者必有其所据之本，遂从而言此名目，分为两大派耳。

二、魏、晋以后，古文大行，今文几绝。鄙意东京今文传授，偏在国学，国学之中，实鲜章句之士，尚不能如民间传授之能绵延弗绝也。今学可贵在其大义，自新莽革政，败绩失据，人以皇惑，不复敢言经世，则其可贵者无，而自汉末以来，言经者多杂谶纬，今古皆然，今学尤烈。说涉迷信，与魏、晋后盛行之玄学皆不相容。古学可以不言义理，专重名物训诂，今学则不能。故古学脱离谶纬较易，当玄学盛行时，仍得保其偏安之局，而今学亦不能，二也。

大作尚未得拜读，拜读后如有所见，再当续陈。此覆，敬颂著祺。敬惟鉴照不尽。

吕思勉顿首　十月十七日

函凡四叶，毛笔书写，虽历经运动，此函幸存，至今珍藏。

新中国成立初，经学一度被视为“封建糟粕”，不但年轻的不敢接触，即过去研究经学的专家也逐渐“改行”。如范文澜先生致力于中国通史，蒙文通先生专治宋史，周予同先生教的是中国历史文选。专治经学，不但写的文章不易发表，专门著作更难出版。这样，只能“改行”。但经学史毕竟研读了那么多年，既不肯放弃，又相信这种现象是暂时的，今后总要改变。然而，“俟河之清，人寿几何?”怎么办呢？只有转向和过去相近的专业，这样，我便选择了近代史中的戊戌变法。因为戊戌变法的领导人康有为是运用今文经学论政的，我过去写有《清代经今文学史》，毕竟有些基础，也不会把过去所学完全抛弃。当时中国史学会组织编辑《中国近代史资料丛刊》，《戊戌变法》是较早出版的一种，尽管搜集并不完整，标校也有失误，但它毕竟搜集了大量资料，其中不乏一般图书馆不易找到的史料，仔细潜研，应有进展。况且，从近代史来说，研究鸦片战争、第二次鸦片战争、中法战争、甲午海战，以至洋务运动，不能不掌握外文书刊，这在常州就无法寻求，我的外文基础也不好。太平天国，罗尔纲先生已独树一帜，无缘追随。至于捻军、回民起义、义和团，又需实地调查，也无此可能。只有戊戌变法，尚未有人问津，可以以己之长，迎头赶上。从而将四大本《戊戌变法》逐页循读，按编年、人物、事迹分别汇录，大约花两年业余时间，写成长编。当时费时较多，而今后研究却方便了。《戊戌变法人物传稿》、《戊戌变法大事记》，就是从这批资料中辑成的。同时，看到可资探讨的课题，可以写成论文。记得我最初发表的论文是《清代常州经今文学和戊戌变法》，发表在 1953 年的《历史教学》上。当时《历史研究》等刊物尚未创刊，《历史教学》是新中国成立后最早的历史专业刊物。

现在看来，这篇论文还很幼稚，但“由经入史”，仍旧不忘“清代常州今文经学”。

1956 年初，通过国务院高级科研人员招聘委员会，我调到中国科学院上海历史研究所筹备处，主任是李亚农，副主任是周予同。当时全所连同行政人员还不到十人，所址和吕思勉先生复兴中路的寓所很近，我经常前往探望，《戊戌变法史论丛》他曾审阅，并加眉批，书名也由他题署。1957 年 10 月，吕先生在校阅《隋唐五代史》时不幸心脏病突发逝世，使我痛失良师，但他的音容笑貌，却一直回荡眼前。

吕先生逝世后，中华书局上海编辑所（后改为上海古籍出版社）准备出版他的全集，成立了唐长孺、杨宽、吕先生的女儿吕翼仁、长期跟随吕先生的李永圻和我组成的五人小组，直到 90 年代，吕先生的遗著才陆续出版。

历史所筹备处初建，以中国近代史为重点。当时图书馆经费很丰富，而书刊则自“土改”后，大量置于古旧书店，还有不少地主或国民党官僚的书堆放在文物仓库。文物仓库的书，研究所可以尽量选择，不取分文。我们每逢星期六下午就去找书，我对清儒撰著、近代报刊最有兴趣，尽管全身灰尘，倒也乐在其中。

研究中国近代史为重点，也注意上海史为中心，在历史所，我曾帮助编辑《上海小刀会起义史料汇编》和负责《鸦片战争时期英军在长江下游的侵略罪行》。此后又主持或参加编辑《五四运动在上海史料》、《辛亥革命在上海史料选辑》。

汇集资料，搞新课题，也会有新兴趣。没有新兴趣，项目也不会搞好，因为这是集体项目，不是自己主持，就是部分主持，又不能因新兴趣而转移旧兴趣。因为旧兴趣毕竟是多年积累、长期的目标。这样，在《五四运动在上海史料》、《辛亥革命在上海史料选辑》两部资料编好后，回归到旧兴趣，继续经学史的研究了。

1957 年，决定重新编辑《辞海》。先是搞群众运动，“大跃进”，不少条目，叫大学生写，后来由我补改。

1960 年 8 月，《辞海》召开初稿条目和质量会议，接着在浦江饭店召开各学科召集人扩大会议，决定集中修订，除上海外，向京、杭、宁等地约请专家，周予同先生年高，我到浦江饭店集中了，经学史条目约有四百条，我写出后，送到周先生家中请他寓目。我还于 1961 年 12 月 21 日到 1962 年 2 月 3 日参加《辞海》征求意见组，到郑州、开封、西安、成都、重庆、武汉等地，和嵇文甫、蒙文通、徐中舒、唐长孺等先生进行座谈和专门访问。1963 年 4 月，《辞海》试行本出版前，我又被集中一次。

当时“左”的影响还是不少，有认为经学是“封建糟粕”，有认为写经学史条目是“扫垃圾”的，因此条目一删再删，旧《辞海》，《尚书》、《诗经》的篇目本来都设条目，后来删得只剩下有限几条。在条目编订时，干渎也不少，没有办法，就将“考据”和“乾嘉学派”条目征求意见，特别是评价问题。记得当时条目是这样写的：

> 从校订经书扩大到史籍和诸子，从解释经义扩大到考究历史、地理、天文、音律、典章制度，对古籍和史料的整理有一定贡献，但缺点是多半烦琐。

对此释文，有着不同意见，有的以为“脱离实际，不能归罪于经学家，应该归罪于当时的统治阶级，说明中未提到”。有的认为“要论考据，就不能嫌烦琐”。有的认为对乾嘉学派“缺点是多半烦琐”，还要“加重批评”。而郭沫若于 1961 年 5 月 11 日写来的意见则是：

> 多数脱离实际，不能归罪于经学家，应归罪于当时的统治阶级，雍正的专制、乾隆时代的文字狱，把学者们逼得不能不脱离实际。说明中根本未提到这一层。
>
> 经学家搞考据，在当时是对政治的消极反抗，应该用来和埋头于科举，经年陷于帖括之学而不能自拔的比一比。
>
> 要讲考据就不能嫌烦琐——占有资料。烦琐非罪，问题是考据的目的何在？但乾隆时代在高度的政治压力下是不能更进一步有所作为的。但他们没有去歌功颂德。其后发展为公羊学派，带上了改革的色彩。由消极怠工而为托古改制，这是历史发展的必然的逻辑。

郭沫若是中国科学院院长，他说“烦琐无罪”，修改《辞海》时胆子也大了些。所有辞目，我都按原始资料逐一整理，对人物里第、生卒年月一一查考，年月还注意到阴阳历，如章太炎生于岁尾，公元已是次年，应予改正。魏源也是如此。当时《文汇报》开出学术版，聘冯契和我为特约编辑，我应邀写了《简评〈历史人物年里碑传综述〉》，其中例证，就是编辑《辞海》经学史条目时“考证”出来的。

在浦江饭店集中时，《文汇报》、《光明日报》、《学术月刊》、《新建设》都来约稿。当时专心搞经学，没有其他干渎，图书阅读也便利，对经学的理解也比过去深刻，写了《经·经学·经学史》、《关于中国经学史上的学派问题》、《王莽改制与经学中的今古文问题》、《博士制度和秦汉政治》；此后又写了《章学诚“六经皆史说”新探》、《从顾炎武到章炳麟》，都是和周先生合署的。

本来，历史所规定我研究经学史是“一半一半”，先前主要帮周先生写了讲稿，比较便捷，《辞海》集中以前，我在近代史研究的时间比经学史多。那时，正在为纪念辛亥革命五十周年编辑《辛亥革命在上海史料选辑》，还应中华书局之邀，编辑《章太炎政论集》。

《辛亥革命在上海史料选辑》，历史所责成我负责，这比《五四运动在上海史料》难编得多。“五四”、“六三”照报纸上选编就好了，辛亥革命却不是那样简单，要编辑，就要追溯到中国同盟会中部总会和光复会。此后，南北议和在上海进行，上海光复和沪军都督府又没有档案遗存，一些革命党人还先后在上海活动，帝国主义在上海光复前后干涉攫夺利权、操纵等等，都得一一清理。

上海光复前后既没有档案，《民吁》、《民呼》、《民立》各报，上海又不齐全，怎么办呢？我们从报纸中将上海光复以至沪军都督府的“简章”、“条例”、“规则”等，分政治、军事、经济、对外关系各栏按时间一一录出，将沪军都督府民政总长、制造局总理、江苏都督府民政司长、财政总长以至上海市政厅等文告、函札，一一分别录出，编出没有档案的“档案”，这一方面，吴乾兑同志出力最多。我又通过中华书局张静庐，将从未公开的《赵凤昌藏札》中上海光复至南北议和期间的函电、文稿，以至“辛亥要件”辑出。辛亥革命时期，赵凤昌受袁世凯的指使，与唐绍仪、张謇、程德全密切联系，和革命党人黄兴、宋教仁、章太炎等也有关系，南北议和的秘密会议，常在他家举行。《赵凤昌藏札》原藏上海，后调北京，录入《辛亥革命在上海史料选辑》，引起了各方面的重视。此外，在上海图书馆还录入《光复报》等未刊资料。此书因故延至1966年始出版。

为了纪念辛亥革命五十周年，中华书局邀我编写《章太炎政论集》，事先初步拟出目录，印发各地征求意见，到了1961年《辞海》集中前，大体编成，写出《章太炎早年的革命思想》在《文汇报》发表。同年6月4日，《文汇报》“学术活动简报”登出了我编辑《章太炎政论集》的报道，北京报纸也登载了。此稿着重搜集他一生政治性文字，不少是从报刊中登出未曾收入《章氏丛书》的佚文，由于他文字古奥，排印、校对都很困难，我一连校了八次，当初是繁体排印，后来删了不少，改为简体字，直到1977年才出版。

从1956年冬调到历史所，到1966年，这十年间，运动频繁，心境动荡，随时有被批判的可能。

到历史所不久，“反右”开始，接着又是“拔白旗”、批判资产阶级名利思想。随着任务的动荡，单位也在动荡，先是和复旦大学历史系合并，用两个牌子，称为“中国科学院上海历史所”、“复旦大学历史研究所”。1959年，成立上海社会科学院，将原来的历史所、经济所并入，增加了哲学所，后又增加了国际关系研究所。把上海政法学院、上海财经学院一些职工并入。这样，历史所的人数就增加了三四十人，比原有的还要多。

当时社会上的批判风不断，先是批判胡适，牵连到历史研究要不要考据，乾嘉学派应如何批判。接着，批判尚钺，批判罗尔纲，批判时，要联系自己“洗心革面”。

在自我批判的同时，还得向工农兵学习，除每星期到工厂劳动一天外，又下乡“劳动”。

1963年到1966年5月，社会主义教育运动展开，又叫“四清运动”，即“清政治”、“清经济”、“清组织”、“清思想”。参加“四清”，一个月回城一次，休息四天，我总是利用这四天时间，将思考的问题查阅资料，写成札记。

1965年秋，以《文汇报》的名义，找在沪历史学界知名人士和部分学界人士，召开《评新编历史剧〈海瑞罢官〉》的座谈会，周予同先生第一个发言反对，周谷城、李平心相继批评。我当时在农村，《文汇报》还派两人来“征求意见”，我对海瑞退田和当前联系，说是“很不妥当”。

没有多久，此文在《文汇报》登出，“作者”是“姚文元”，两位周先生和李平心被称为上海的“三家村”。

1966年5月16日“五一六通知”发表，“文化大革命”正式开始，报纸上也点名批判了，由于周予同先生首先反对《评新编历史剧〈海瑞罢官〉》，《文汇报》刊发了署名“罗思丁”的《打到反共老手周予同》，北京等报也纷纷转载。“批判”中提到他和我共同署名的文章，我也成了“牛鬼蛇神”。

1967年4月1日，《红旗》杂志第五期抛出戚本禹《爱国主义还是卖国主义》，给光绪判了卖国罪，说什么“幻想投靠帝国主义行戊戌变法”，以“恢复皇位，重振朝纲”。“资产阶级改良主义道路，即企图用自上而下的变法维新的办法通向资本主义。……这只能是一条虚伪的、行不通的反动道路。”我出版过《戊戌变法史论丛》、《戊戌变法人物传稿》和《戊戌变法简史》，此文一发，罪行升级，家中书多，被封存；常州家中的大量书画以及书籍也被抄没，至今未还。也挨过打，隔离关押。开始很紧张，后来批判过我的“走资派”、“造反派”也有被审查的，“牛鬼蛇神”越来越多，我又没有政治问题，不用“外调”，只有“白纸黑字”，也就不怕了。

此后，又到农村“五七干校”、工厂劳动，挑过粪，养过猪，仍没有忘记书卷。每月回家休息，将龚自珍等诗文抄在小纸条上，劳动时背诵，后来我讲学时不用讲稿，有些诗文就是这时读熟的。《近代史研究》1980年第四期《龚自珍与经今文》，这时已有腹稿。

1971年，中央决定重新标校二十四史，上海负责新旧《唐书》、新旧《五代史》和《宋史》。卷帙最长的《宋史》，叫张家驹和我担任“通读”，实际是业务主持人，后来又增加了杨宽，到复旦大学“通读定稿”。还没有“通读”完，在“尊儒反法”声中，又叫我参加了章太炎著作选注。

“文化大革命”初期，我的书稿抄的抄，封的封，时日不久，封存在家的藏书和少数札记又被我偷偷利用。“造反派”忙于斗“走资派”，对我这样不必“内查外调”的人兴趣小了一些，我总是晚上打开封条，连夜整理；到干校劳动后，每月休假四天，也是不分昼夜，从而写了大量札记，汇为《戊戌变法旧札》十二卷，约一百万字，其目为：一，强学会；二、三，《时务报》上、下；四、五，康梁变法；六，新政奏议；七，六君子；八，新旧斗争；九，湘江新政；十，人物胜录；十一，书目解题；十二，系年要录。

这些札记，都是文言文写的，取其简明，易于札录；用毛笔写了十二本，以便留给后人参考。为防止再抄没，又抄了一部钢笔写本，置于两处，到1973年，写有弁言：

余治戊戌变法有年，偶有所得，辄行札录，日久自成篇帙。

1953年始稍露布，嗣出《戊戌变法史论》(1955年)、《戊戌变法史论丛》(1961年)、《戊戌变法简史》(1960年)、《戊戌变法人物传稿》(1961年)。问世匆遽，意多不称。报刊已发诸章，既待删革，笥箧未是之草，亦俟董理，悔畴昔之梨枣过促，感今兹之修缮维艰。越廿余年晨昏，积百万言芜稿。爰将论旨赅确、言之成理者曰新探，资料丛脞，持之有故者曰旧札。非敢厕作者之林，亦欲以爬梳剔括，示后人以方便耳。

当时不想出版，也不能出版，以致“旧札”可以推演为“新论”的既悉仍其“旧”；续有所得，还是写成札记。这样，“旧札”越积越多，而“新探”却不敢问津。

70年代末和80年代初，我的有关戊戌变法论文的发表，以及《戊戌变法史》、《康有为与戊戌变法》的出版、《戊戌变法人物传稿》的另出“增订本”，就是利用这些“旧札”整理完成的。至于《戊戌变法旧札》，则因部分札记已为“新探”利用，又是文言文，所以一直没有公开。

四

《章太炎年谱长编》是我在60年代初编写《章太炎政论集》时陆续积累资料、编辑、增删的。

我认为，近代思想家、政治家和古代不同，近代社会发展迅速，时代巨轮不断向前，一个人的思想也时有变化。反映在他们的作品中，对前所发表的论著，每每有增衍、改易之处。例如章太炎在1899年发表《客帝论》(见《台湾日日新报》，1899年3月12日，又载《清议报》第十五册)，对清朝的腐朽统治表示不满，但仍与“尊清者游，饰苟且之心”。到了1900年，始作“匡谬”，1902年重为“删革”，作为《訄书》前录，成为辛亥前夕重要文献之一。但是1914年，章氏将《訄书》增删，更名《检论》，却把这篇论文删去了。他的改订以至删革，反映他思想递变的迹象。如果将他后来的“删革”，说是早年的思想，或者将他早年的著作作为后来的思想，这就很不妥当。反之，将他的论著，按照最早发表的刊物录出，而将后来各本校勘，将有利于对各该人物思想的探索。可见，对近代人物的著作，特别是中国近代思想家的著作，探源比勘，有其必要。《章太炎年谱长编》就是在这样的思想指导下按年比勘，汇编成册的。

另外，近代报刊流行，一些政治家、思想家的作品，每在报刊发表，报刊是有发表日期的。这些文章，每每针锋相对，后来他的思想变了，对先前发表的又每多修改，甚至刊落。探讨各个人物的思想，可以按照当时社会条件予以正确评价。章太炎的论著，很多散见于各种报刊，当时收入这些文章时，也随手将其著作系年，并摘出主要内容，按照当时形势写入《章太炎年谱长编》。

可以说，在《章太炎政论集》编辑、校对时，《章太炎年谱长编》已初具规模了。此后，利用假日、病休，在多种报刊中寻求，直到 1978 年才完成，于 1979 年 10 月由中华书局出版，全书凡七十余万字。出版后，曾引起国内外学术界的注视，记得较早的有日本河田悌一教授在《章炳麟、孙文、康有为及其思想的研究》(原载《东亚》杂志，1982 年第十一号)。此文后来收入其专著《中国近代思想と现代》（日本研文出版社，1987 年)，以《出色的章太炎年谱长编》为题，专章论列，誉之为“年谱中的出类拔萃之作”，“这个年谱，确实是通过具体史实不断引读者兴趣的著作”。稍后，东京大学近藤邦康教授《中国の解放世代ち思想》（日本岩波书店《思想》，1984 年第一期)，立教大学野村浩一教授《一部实事求是的力作》(日本《经济新闻》，1987 年 2 月 28 日）也予推介。

我编辑《章太炎年谱长编》，南北访求，耆老征询，得到章氏弟子多人帮助，特别是潘景郑先生和王仲荦先生。但毕竟写作较早，不但无法到国外寻求，即国内有的图书馆也未及查阅。1978 年，我和王仲荦教授，同往苏州，拜访了九十多高龄的章夫人汤国梨女士和章氏长子章导先生，看到了汤国梨的《章氏丛书序例》和章氏的《七略别录佚文征》手稿，还有《致报社书》等手札。在北京、四川、湖南、江苏也看到了一些未曾寓目的书稿。日本的岛田虔次教授、近藤邦康教授还赠以《日本儒林丛书》中的佚文、函札。

接着，1983 年 11 月至 1984 年 5 月，我前往日本，讲学之余，在日本外务省档案馆、日本国会图书馆、东京大学明治文库以及京都大学人文科学研究所等处得到不少可贵资料，还到守屋图书馆查阅《台湾日日新报》。次年，我去美国，在斯坦福大学胡佛图书馆、美国国会图书馆访问多次，看到不少海外出版物。又到新加坡看到《天南新报》和章太炎佚札以及 1917 年章氏在南洋的活动、讲学记载。此后，续有所得，写出《章太炎年谱长编》补编。

五

1977 年 8 月，上海社会科学院筹备恢复，邀请我返回历史所，我不愿意，想到高等学校任教，当时也有两所大学相邀，但未能如愿，只能返所。“文化大革命”前，本来杨宽和我在古代史组，杨宽早调到复旦，我想回古代史组，又未获同意，说是历史所以近代史为重点，叫我主持。没有办法，只能服从组织安排。慕云则“文化大革命”中为我受苦，再不“夫妻共事”，转入离家很近的上海纺织大学（即如今的东华大学）。

重归历史所，尚无具体任务，继续到徐家汇藏书楼阅读报刊，注意康、章资料。《章太炎年谱长编》交中华书局出版。《康有为政论集》也将次完成，次子仁济曾协助抄校。并应上海古籍出版社之邀，主持校点了《戴震集》。《辞海》将修订出版，周予同先生已双目失明，由我改定签发。

1979 年 3 月，在成都举行“中国历史规划会议”，我参加了。分组时，我为华东组负责人。曾游青城山、都江堰、杜甫草堂、王建墓、武侯祠、南郊公园。会议结束，去重庆，参观红岩村、周公馆、北碚公园。4 月 5 日，乘轮南下，抵武汉。唐长孺和章开沅两位分别邀至武汉大学、华中师范大学讲演。顺道访问大姐。乘轮船返沪，与王仲荦夫妇同行，谈编辑《章太炎全集》事。王为太炎晚年及门弟子，准备邀集章、黄弟子共襄其事，并草拟名录：山东大学王仲荦、殷孟伦、殷焕先，南京师范大学诸祖耿、徐复，南京大学程千帆、洪自明，扬州师范学院祁龙威，武汉大学黄焯，杭州大学姜亮夫、蒋礼鸿，北京图书馆李希泌，苏州朱季海、沈延国，上海顾廷龙、潘景郑、王乘六、金德建。他们都表示支持。金德建已退休，由我建议，聘为历史所的特邀研究员。

《章太炎全集》第一册，收有《膏兰室札记》，沈延国整理校点。《诂经札记》、《七略别录佚文征》则由我标校。

1981年是辛亥革命七十周年，我除撰文参加在武汉举行的国际学术讨论会外，并负责将《辛亥革命在上海史料选辑》修订重印，分送海外学者。1982年起，任上海社会科学院历史研究所副所长，主管近代史研究室和图书馆。

当时历史所仍以中国近代史为重点，我坚持从资料入手，先从编辑《近代上海大事记》入手，近代史室除两三个原来历史所的同志外，有"文化大革命"前大学历史系毕业后分配到农村、工厂后调来的，也有"文化大革命"时的工农兵学员，对历史研究、对上海历史并不熟悉，也只有从编写大事记中培养提高，好在过去编写鸦片战争、太平天国、辛亥革命、五四运动积累了一些资料，徐家汇藏书楼又在邻近，决心踏踏实实地积累资料，系年编辑，除旧公共租界工部局、旧法租界公董局的档卷尚有存留外，其余未曾发现。早期报刊，《申报》1872年才创刊，只有在《上海新报》和英文《北华捷报》（*North China Herald*）中摘录，其他方志、文集、专著、笔记、杂录和外文书刊也有不少。由我拟定编辑条例，分工编订，于1986年完成，写有前言，由上海辞书出版社出版。

六

我搜集康有为资料，历时甚久，早在1940年国专读书时，就访问过康有为弟子、《大同书》整理者钱定安先生，在他家中看到不少遗著，知道《大同书》原有稿本和抄本。60年代，在《新民晚报》上看到康有为家属将家藏书稿捐赠的报道，未能及时探究。直到"四人帮"粉碎后，在上海博物馆看到尘封已久的康氏家藏书稿。

康有为孙女康保庄、康保娥于1961年将康有为遗稿、手札、书信等捐赠上海市文物保管委员会，交上海博物馆已有十八年，迄未有人查阅，幸"文化大革命"中未遭破坏，我在当时文化局负责人方行的支持下，到该馆翻阅，逐包清查，尘灰扑面，稍一寻查，双手皆黑，而中多宝藏。经查阅多日，感到其中最重要的有：

第一，《大同书》手稿。康有为自称："吾年二十七，当光绪甲申（1884 年），清兵震羊城，吾避兵居西樵山，著《大同书》。"以《大同书》为 1884 年所撰。我早在 1957 年的《文史哲》1 月号上发表《关于康有为的〈大同书〉》，对此提出异议，认为它是 1901 年至 1902 年（辛丑、壬寅间）避居印度时所撰，定稿更迟，曾引起了争论。我又在《历史研究》1957 年 8 月号和 11 月号接连发表《再论康有为的〈大同书〉》和《论康有为〈大同书〉的思想实质》加以争论，再次说明康有为 1884 年没有《大同书》的撰述，因为：第一，《大同书》中以"太平世"组织的形式，是全世界设立一个统一的整体，最高的中央统一机构叫做"公政府"。认为要达到这个"理想"，需要通过"弭兵会"来解决，说是"俄罗斯帝之为万国平和会也，为大地万里联邦之始也"（73 页，古籍出版社 1956 年版，下同）。这是指 1899 年 5 月 18 日由俄皇尼古拉二世倡议，在荷兰首都海牙召开的"海牙和平会议"，不可能在此之前已经撰有《大同书》。

第二，《大同书》中记载 1884 年以后的事例很多，如记 1885 年"老屋崩倒"（24 页），记 1887 年"香港华洋船之惨祸"，记 1888 年"三姊琼琚卒"（28 页），记 1898 年后事的，如记康广仁开不缠足会，"戊戌曾奏请禁缠足"（141 页），"戊戌之难，戮于柴市"（38 页）。

第三，《大同书》中有不少游历欧美后的见闻记录，提到印度或印度史事的记载尤多，有的是他亲历记录，可见《大同书》是政变以后，康有为游历欧美、避居印度时的撰述。

第四，康有为的"大同"三世说，源于儒家今文经学，而他的"明今学之正"，渗透今文，是 1888 年以后的事。

第五，康有为的弟子，在政变以前，都没有看到《大同书》，梁启超在《〈大同书〉成题词》下脚注，说是"辛丑、壬寅间避居印度，乃著为成书"。辛丑、壬寅，当 1901 年至 1902 年。

事隔多年，我在查阅康氏后人捐赠的康有为遗稿时，发现了《大同书》手稿，确证它是撰于"辛丑、壬寅间"，但它只有半部。此后，顾廷龙先生在查阅全国善本书目时，在天津图书馆发现了另外半部手稿。我向方行同志建议，将这两个半部手稿合并影行。刚好江苏古籍出版社成立，社长高纪言来沪组稿，他接受影行，我曾代拟“影行说明”。2005年12月，《大同书》在上海古籍出版社重印出版，作为“蓬莱阁丛书”之一，由我写了《〈大同书〉导读》。

康氏家属捐赠康有为遗著，除半部《大同书》手稿外，还有《教学通议》、《诸天讲》，以及《戊戌奏稿》抄本和大量零星文稿。我花几个月时间，将这些稿抄本以及函札进行整理，感到很多是康有为海外筹组保皇会时的章程、文稿、函札等，可分为两编，一为1899年至1906年的奏稿、论说、杂文、手札，一为1907年至辛亥革命后的禀牍、论说、振华公司书札、章程、草案、征信录、电话密码，可汇编《康有为与保皇会》。

《康有为与保皇会》编成后，还有不少未刊单篇，包括奏稿、论说、杂文、书札、祭文、墓志、电稿、议章等汇编，名之曰《戊戌变法前后》。

在整理康氏家属捐赠遗书时，和康有为孙女康保庄时相过从，并认识了她的弟弟康保延，保延随其父康同篯旅居台湾，有《康南海先生史料汇编》和整理重编的《康南海先生诗集》。他每次来沪，总来我家；我到台湾，也得相晤。

康同篯、康保延旅居台湾，曾将康有为手稿交台湾“中央研究院”，其中一部分由康氏弟子蒋贵麟抄录，编入《万木草堂遗稿》，后经王尔敏研究员整理重编，共一百八十四件，编为：一、函电手稿；二、笔谈；三、家书；四、文稿；五、诗稿。首为手迹影行，后为释文之部，1994年由台湾“中央研究院”近代史研究所出版。

七

改革开放以来，我曾到日本、美国、新加坡等地讲学多次，香港、澳门和台湾也都去过。出访讲学之外，主要关心古籍的流失和与自己专业有关的佚文散札。

1983年11月至1984年5月，应国际交流基金会之邀，到日本东京大学社会科学院讲学和研究，京都大学人文科学研究所也专程相邀，还到神户讲过。在近藤邦康、户川芳郎两位教授的陪同下，在静嘉堂文库寻查了陆心源皕宋楼旧藏，在京都人文科学研究所看到了山井鼎《七经孟子考》。在日本外务省档案馆看到毕永年的《诡谋直纪》和其他近代史资料，在东京大学明治文库、日本国会图书馆、东洋文库找寻到戊戌、辛亥间的佚文散札，京都大学岛田虔次教授赠我《新学伪经考辨》、《拙存园丛稿》，还由狭间直树教授陪同看到章太炎《佛学手稿》四题。返国后，我将阅读所得，写出《伊藤来华和戊戌政变》、《关于光绪密诏诸问题》等论文，与访阅所得、讲学情况以及《康梁遗迹访问》等汇成一书，名曰《乘桴新获》，由江苏古籍出版社出版，山根幸夫教授作了评价，这里就不赘言了。

1983年，我应美中学术交流委员会来函邀请赴美讲学，由美国加州大学戴维斯分校历史系刘广京教授、美国加州大学伯克利分校魏斐德教授具体联系，经中国社会科学院批准，作为“美中高级学者学术访问”，于1985年2月16启程，抵达旧金山，刘广京教授、普鲁士教授相接，自此至4月21日，旅美两月，先后在加州大学伯克利分校、密歇根大学、俄亥俄州立大学、费城宾州大学、华盛顿美国国会图书馆、马里兰大学、耶鲁大学、哈佛大学讲学、参观。这些讲题有“清代经今文学的复兴”、“戊戌变法在上海”、“近代史研究诸问题”、“中国历史研究动态”、“学会活动”、“善本书的编印”、“中国思想史研究近况”、“戊戌变法领导人和赞助人的社会动态和地理条件”。这些讲题是由各该大学和国会图书馆提出的。还参加了亚洲学会讨论，参观了费城博物馆、国会图书馆、耶鲁图书馆、哈佛燕京图书馆，晤见美国著名学者刘广京、普莱斯、叶文心、D. S. Nivisum、陈学霖、费惟恺、梅仪慈、朱昌稜、张灏、李田意、劳延煊、秦博理、韩书瑞、汪荣祖、兰玲（Many Raukin）、居密、余英时、孔飞力、许华兹、柯文、艾尔曼（B. A. Elman）诸教授。

访问美国，除讲学外，主要访问图书馆，所关注的以善本书和近代史资料为主。

1991年5月21日至6月20日，到新加坡整理完成丘菽园家属所藏康有为、梁启超等书札，并参加“汉学回顾与前瞻”国际学术讨论会。

先是，1990年12月，在香港大学参加“承传与创新国际学术讨论会”，我提交论文《维新与守旧》。会议期间，晤新加坡国立大学中文系主任林徐典教授，他以丘菽园家藏康、梁函札复印件见赠，请我点校整理，我答应了，因该校陈荣照、王慷鼎两先生曾来沪告知此事。回上海后，经仔细考察，感到这些函札、文稿，包括：一、康有为亲笔函札；二、康有为门人和自立军成员以至社会名流函札，如梁启超、叶觉迈、唐才质、狄葆贤、冯镜如、郑观应、经元善写给丘菽园的信，还有美国、加拿大等保皇会来函；三、康有为手稿，丘逢甲、狄葆贤、梁朝杰等诗作；四、丘菽园乡试朱卷，以及已刊书稿；等等。

康有为和梁启超等人函札，很多写于1900年（光绪二十六年），即康有为流亡海外、避居狮城之时，也是自立军组织、发动、失败之际。因此，这是研究政变后，康有为和自立军的一份重要资料。

由于这些资料主要写于自立军起事前后，事关机密，故信中多隐语，整理时难度很大，非熟悉史乘、深明掌故、且知康梁行谊的很难承担，如“井上”，指日本人井上雅二；“山今”指岑春煊；“仪觉弟”，“仪”即陈仪侃，曾任《知新报》撰述，后去南洋；“雪厂”、“徐生”，指徐勤；“雅”，指狄葆贤；“觉”指汤觉顿；“铁”指梁铁君；“秦西”指容闳；等等。且字迹草率，如“□百”，不类人名，细审上下文，“□”为“迟”，“百”为“一日”。此类甚多。这样，我花了五六天时间，才重新抄寻、标校、注释成卷，连同“编辑说明”携至新加坡。

抵达新加坡后，和王慷鼎先生商讨多次，他也将译稿见示，基本上整理成书。王慷鼎还准备另编《丘菽园集》和《丘菽园年谱》。

6月26日，新加坡还举行了“新闻发布会”，我和王慷鼎先后发言。新加坡《〈联合早报〉星期刊》（1991年7月14日）以“新中学者联手研究丘菽园所藏康梁函稿”为题，以整版作了报道。

我还参加了“汉学研究的回顾与前瞻国际学术讨论会”，提交的论文是《关于康有为的历史评价问题》，题目是他们出的。

在新加坡，我看到了戊戌时期在新加坡发行的《天南新报》和其他报刊。

此后，我又在澳门参加《知新报》创刊一百周年，看到了甲午战后在澳门出版的《镜海丛报》。

1992年，我从台湾讲学返沪仅六天，即应日本立教大学之邀，与妻郁慕云飞赴日本，作专题演讲。

立教大学是日本著名私立大学，自1978年起，为了注视国际学术交流，延请世界著名学者作为“招聘研究员”。1991年即有专人专函聘我前往，规格很高。

到了东京池袋，住立教大学会馆，由该校副校长野村浩一教授负责接待。原定讲学四次，又因其他高校、研究单位相继邀请，增至十三次，访问时间也相应增加。

多次出访、讲学、参观、接待、交流，我都没有忘记自己的专业，也没有忘记利用时间寻找自己所需要的资料和写出有关的论文。

八

台湾是我国领土不可分割的一部分，1949年后，两岸隔绝，不通音讯。1990年，在香港、上海开会，两晤台湾东海大学文学院院长吕士朋教授，他竭诚邀我赴台讲学。旋寄来“赴台旅行证”副本和聘书，经报请有关部门批准，于1992年3月13日乘飞机至深圳，经香港赴台北。据说我是大陆教授到台正式讲学的第一人。

飞抵台北，在妻弟郁慕明寓所暂住两天，再由台北至台中，吕士朋教授亲自相接，嘱为该校中文研究所博士研究生讲中国经学史专题，为历史研究所硕士研究生讲戊戌变法专题。因我早已接受日本立教大学之邀，需于5月17日访问日本，这样，一学期四个月的课，必须于两个月内讲完。台湾研究生课程，还需计算课时。台北、台中、台南、高雄又纷纷邀我作报告。于是台中课程都排在星期四至星期六，使我星期一至星期三可自由安排。这样，只好日夜讲学，一天要讲六至八小时。在东海大学博士研究班讲了经与经学、今文和古文、秦汉博士和儒家独尊、王莽和刘歆、清代经学和宋学、康有为与古今文学、清代今文经学的复兴、龚自珍和魏源、邵懿辰和戴望、经学的改造、经学的重振和清末“国学”、经学和近代学术、如何研究经学等专题。在历史研究所讲了戊戌变法研究资料概述、戊戌变法研究近况、戊戌维新与西学中学、戊戌时期的学会和报刊、戊戌维新和孔子改制、康有为与古今文学、康有为的大同思想和《大同书》、康有为与保皇会、关于自立军诸问题、关于保皇会和康有为的评价等专题。

与此同时，又为东海大学中文所、台湾大学中文系、台南成功大学中文系、高雄中山大学文学院、台北“中央研究院”文哲所、台北台湾政治大学文学院、台北“中央研究院”近代史所、台北中兴大学文学院、东海大学政治系等作过报告。

东海大学位于大肚山，环境优美，晨晚散步，暗诵诗文，讲学不久，台湾《中央日报》“综合新闻”以“汤志钧受邀来台讲学，东大学生如沐春风”为题作了报道。4 月 19 日，台湾《联合时报》以“大陆儒者应邀东大讲授中国经学及戊戌变法，汤志钧满脑经典，讲课不必看稿”为题，记者杨正敏专访，上附照片。稍后，台北“中央研究院”《近代中国史通讯》第十四期、中国文哲研究所《中国文哲研究通讯》第二卷第二期都有介绍。

旅台期间，与台湾著名学者多次叙谈，如台中的吕士朋、杨承祖、李田意、周法高、汪中、龙宇纯、古鸿廷，台北的张玉法、张朋园、王叔岷、陈三井、吕实强、戴琏璋、林庆彰、陆宝千、刘凤翰、陶英惠、王尔敏、林满红、张存武、李恩涵，历史语言研究所黄彰健、陈鸿森，台湾大学的李伟泰、夏长朴，政治大学的王寿南、蒋永敬，高雄中山大学鲍国顺，台中中兴大学的胡楚生以及旅日时即已相识的旧友许政雄君。

第二次访台，是 1997 年。

先是，1996 年，台北“中央研究院”中国文哲研究所举办清代经学国际学术讨论会，未往。次年 3 月，专函相邀，且请郁慕云伴往。讲课不难，文稿亦易，实不能相辞，而手续维艰，11 月，始得批准，赴港转台，11 月底始抵台北，文哲所蒋秋华先生已久待，知林庆彰教授已赴日本讲学。

此次访台，作报告五次，内文哲所两次，讲“关于经史结集诸问题”及“函札整理”，讲稿分载《中国文哲研究通讯》第八卷第一期、第二期。在“中央研究院”近代史所讲“戊戌辛亥间文化思想和政治”，题目是张玉法教授出的，无讲稿，回沪后写成，载《史林》第三期。在台中东海大学讲“经史纠谬和辨明真伪”，为中兴大学讲“清末民初的‘国学’和国学概论”。

在文哲所时，台北商务印书馆张连生先生专程来访，补赠《戊戌变法时期的学会和报刊》、《章太炎传》，允将《康有为传》交该社出版。学生书局两位编辑来访，允将谭嗣同《仁学》（据《亚东时报》本）交其出版。

第二次旅台两周，12 月 13 日离台。在深圳慕渠弟处住五日始返沪。

我在台湾为东海大学博士生、硕士生授课时，选修的人不多，而旁听的却很多，有的还从台北、台南赶来听讲、录音、录像，很认真。他们汉学的基础较好，学期结束要交论文，题目也较具体，如《欧阳修对〈诗序〉的态度及其影响》、《陈澧〈东塾读书记〉论性善义述评》等，都言之有据，具体实在。

九

1992 年，从台湾地区、日本讲学归来，突然发病，遵照医嘱，不敢过分用脑。于 1994 年七十足岁退休。

休养期间，将缃帙留存文篇搜集整理，至于早经发表已无存稿的，也就只能“始阙如”了。先将数十年来笔耕所馀的东鳞西爪，编成《鳞爪集》，由中国社会科学出版社出版。治疗期间，台湾大学中文系李伟泰教授来医院访慰，情深意挚，感人至深，将历年所撰经学论文选择成册，名曰《经学史论集》，由台北大安出版社出版。至于《近代经学与政治》和与人合写的《西汉经学与政治》则早由中华书局和上海古籍出版社出版了。《戊戌变法史》也增改重印。

康有为和章太炎，经过多年研究，也应“集腋成裘”，写了《章太炎传》和《康有为传》，都由台北商务印书馆出版，后者出书时，正逢“白内障”手术，未能亲自校定，存有错字，后经修改重印。两书都曾按照一定的时间、条件，具体分析其思想脉络，予以适当的评价。其中不乏创见，如康、梁的学习西方，注意西方的社会科学和国家制度，也注意西方的自然科学。他们不是什么都要，而是有所取舍选择，认为应“择西方有用之书”、“用西方有用之才”，应该“译西方最新之书，而不是旧有之书”。要引进西方最新科技成果，而不是西方“吐弃不屑道”之旧说。康有为还认为对待西方或“尊”或“斥”，都未尝深知其故。认为“中西之本末绝异者”，考察其“绝异之故”，归结到中国“君权”与西方“民主”的差异，认识到“泰西之强，不在炮械军兵”，而“在政体之善也”。“日本改定国宪，变法之全体也”，从而憧憬着“君民共主”的资本主义君主立宪制度。他们学习西方，是为了“图强自存”，“改弦而雄视西方”，并注意国情，“择法俄、日以定国是”。

对康有为变法思想源自西方进化论，与今文经学无关的说法进行批判。严复的《天演论》1898年才由沔阳卢氏慎基斋正式出版。至于陕西“味经”本的排刻也是光绪二十四年。它的正式公开是1897年10月、12月的《国闻报》，这时康有为早已上书言变了。有人对“公车上书”有怀疑，也提出了自己的看法。对康有为的第一次上书和“公车上书”，辛亥后是否反袁、“祀孔”、“不忍”意味着什么都有所发挥。

在《章太炎传》的引言中，再次强调：“评价历史人物，特别是像章太炎这样的思想家，似应弄清他各该文章的写作时间，弄清他是在什么时间、背景下写的。”“评价历史人物也不能绝对化，而应全面考虑。”例如章太炎在20世纪初力倡“排满”是事实，但在辛亥前后却有了改变；又如他晚年反对白话文，也是事实，但他早年也有过白话文；他崇奉《说文》，反对甲骨文，后来也有所改变。正确评价历史人物，就要按照一定的时间、条件，具体分析。

与此同时，撰有论文多篇，有的是在整理资料的基础上综合成文的，如《论陶成章》是在编辑《陶成章集》和撰写《陶成章年谱》后综合论列的，《〈仁学〉的写作与出版》是在辑校《仁学》不同版本后拟撰的。有的是从新发现的资料提出新问题的，如《自立军起义前后的孙、康关系及其他》、《康有为的海外活动和保皇会的前期评价》，是在新加坡看到丘菽园家藏资料等写出的。有的是对个别书刊提出批评的，如《再论康有为与今文经学》。有的是参加会议提出的论文，如《光复会的重组及其评价》、《光复会和上海光复》。有的是从历年搜编近代书刊，写出体会的，如《近代报刊和人物结集》。也有的是应出版社之邀写的“导读”，如为《中国历史研究法》、《国学概论》、《大同书》写的“导读”等等。

十

我已八十七岁了，虽年事已高，仍笔耕不辍，除有些文稿尚待整理外，主要是出版《章太炎年谱长编》正续编和编辑《梁启超全集》。

《章太炎年谱长编》自 1979 年出版至今，已经三十年了。此后历经辑补，至 20 世纪末写出初稿，旋为人取去，迄未归还，屡经交涉，仍无音讯，不得已重新补写，历时年余，终成“补编”，但原稿及所附照片均无着落，只得将重新补撰之稿付印，可望于 2011 年连同“正编”一同出版，约一百一十万字。

《梁启超全集》，原为 20 世纪 80 年代初应邀组织编订，后因事中辍，本世纪初重新续订。梁氏历主各种报刊，如《时务报》、《知新报》、《清议报》、《新民丛报》、《学报》、《政论》、《国风报》、《新小说》、《庸言》、《大中华杂志》等。很多论文，都在报章登出再成结集，但编入结集或有遗漏或经修缮，而在报刊登载既时日可稽，亦有结集删落者，今均据原刊辑出，再核《合集》，致历时久而收益大，所有函电亦据多种报刊补苴。分论著、诗文、函电、演讲诸类，字数较《饮冰室合集》增加多多，可望于 2010 年完稿。因年事已高，长子仁泽协助查校。

在编辑《梁启超全集》时，写有《人物结集与近代报刊》等论文、札记，将另出《梁启超其人其书》一书，以便读者。

《梁启超全集》近两千万字，《梁启超其人其书》亦三十余万言。

此外，历年所写论文、札记甚多，除已出《康有为与戊戌变法》、《经学史论集》外，经学方面，对西汉、清代经学论列为多。近代史方面，则以戊戌、辛亥为多，均待结集，名曰“经与史：康有为与章太炎”。

其余已成之稿尚有《治史举要》、《康有为和〈大同书〉》。函札亦待整理，今先将已逝师友函札辑为一帙，收有吕思勉先生等论经学书。

另有一事，80 年代，顾廷龙、方行两位同志和我搜寻近代期刊，除《中国近代期刊编目汇录》六册陆续出版外，从事《中国近代期刊汇刊》

的编集，于1991年出版了第一辑，包括《强学报》、《时务报》、《昌言报》、《实学报》、《集成报》、《清议报》。方、顾二老先后逝世，我又协助出版社将《新民丛报》、《国风报》、《庸言》影印。这些期刊的出版，对中国近代史的研究，是有帮助的。

2010年7月

日本东京大学中国社会文化学会：《中国——社会の文化》第二十五号，另有单行油印本

图书在版编目（CIP）数据

清代经今文学的复兴：庄存与和经今文/汤志钧著.—北京：中国人民大学出版社，2014.8

（中华史学丛书）

ISBN 978-7-300-19392-2

Ⅰ.①清… Ⅱ.①汤… Ⅲ.①经学-研究-中国-清代 Ⅳ.①Z126.274.9

中国版本图书馆 CIP 数据核字（2014）第 120862 号

中华史学丛书

清代经今文学的复兴

——庄存与和经今文

汤志钧 著

Qingdai Jingjinwenxue de Fuxing

出版发行	中国人民大学出版社		
社　　址	北京中关村大街 31 号	**邮政编码**	100080
电　　话	010－62511242（总编室）		010－62511770（质管部）
	010－82501766（邮购部）		010－62514148（门市部）
	010－62515195（发行公司）		010－62515275（盗版举报）
网　　址	http://www.crup.com.cn		
经　　销	新华书店		
印　　刷	唐山玺诚印务有限公司		
规　　格	160 mm×230 mm　16 开本	**版　　次**	2015 年 8 月第 1 版
印　　张	16.75　插页 4	**印　　次**	2023 年 4 月第 2 次印刷
字　　数	243 000	**定　　价**	62.00 元